신의 한 수 금맥 경매

고수익을 안겨주는 블루오션 토지 경매

신의 한 수
금맥 경매

김양수 지음

매일경제신문사

| 들어가며 |

아무나 할 수 없는
토지 경매 바이블, 금맥 경매

    토지 경매는 아직 많은 사람에게 잘 알려지지 않았다. 다른 경매보다 막연하고 어렵기 때문이다. 다른 분야의 부동산 경매는 몇 주간의 강의를 들으면 곧바로 입찰해볼 수 있다. 그러나 토지 경매는 체계를 잡기 위한 전반적인 기초과정을 거쳐야 하다 보니 많은 분이 꺼린다. 접근할 엄두조차 내지 못하는 탓에 난공불락의 미개척 투자 분야다. 하지만 역발상으로 생각해보면 어떨까? 기초과정을 마친 자는 남들이 꺼리는 분야를 즐길 줄 알게 되고, 때로는 짜릿한 카타르시스까지 느낄 수 있다.

    부동산 경기가 좋을 때는 누가 경매를 하든 수익을 못 내는 경우가 거의 없다. 최근 몇 년이 그랬다. 그러나 부동산 경기가 항상 상향곡선만 그릴 것인가? 하향곡선을 그릴 때는 어찌할 것인가? 하향곡선을 그릴 때도 나만의 경쟁력 있는 브랜드 투자를 할 수 있는 자, 그가 진정 경매 고수 아니겠는가.

    경매 투자 분야에서 잠시 머물다 나갈 계획이라면 굳이 토지 경매까지 힘들게 배울 필요 없다. 하지만 기왕 시작할 것이라면 이 분야에서 뒤안길로 사라지지 말아야 한다. 추세나 분위기에 편승해 수익을 내려 하지 말고, 당당히 저물지 않는 실력을 쌓으면서 경매를 즐기라는 말씀을 드리고 싶다.

경매 투자! 많은 사람이 소액으로 할 수 있다고들 하지만, 결코 소액은 아니다. 부동산이기 때문이다. 경매 공부! 많은 사람이 쉽고 재미있어야 한다고들 하지만, 한 사람의 인생을 좌우할 수 있는 분야의 투자가 쉽고 재미있다면 누가 하지 못하랴.

경매 투자와 경매 공부! 진지하고 엄숙한 태도로 입문해야 한다. 실패하고 떠났던 수많은 사람이 여러분들보다 어리석고 부족해서 그런 결과를 맞이한 것이 아니다. 쉽고 재미있게 돈을 벌려는 마인드로 시작해서 얼마의 수익을 올리다가 덜컥 목덜미 잡히는 투자를 하고는 쓸쓸히 경매 시장을 떠나간 이들이 얼마나 많은지 필자는 똑똑히 보아왔다.

제발 무협지 같은 경매 책으로 경매에 입문하지 말라는 당부를 드리고 싶다. 인생을 좌우할 수 있는 부동산 투자를 재미로 시작하기보다는 정석으로 접근하기를 바란다. 성공 사례를 담은 경매 무협지를 자주 읽다 보면 실력이 쌓이기도 전에 스스로 대단한 것 같은 착각에 빠지기 쉽다. 착각은 곧 실수이고, 실수는 곧 투자 실패로 이어진다. 빨리 투자 성공의 주인공이 되고 싶은 욕심에 성급하게 투자하는 우를 범해서는 절대 안 된다.

차리리 실패 사례를 담은 경매 무협지 책이 나온다면 필자는 가격이 아무리 비싸도 사서 읽을 것이다. 잃지 않는 방법을 먼저 배워야 하기 때문이다. 시중에는 진지하게 쓰인 경매 기본서들이 아주 많다. 그러나 경매 무협지 같은 책만 잘 팔리는 세태다. 아이러니하다. 재미로 하는 경매는 고수가 된 이후에나 할 수 있는 것이 아닌가.

부동산 경매 시장이 쉽게 돈을 벌 수 있는 곳이었다면 왜 그들이 떠나갔는지를 가슴에 손을 얹고 생각해볼 일이다. 경매 사이트에서 집계한 잔금미납 사례가 현실을 증명해주고 있지 않은가. 벌어도 시원찮은 마당에 수백만 원에서 많게는 수억 원에 이르기까지 보증금 몰수당하는 이유는 부동산에 관한 지식이 부족해서다.

아파트나 다세대주택(빌라) 같은 주거용 부동산에서 수익을 올릴 수 있는 것도 권리분석뿐 아니라 주거용 부동산에 관한 지식을 갖췄기 때문에 가능했던 것 아닌가. 주거용 부동산 경매에서 높은 경쟁을 뚫고 낙찰받아 투자 수익을 올리는 데 한계를 느껴, 새로운 부동산 투자 분야에 도전하게 되는 것이다. 따라서 주거용 부동산을 벗어나고자 하는 순간부터 각별한 노력과 제대로 된 실력을 갖춰야 할 필요가 있다.

하향경기에도 진가를 발휘하는 금맥 경매의 투자 기법은 상가, 주택, 수용보상, 농지개발, 산지개발, 인허가, 유치권, 법정지상권 등 다양하다. 하지만 부동산에 관한 민법적인 요소뿐만 아니라 부동산 공법적인 요소까지도 정확하게 분석하고 투자한다는 것이 필자의 금맥 경매 특징이다. 그래서 어려울 수도 있다.

경매로 쉽게 투자 수익을 올릴 수 있다면 누가 하지 않겠는가? 부동산 경기가 좋을 때는 누구든지 낙찰받기만 하면 가격은 올라간다. 그렇다면 이는 내 실력으로 투자 수익을 올린 것인가, 아니면 국가의 정책 덕분에 투자 수익을 올린 것인가? 반대로 경기가 하향곡선을 그릴 때는 어찌할 것인가? 이 책은 그에 대한 답을 담아내기 위해 쓰였다. 진정한 부동산의 가치를 찾아내 남들이 미처 보지 못하는 투자 마인드로 접근한다면 누구라도 경제적 자유를 누릴 수 있다고 확신한다.

세 번째로 출판한 《나는 토지 경매로 금맥을 캔다》에 이어 네 번째 책에서도 어떻게 하면 쉬운 표현으로 전달할 수 있을까 하는 점이 최대의 과제였다. 20년의 부동산 경험을 녹여내기 위한 혼신의 힘을 다했지만, 역시 이 분야는 필자의 의도를 정확히 전달하기에는 한계가 있을 수밖에 없는 듯하다. 용어부터 익숙하지 않으니 독자 입장에서는 얼마나 어렵겠냐는 생각이 아니 들 수 없다.

경쟁률 높은 경매 분야에서 투자하겠다는 분들에게는 사실 이 책은 필요 없을지도 모른다. 그러나 그분들도 일반적으로 생각하는 토지 경매에 대한 고정관념만큼은 바꿔야 한다. 이 책을 끝까지 읽는다면 토지 투자를 농지와 임야라는 이분법적으로 생각하는 고정관념이 사라질 것이다.

투자의 고정관념을 버리는 것이 무엇보다도 중요하다. 경매 시장에 처음 입문하는 분들은 대개 주거용 부동산부터 투자를 시작한다. 그러다 점점 경쟁이 치열하고 수익이 낮다는 사실을 체감하면 상가나 법정지상권, 지분 투자, 유치권물건 등으로 눈을 돌린다. 필자가 하는 부동산 공법적인 분야의 투자로는 쉽게 들어오지 못한 채 말이다. 토지를 배우고 싶은 막연한 기대감은 품고 있으나, 접근방법을 잘 모르는 탓이다. 형질변경이나 토지를 매입해 새로운 건축물을 신축하는 등의 일은 일반인이 접근하기에는 다소 두렵고 막연할 수 있다.

토지 경매가 단순히 땅을 개발하는 정도에 그치는 것이었다면 필자는 시작도 하지 않았을 것이다. 하지만 실타래처럼 얽혀 있는 부동산 관련 법규, 다양한 권리, 인허가, 민사권리관계 등에 관한 노하우를 동원해 누구도 해내지 못하는 일을 하나하나 풀어나갔을 때의 그 기쁨은 이루 말로 표현할 수 없다.

블루오션 경매 투자

필자는 오랜 토지 투자 개발의 현장 경험을 통해 부동산 관련 법령이나 규칙이 얼마나 방대한지를 잘 안다. 하지만 그런 방대한 내용을 다 알고 부동산업에 종사하는 사람은 장담하건대 단 한 명도 없다. 필자가 계속 출판을 고집하는 이유가 바로 여기에 있다. 부동산 관련 법령이나 규칙이 방대한 것은 분명한 사실이나, 경매 투자로 접근하는 토지는 절대 어렵지 않다. 무슨 대규모의 택지를 조성할 것도 아니고, 공장이나 창고를 개발해 신축할 것도 아니기 때문이다. 그저 소규모의 토지를 저렴하게 낙찰받아서 개량하거나 형질변경을 통해 가치를 증대시켜 시장에 다시 내놓는 방식의 경매 투자는 전혀 복잡하거나 난해하지 않다. 소규모 인허가와 관련된 내용, 도로 판단기준, 소규모 건축을 위한 최소한의 지식 정도만 습득해두면 나머지는 자연스럽게 이해될 수 있다.

가장 기초적인 법규만 제대로 배운다면 누구라도 소액으로 진입할 수 있다. 물론 고수의 투자 분야까지 진출하고자 한다면 많은 시간과 노력이 필요하겠지만, 독자 여러분들이라고 해서 못할 이유가 없다. 한 걸음씩 우보천리의 자세로 걸어가다 보면 어느덧 토지에 익숙해진 자신을 발견할 수 있을 것이다. 토지의 기초를 확실하게 익히기만 해도 누구라도 충분히 접근할 수 있으며, NPL이나 대위변제 등을 익힌다면 분명 블루오션 경매 시장의 독보적인 존재가 될 것이다.

이 책은 필자가 현장에서 5주 동안 정규강의를 해온 내용을 위주로 사례와 근거이론을 설명하고 있다. 쉽게 쓰기 위해 많은 노력을 기울였으나, 그래도 어렵다는 느낌이 든다면 필자의 마인드가 아직 부족한 것이라 반성해본다.

시중에 토지 투자와 관련된 책은 많다. 그러나 토지 관련 규제가 워낙에 복합적으로 이루어지는 탓에 그 어떠한 책도 이러한 요구를 만족하지 못하는 듯하다. 이 책이 그런 한계를 조금이라도 깨뜨릴 수 있는 마중물 역할을 할 수 있다면 좋겠다.

끝으로 항상 출판의 동기부여를 아끼지 않으시는 두드림미디어의 한성주 대표님, 한순자 실장님의 정성에 감사드린다. 매일 밤늦은 시간까지 많은 시간이 소요되는 작업임에도 묵묵히 지켜봐 준 아내, 어려운 내용의 강의임에도 같이 호흡하고 열심히 참여해준 수강 연구생분들에게 고개 숙여 감사의 인사를 전한다.

김양수

Contents

| 들어가며　아무나 할 수 없는 토지 경매 바이블, 금맥 경매 … 5

PART 01 금맥 경매 실전

제 1 강　나도 이제 소규모 디벨로퍼 … 17
　1. 점포겸용주택과 꼬마빌딩을 짓는 땅 … 18
　2. 노후주택의 개발 투자 노하우 … 21
　3. 지적도의 투자 비밀과 단기 투자 수익기법 … 29
　4. 돈 되는 도시지역 땅 찾는 비법 … 32

제 2 강　재개발·재건축 투자 사례와 노하우 … 36
　1. 과정을 이해하면 돈이 보인다 … 40
　2. 재개발의 비례율과 재건축의 무상지분율 … 42

제 3 강　도시계획시설을 활용한 특수 물건 … 50
　1. 누가 경매 투자 수익률을 논하는가? … 54
　2. 도시계획시설 족쇄에서 해제되는 대박물건 … 55

제 4 강　매달 받는 연금과 매년 받는 연봉 … 59
　1. 8개월에 6억 원 번 사나이, 연봉 받는 임야 투자 … 59
　2. 농지연금이 주택연금보다 낫다 … 67
　3. 농업진흥지역 해제 대박을 기다리는 공장 … 72

제 5 강　사례로 보는 도로 투자의 희로애락 … 77

제 6 강　투자의 근본은 부동산 법규분석에서 나온다 … 90
　1. 상가투자도 부동산 기본 공법은 알아야 한다 … 90
　2. 법정지상권, 지분도 부동산 공법으로 진화하라 … 95

PART 02

금맥 경매 필수 입문

제 1 강 **토지 족보 파악의 기본, 토지이용계획확인서** ··· 121
　　　　　토지 족보의 첫 번째 용도지역 지정 ··· 122

제 2 강 **이 땅에 무엇을 어떻게 지을 수 있나?** ··· 134

제 3 강 **건축물의 종류 분석과 지목 투자의 비밀** ··· 217

제 4 강 **도로는 부동산 투자의 생명이자 샘물** ··· 243
　　　　　1. 도로만 알아도 절반의 성공 ··· 243
　　　　　2. 현황도로의 법적 판단과 분석 ··· 253

제 5 강 **농지와 임야** ··· 264
　　　　　쉽게 배워보는 농지와 임야 ··· 264

제 6 강 **부동산 특수구역** ··· 309
　　　　　1. 문화재 보호구역 토지의 형질변경 ··· 309
　　　　　2. 군사시설보호 구역에서의 토지 ··· 313

PART 01

급맥 경매 실전

"

부동산 경매 투자 분야는 참으로 다양하다. 어떤 이는 꾸준히 아파트에만 치중하는가 하면, 어떤 이는 소형 다세대주택(빌라)을 전문으로 한다. 어떤 이는 낡은 주거용 물건을 매입해서 리모델링으로 가치를 상승시켜 차익을 누리는 실력을 발휘하기도 한다. 여기에 만족하지 못하는 이들은 소위 특수물건이라고 하는 유치권, 법정지상권, 지분경매에 참여해서 실력을 발휘하기도 하고, 상가 투자로 실력을 발휘한다. 그 외에도 다양한 분야에 걸쳐서 활동하는 이들을 종종 만날 수 있다.

필자는 이렇게 다양한 경매 투자 분야 중 어느 분야가 좋다는 얘기를 하자는 것이 결코 아니다. 단지 한 분야에만 지나치게 치중하다 보면 경기의 움직임과 투자 트렌드 변화에 큰 영향을 받게 된다는 사실을 말씀드리고 싶다. 요약하자면 나만의 전문 투자 트렌드로 무장하되, 다양한 포트폴리오를 구성해두면서 브랜딩 투자를 해야 한다.

평생 경매를 즐기는 노하우

물론 필자의 생각이 무조건 옳은 것은 아니다. 오랜 시간 이 바닥에서 만난 사람들에게서 느낀 점을 잠깐 말씀드려본 것이다. 선택은 당연히 자유다.

"

제 1 강

나도 이제
소규모 디벨로퍼

　부동산 경매로 미래의 경제적 자유를 설계하시는 분이라면 한번쯤 도전해보고 싶은 꿈이 있을 것이다. 자신의 명의로 되어 있는 상가를 낙찰받아서 꼬박꼬박 받는 월세를 노후의 연금처럼 누리고 싶어 하는 것이 로망 아닌가.

　상가를 낙찰받아서 월세 받는 스타일의 투자는 이 책에서 소개하지 않아도 다른 유명한 분들의 저서나 강의를 통해서 얼마든지 접할 수 있을 것이다. 그래서 필자는 그러한 상가를 지을 수 있는 땅을 매입해서 어떤 방법과 과정으로 상가에 입점할 업종까지 최종적으로 세팅할 수 있는지를 간략하게나마 소개하고자 한다.

　상가가 아니면 어떤가. 1층에 상가를 입점시키고, 위층에 다가구주택을 세팅시킨들 어떠하며, 다세대주택을 만들어서 임대를 놓고, 상층부에는 자신이 거주한들 어떠하리. 부동산 관련 법규 체계를 갖춘 뒤에 입지분석과 지역분석을 통해서 내가 만들어나가면 되는 것이다. 그런 땅을 찾을 수 있는 안목과 실력만 갖춘다면 병원만을 전용으로 입점시킬 수도 있고, 약국도 얼마든지 입점시킬 수 있다.

1. 점포겸용주택과 꼬마빌딩을 짓는 땅

얼마 전 한국경제신문에서 나온 기사다.

용적률 100% 적용 4층 이하로 건축가능
1층 상가, 2~3층 전세 놓으면 수익률↑

부동산 시장에서 인기 상품 가운데 하나는 택지지구에서 공급되는 점포겸용 단독주택용지다. 말 그대로 단독주택을 지을 수 있는 땅에 수요가 몰리고 있다. 청약 경쟁률이 아파트를 웃돌 정도다.

한국토지주택공사가 지난해 4월 분양한 위례신도시의 점포겸용 단독주택 용지 45필지에 1만 7,531명이 신청, 평균 390대 1의 경쟁률을 기록했다. 수도권 최고 인기 지역인 위례신도시에만 경쟁률이 높았던 건 아니다.

원주기업도시가 분양한 점포겸용 단독주택 용지 85필지에 11만 8,000여 명이 몰려 평균 1,390대 1의 경쟁률을 나타내기도 했다. 올 들어서도 인기가 지속되면서 지난 5월 부천 옥길지구 점포겸용 단독주택용지 공급에 청약자들이 대거 몰려 청약 서버가 다운될 정도였다. 그다음 달 인천 영종하늘도시 점포겸용 단독주택 용지 청약신청에는 홈페이지 접속이 지연돼 청약이 하루 연기되기도 했다.

점포겸용 단독주택 용지에 투자자들이 몰리는 이유는 은퇴 생활자들의 재테크 상품으로 꼽히기 때문이다. 점포겸용 단독주택 용지는 1층에 상가, 2~4층에 다가구나 다세대주택을 지을 수 있는 땅이다.

거주하면서 임대수익까지 올릴 수 있는 기대감이 클 수밖에 없다. 보통 1층 상가와 2~3층 주택은 임대를 놓고 월세를 받고, 4층은 주인이 직접 거주하는 경우가 많기 때문이다. 상가와 주택을 함께 지을 수 있으니 활용도를 높게 예상한 투자자들의 발길이 이어지는 셈이다.

인기가 높아지면서 위례신도시 점포겸용 단독주택 용지 분양권에 8억 원의 웃돈이 붙어 거래되기도 했다. 하지만 공급되는 점포겸용 단독주택 용지의 물량 자체가 점점 줄어들고 있어 앞으로 경쟁은 더욱 치열해질 전망이다.

〈한경닷컴〉 김호영 기자 2016.09.10

위례신도시 점포겸용주택

점포겸용으로 지을 수 있는 땅은 신도시나 택지개발지구 등 공공개발사업으로 진행하는 곳밖에 없는 것일까? 고개를 돌려서 조금만 관심을 가지고 보면 손쉽게 찾을 수 있다. 그러나 그런 땅은 토지에 대한 기본적인 안목을 갖춘 사람에게만 보일 뿐이다. 부뚜막에 있는 소중한 소금도 음식에 집어넣어야 짠맛을 내면서 간을 맞출 수 있듯이 안목이 없는 사람이라면 무심히 지나칠 수밖에 없다. 반대로 안목을 갖춘 사람이라면 요모조모 살펴보면서 그 땅을 어떻게 하면 점포겸용주택을 지어서 1층에는 상가로 세를 놓고, 위층에는 주택으로 세를 놓으며, 최상층에는 본인도 거주하면서 노후를 편하게 보낼 수 있는지를 고민한다.

새로이 개발되는 신도시의 점포겸용주택은 상권이 정상화되기까지 그 기간을 기약할 수 없다는 단점이 있다. 하지만 신도시가 아닌 일반택지가 있는 곳이라면 상권분석이나 배후조사, 입지분석 등을 손쉽게 할 수 있다. 따라서 이런 땅을 알아차릴 수 있는 안목은 경매로 경제적 자유를 꿈꾸는 사람에게는 반드시 필요하다. 평생 한 번만이라도 세팅할 수 있는 행운을 잡는다면, 경매를 통해서 성공한 모범 사례의 투자자가 될 것이다. 물론 그렇다고 아무 곳에 아무런 가격분석조차 없이 무작정 들어가서는 안 된다. 지적도를 보는 방법과 기존의 건축물대장, 토지이용계획확인서를 분석하는 실력을 쌓아야 함을 명심해야 한다.

필자는 지적도를 보는 방법과 건축물대장, 토지이용계획확인서를 분석하는 실력을 쌓아야 한다고 쉽게 표현했다. 독자분들 입장에서는 그게 어디 쉽냐는 생각이 들지도 모르겠다.

이 책은 그러한 기본적인 내용을 익힐 수 있도록 쓰였기에 하나씩 이해해나가다 보면 그 윤곽을 파악하게 될 것이라 감히 장담한다.

2. 노후주택의 개발 투자 노하우

필자의 《나는 토지 경매로 금맥을 캔다》라는 책이 어려운 토지 경매 분야를 다루는 데도 너무나도 많은 관심과 사랑을 보여주시어 고맙기 그지없다. 그 책에서 아까운 물건이라고 소개했던 사례가 있었는데, 지금 그 물건은 어떻게 변했을까?

수원 단독주택의 변신1

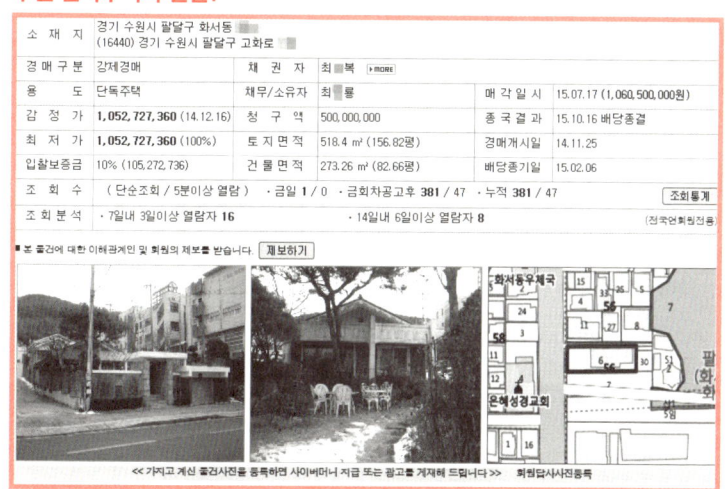

다음은《나는 토지 경매로 금맥을 캔다》에서 설명한 내용을 일부 원용한 것이다.

오랜만에 제법 좋은 물건을 접하게 되어 필자의 눈도 기쁘다. 물건의 개요를 살펴보면 수원시 팔달구 화서동에 있는 대지로 제1종 일반주거지역의 단독주택이다. 이 물건에 관한 해법은 아주 간단하다. 바로 옆 필지에 신축되어 있는 건물의 모양이 해법이다. 물론 당연히 토지이용계획확인서의 내용을 분석할 수 있는 능력이 기본이다. 하지만 바로 옆에 있는 토지의 토지이용계획확인서를 열람해서 확인해봤을 때 똑같은 내용이라면 지적도의 형상에 따른 약간의 변화 정도가 있을 것이다. 이 땅에 지을 수 있는 건축물의 종류가 달라지지는 않는다는 뜻이다.

친절하게도 토지이용계획확인서에 있는 문화재와 관련된 내용은 높이에 관한 규제를 소상히 적어두었기에 문화재 보호규제에 대한 궁금증은 누구라도 쉽게 털어낼 수 있다. 핵심을 판단하는 데 그리 애로사항이 없을 것이다.

수원시 도시계획조례를 살펴보면 해당 물건의 건폐율과 용적률은 각각 60%이고 200%다. 서울특별시 제2종 일반주거지역에 해당하는 경우의 토지와 동일하다. 토지면적은 약 160평이다. 토지이용계획확인서를 살펴보면 높이 제한에 관한 내용을 확인할 수 있다. 그러나 이 또한 옆 건물의 형태에서 그 해

답을 찾을 수 있으므로 별문제 없다. 단순히 계산만 해보더라도 다른 제약이 없다면 연면적 320평이다. 여기에 토지매입비와 건축비, 기타 설계비 등을 개략적으로 따져보면 몇억의 수익이 나는지 판단할 수 있을 만큼 상당히 양호한 입지를 가진 경매 물건이다.

[별표 4]
제1종 일반주거지역 안에서 건축할 수 있는 건축물(제71조 제1항 제3호 관련)

1. 건축할 수 있는 건축물[4층 이하(「주택법 시행령」 제3조 제1항 제1호에 따른 단지형 연립주택 및 같은 항 제1호의2에 따른 단지형 다세대주택인 경우에는 5층 이하를 말하며, 단지형 연립주택의 1층 전부를 필로티 구조로 해서 주차장으로 사용하는 경우 필로티 부분을 층수에서 제외하고, 단지형 다세대주택의 1층 바닥면적의 2분의 1 이상을 필로티 구조로 해서 주차장으로 사용한다. 나머지 부분을 주택 외의 용도로 쓰는 경우 해당 층을 층수에서 제외한다. 이하 이 호에서 같다)의 건축물만 해당한다. 다만, 4층 이하의 범위에서 도시·군계획조례로 따로 층수를 정하는 경우 그 층수 이하의 건축물만 해당한다]
   가. 「건축법 시행령」 별표 1 제1호의 단독주택
   나. 「건축법 시행령」 별표 1 제2호의 공동주택(아파트를 제외한다)
   다. 「건축법 시행령」 별표 1 제3호의 제1종 근린생활시설
   라. 「건축법 시행령」 별표 1 제10호의 교육연구시설 중 유치원·초등학교·중학교·고등학교
   마. 「건축법 시행령」 별표 1 제11호의 노유자시설
2. 도시·군계획조례가 정하는 바에 의해 건축할 수 있는 건축물(4층 이하의 건축물에 한한다. 다만, 4층 이하의 범위 안에서 도시·군계획조례로 따로 층수를 정하는 경우 그 층수 이하의 건축물에 한한다)
   가. 「건축법 시행령」 별표 1 제4호의 제2종 근린생활시설(단란주점 및 안마시술소를 제외한다)

[이하 생략]

이러한 단독주택지를 무턱대고 높은 가격으로 매수했다가는 큰 문제점에 봉착할 수도 있다. 따라서 초보라면 반드시 사전에 건축설계사와 면밀히 시장조사를 해야 한다.

이 물건은 토지면적이 일반적으로 짓기 수월한 70~80평이 아니라, 그 2배에 해당하기 때문에 분할하는 방식으로도 충분히 검토해볼 만하다. 높이 제한이 14m라면 인접해 있는 옆의 건물도 그에 맞춰 지은 것으로 추정된다. 주차대수에 여유가 있다면 도시형 생활주택이나 다세대주택은 물론, 연립주택까지도 충분히 가능하다. 주택법에서 새로이 규정하고 있는 단지형 다세대주택도 설계할 수 있을 것으로 판단된다.

무엇보다 이 물건이 인접한 물건보다 뛰어난 점은 일조권을 유리하게 적용받았다는 것이다. 4층에서부터 바닥면적이 줄어든 형태로 되어 있으나, 북쪽으로 도로가 나 일조권에서 훨씬 유리하게 작용할 수 있다는 것이 큰 이점이다.

건축법에서 얘기하는 일조권이란 건축물을 지을 때 일정 높이 이상 지점에서부터는 인접대지 경계선에서 정북방향으로 일정 거리 이상 띄워야 한다는 것이다. 쉽게 말해 건축물의 높이 9m까지는 인접대지경계선에서 1.5m 이상을 띄워서 건축하고, 9m를 초과하는 지점부터는 건축물 높이의 2분의 1 이상을 인접대지경계선에서 띄워야 한다. 토지 투자를 통해 가치를 창출하려는 투자자에게는 상당히 중요한 투자 포인트이므로 반드시 알아두어야 한다.

법규에서 정하고 있는 내용을 첨부하지만, 법규라는 것이 워낙 딱딱한 어조로 표현하는 탓에 이해하기 어려울 수도 있다. 후반부에 이와 같은 내용의 건축법을 좀 더 자세히 실었으니 참고하시기 바란다.

> **제61조(일조 등의 확보를 위한 건축물의 높이 제한)**
> ① 전용주거지역과 일반주거지역 안에서 건축하는 건축물의 높이는 일조(日照) 등의 확보를 위해 정북방향(正北方向)의 인접대지경계선으로부터의 거리에 따라 대통령령으로 정하는 높이 이하로 해야 한다.
>
> > **제86조(일조 등의 확보를 위한 건축물의 높이 제한)**
> > ① 전용주거지역이나 일반주거지역에서 건축물을 건축하는 경우에는 법 제61조 제1항에 따라 건축물의 각 부분을 정북(正北) 방향으로의 인접대지경계선으로부터 다음 각 호의 범위에서 건축조례로 정하는 거리 이상을 띄워 건축해야 한다.
> > 1. 높이가 9m 이하인 부분 : 인접대지경계선으로부터 1.5m 이상
> > 2. 높이가 9m를 초과하는 부분 : 인접대지경계선으로부터 해당 건축물 각 부분 높이의 2분의 1 이상
> > ② 다음 각 호의 어느 하나에 해당하는 경우에는 제1항을 적용하지 아니한다.
> > 3. 건축물의 정북 방향의 인접대지가 전용주거지역이나 일반주거지역이 아닌 용도지역에 해당하는 경우

일조권은 건축가설계를 할 때 주차대수와 더불어 가장 중요한 부분이다. 주어진 용적률을 제대로 찾을 수 있는지에 관한 척도이기 때문이다. 흔히들 3종 일반주거지역이 2종 일반주거지역보다 좋다고 한다. 그러나 이 말은 반은 맞고, 반은 틀

리다. 3종 일반주거지역의 용적률을 일조권, 주차대수 제한 등으로 제대로 찾을 수 없다면 오히려 가격만 비싸진다. 빛 좋은 개살구나 마찬가지다.

수원 단독주택의 변신2

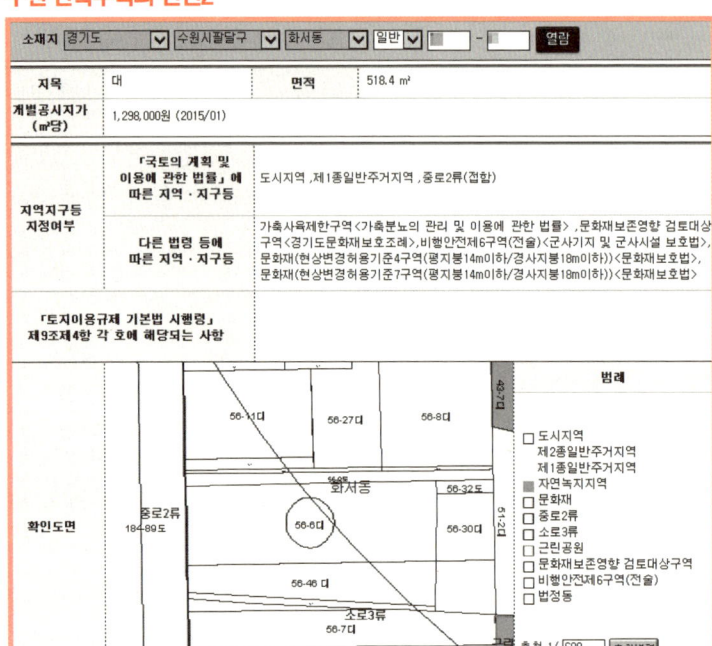

앞서 설명한 내용에 덧붙이자면 이 물건의 이웃 건물은 일조권으로 인해 상층부의 건축 모양이 반듯하지 못하다. 이 토지의 경우 북쪽으로 약 4m 정도의 도로가 있으므로 일조권 제한에서 유리한 땅으로 판단된다. 북쪽에 도로가 있을 경우 인접대지경계선 적용 위치가 달라지기 때문이다. 더 세부적으로 분석해 들어가고자 한다면 학습하기 위해 시간을 더 할애할 필요가 있다.

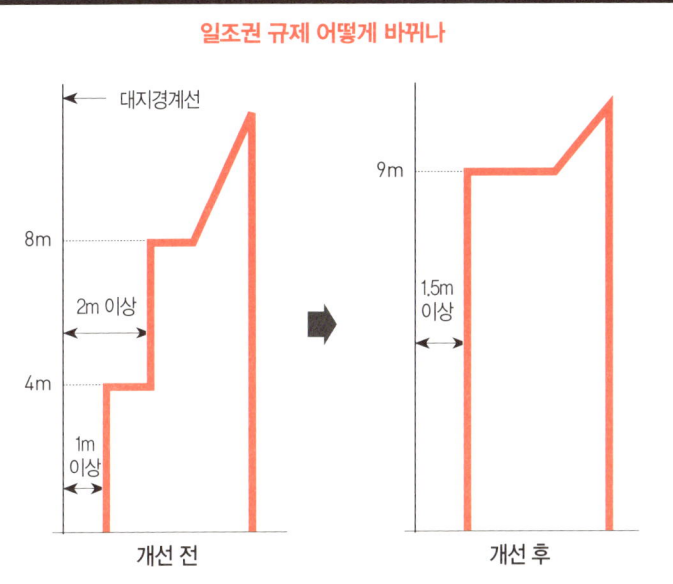

수원 단독주택의 변신3

다음은 인근에 관공서들이 있고, 구도심에 주거와 상권이 혼용되어 있다. 교통도 그리 불편한 지역이 아니기에 다세대주택이나 연립주택의 형태로 가설계를 할 수 있는 마인드를 갖춘 사람이라면 큰 수익을 낼 만한 토지다. 이것이 바로 안목이다.

수원 단독주택의 변신4

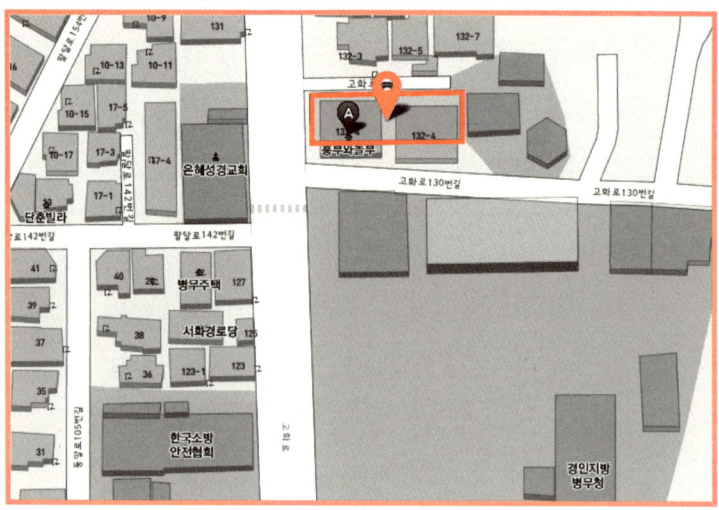

　사진에서 보시다시피 경매 당시의 단독주택은 온데간데없고, 1년 만에 단지형으로 공동주택이 신축되어 분양 현장으로 변신했다. 이 물건을 낙찰받은 분이 직접 건축해서 분양한 것일까, 아니면 건축분양업자에게 매각한 것일까? 이는 독자 여러분들이 얼마든지 조사할 수 있을 것이다. 얼마의 수익이 남았을까에 관한 즐거운 고민도 한 번쯤은 해볼 만하지 않은가? 이런 물건에서 수익률을 굳이 논할 필요는 없을 듯하다.

수원 단독주택의 변신5

3. 지적도의 투자 비밀과 단기 투자 수익기법

앞에서 설명했던 물건과 같은 물건을 과연 찾을 수 있을까? 아파트라면 가능할 수 있으리라 생각한다. 하지만 아쉽게도 똑같은 물건은 없을 것이다. 앞으로도 당연히 없다.

그렇다면 우리는 어떤 방법으로 이런 물건을 찾을 것인가에 관해 고민하지 않을 수 없다. 그 해답은 간단하다. 먼저 토지를 규제하고 있는 기본적인 법규를 이해해야 한다. 기본적인 법규를 이해해야 한다는 것은 방대한 부동산 관련 법규 중에서 실전에 필요한 핵심내용을 이해해야 함을 뜻한다. 다른 분야의 경매는 그리 어렵지 않을 수도 있다. 그러나 토지 분야에서의 부동산 관련 법규는 전문가의 도움 없이 일반인이 혼자서 접근하기가 굉장히 힘들다.

이런 단계와 과정을 거치는 것이 너무나도 싫은 분이라면 어쩔 수 없이 손쉬운 분야에서 투자 활동을 해야 한다. 그렇지 않은 분이시라면 과감히 도전해보시라는 말씀을 드리고 싶다. 그 이유는 간단하다. 경쟁이 높지 않고 독식의 시장이기 때문이다. 어려워야 하는 것이 공평하지 않으냐는 질문을 오히려 드리고 싶다.

앞에서 설명해드린 사례에서 가장 중요한 내용은 무엇일까? 건축법일까? 주차장법일까? 당연히 주차장법이다. 많은 사람이 건축에 관한 기본적인 내용을 알기 위해서 건축법을 학습하는데, 실상 그보다 더 중요한 것은 주차장법이다. 토지의 용도지역이 좋고 용적률이 높은들 토지의 지적형상이 주차장을 설계하는 데 주차대수가 제대로 나와주지 않는다면 아무런 소용이 없기 때문이다.

필자가 지적도의 투자 비밀이라고 얘기하는 것은 건축법보다는 주차장법의 기본적인 내용을 습득한다면 돈 되는 땅을 고르는 것은 그리 어려운 일이 아니다. 그다음에 상가 투자에서 배웠던 지역분석, 입지분석 등의 실력을 가미한다면 금상첨화의 경매 실력을 갖추게 되는 것이다.

지적도의 투자 비밀에서 가장 핵심적인 내용을 요약하자면 주차장 가설계 그림에서의 가로세로 폭 이상이 나오는 도시지역의 토지는 폭 6m 이상의 도로에 접해 있는 토지가 가장 투자 적격이다. 그리고 그 도로가 필지의 북쪽에 접해 있다면 더더욱 좋은 땅이라는 핵심을 잊지 말기 바란다.

8대 주차특례도면

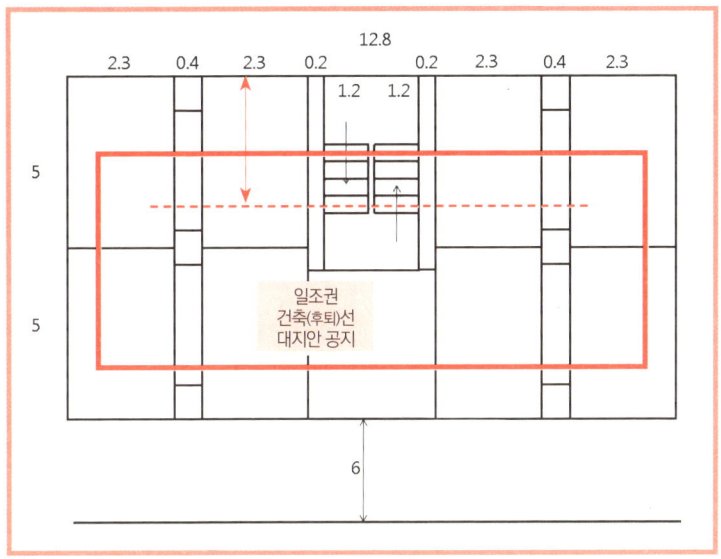

이런 물건을 낙찰받는다면 그다음 단계를 어떻게 해야 할지 고민이 될 것이다. 좋은 땅을 낙찰받아서 신축할 수 있는 토지이기는 한데, 경험 없는 내가 어떻게 해야 할지 당연한 고민이 될 것이다. 염려할 것 없다. 건축설계사무소에 가설계도면을 맡긴 후 그 도면으로 중개업소에 매각을 의뢰하면 단기에 매각될 수 있다. 지금까지 설명해드렸던 내용과 관련한 법규는 PART 02에서 확인할 수 있으니 참고하기 바란다.

4. 돈 되는 도시지역 땅 찾는 비법

 일반적으로 토지 경매라고 하면 시골에 있는 농지나 임야 등을 경매로 저렴하게 낙찰받아서 저렴하게 매각할 수 있는 정도의 투자 기법이라고 생각하시는 독자분들이 많다. 하지만 이는 토지 부동산이라는 방대한 분야의 10분의 1도 안 된다.
 필자가 설명하는 토지 부동산 경매는 시골에 있는 농지 임야들보다는 오히려 도시에 있는 투자 가치가 높은 종류의 부동산이다. 사실 농지나 임야, 도시근교의 그린벨트 등은 부동산에 입문한 지 2~3년 정도의 경력으로는 섣불리 들어가서는 안 된다는 말씀을 드리고 싶다.
 필자는 도시지역을 벗어난 지역의 농지개발·임야개발 등의 사업을 오랫동안 해왔다. 숱한 실패와 성공을 먼저 경험한 사람으로서 더더욱 이런 말씀을 드리는 것이다. 부동산 법률적인 함정도 많거니와 토지 그 자체적인 물리적인 형상에 따른 안목을 갖추기도 쉽지 않기 때문이다.
 흔히들 하는 말로 경매나 부동산 분야에서는 토지개발을 꽃이라고 한다. 틀린 말은 아니다. 성공했을 때의 수익은 일반인이 생각하는 수익에 비할 바가 못 될 정도로 대단하다. 그러나 실패했을 때의 상황을 생각해본 적이 있는가? 주택이라면 어느 정도의 손실을 감수하더라도 매각할 수 있지만, 토지의 경우는 그렇지 않을 때가 참으로 많다. 잘된 측면만 쳐다볼 것이 아니라 잘못된 측면도 분명히 있으므로 지식과 경험을 겸비한 후에 투자해도 늦지 않다. 즉 거두절미하고 지금까지 말씀드렸던 내용의 핵심은 토지 분야를 경매로 생각하는 투자자라면 비도시지역의 토지에 관해 고민하기 이전에 도시지역에서도 얼마든지 투자 수익을 올릴 만한 토지를 찾을 수 있다는 것이다.

한 가지만 덧붙인다면 많은 사람이 부동산 투자는 발품을 많이 팔아야 하고 현장에서 답을 찾을 수 있다는 얘기들을 한다. 분명 맞는 말이다. 그러나 필자가 얘기하는 이 분야의 투자는 발품과 현장보다는 부동산 법률분석을 통한 이해가 먼저라는 말씀을 드리고 싶다. 실전에 필요한 지식과 체계를 갖추지 않은 채 발품과 현장조사를 한다는 것은 아이러니하다. 현장에 무엇이 있다는 말인가.

부동산 중개업소에 들러 얘기를 들으면서 답을 찾는다는 대답도 아이러니하다. 토지에 관해 제대로 무장된 중개업소를 찾기란 하늘의 별 따기만큼이나 어려울 것이다. 필자가 중개업소 대표들을 대상으로 부동산 공법에 관한 강의와 스터디를 오랫동안 해왔기 때문에 누구보다도 더 잘 알기에 이런 말쏨을 드리는 것이다.

  도시지역에 허름한 주택도 임대수익률 측면에서 판단할 것이 아니라 개발가치 측면에서 바라본다면, 감정평가사가 감정한 일반적인 매매가격을 기준으로 판단한 가격은 감안할 필요 없다. 내가 그 물건의 가치를 스스로 판단할 수 있다면 신건에서 낙찰받는다고 해도 편안하게 수익을 올릴 만한 물건을 나 홀로 가져오는 셈이다.

  보증금을 얼마를 받고 있으며 월세는 얼마인지, 그리고 이 물건을 낙찰받는다면 대출을 얼마나 받을 수 있을지를 판단해야 한다. 대출을 통한 수익률 레버리지 효과를 계획하면서 할 수 있는 경매 투자도 많은 투자 기법의 하나다. 필자가 얘기하는 허접스러운 점포가 있는 보증금/월세 저렴한 상가도 상당한 수익을 올릴 것이라는 안목을 갖춘다면 전천후 멀티플레이어 투자가 될 수 있다. 다음의 그림에서 표시한 4개의 물건이 경매로 나왔다면 무엇을 가장 먼저 낚아채야 하는지 불을 보듯이 뻔해져야 한다.

무엇을 택할 것인가

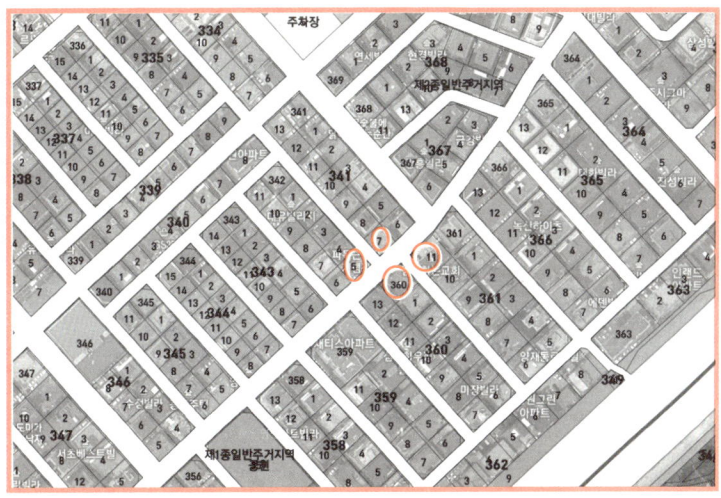

　가치 경매 투자를 할 수 있는 가장 기본적인 요소가 건축법의 핵심내용과 주차장법의 핵심내용이다. 이 법률에서 적시하고 있는 많은 내용 중에서 가치 경매 투자에 필요한 실전내용만 기본적으로 익힐 수 있어도 부동산의 가치를 판단할 수 있는 안목이 형성된다. 앞에서도 기술한 내용을 효율적으로 학습해 내 것으로 만들어둔다면 지적도와 건축물대장, 토지이용계획확인서만 살펴보고도 돈 되는 물건인지 아닌지를 쉽게 구분할 수 있다.

제 2 강
재개발·재건축 투자 사례와
노하우

    다음의 사진은 필자가 서울시 도시재생 공청회에 참석했을 때 찍은 것이다. 이런 공청회에 왜 참석하는지 궁금해하는 독자분들이 있으시겠지만, 필자는 미래변화를 대비해 지자체에서 공청회를 개최한다는 기사가 발표되면 가능한 한 빠지지 않고 참석하는 편이다. 이유는 간단하다. 거기에서 나오는 얘기는 거의 미래발전 방향에 관한 사전정보이기 때문이다.
    독자분들께서도 공청회가 개최된다고 하면 과연 무슨 얘기가 나오는지, 그리고 공청회에서 나오는 얘기를 어떤 식으로 투자에 활용해야 하는지를 고민할 수 있어야 한다. 그래야만 앞서가는 경매 투자를 할 수 있다.

서울시 도시재생 공청회

토지 경매에 관한 책이라고 생각했는데 뜬금없이 재개발에 관한 주거용 물건을 안내받으니 다소 당황스러울 수도 있다. 그러나 앞에서도 말씀드렸다시피 주거용 물건이라고 해서 다 같은 주거용 물건이 아니다. 여기서 설명하는 재개발은 기존의 노후화된 주택을 철거하고 새로운 주거형태를 받는 크나큰 프로젝트에 포함된 투자 물건이다. 정해진 법규의 내용에 따라 진행되어야 하므로 기존의 아파트 경매 투자 방식과는 전혀 다른 형태의 새로운 투자 기법을 익혀야 할 필요가 있다.

오래전 우연히 술자리에서 이런저런 얘기를 나누던 중에 들었던 지인 투자자의 깨알 사연이다. 빌라를 낙찰받은 후 약간의 수리를 해서 월세를 받으려고 생각하고 있었단다. 그런데 얼마 지나지 않아 동네가 철거된다는 소식을 듣고 깜짝 놀란 나머지 중개업소에 낙찰받은 집을 팔아달라고 부탁해서 약간의 웃돈을 받고 매각했다는 내용이다.

어디라고 말하면 누구라도 잘 아는 지역이라서 공개하기는 좀 그렇지만, 지난 일이라서 껄껄대며 웃었던 기억이 난다. 그 때 그분은 현재 재개발구역에 투자하면서 제법 쏠쏠한 재미를 보고 있다. 새삼 세월의 흐름이 무상하다는 생각이 든다. 그분이 낙찰받았다가 매각한 그 집은 대규모 아파트단지가 들어서서 프리미엄이 매각가격의 배로 형성된 상황이니 웃지 않을 수 없다.

재개발에 관한 거창한 법률적인 얘기는 뒤에서 하더라도 한 마디로 표현하면 '두껍아 두껍아 새집 줄게 헌 집 다오'이다. 다만, 새집을 받게 되기까지의 절차와 인근 지역의 시세조사 정도만 할 수 있으면 두꺼비는 손해를 보지 않는 투자를 하는 셈이다.

수원 매교동 재개발

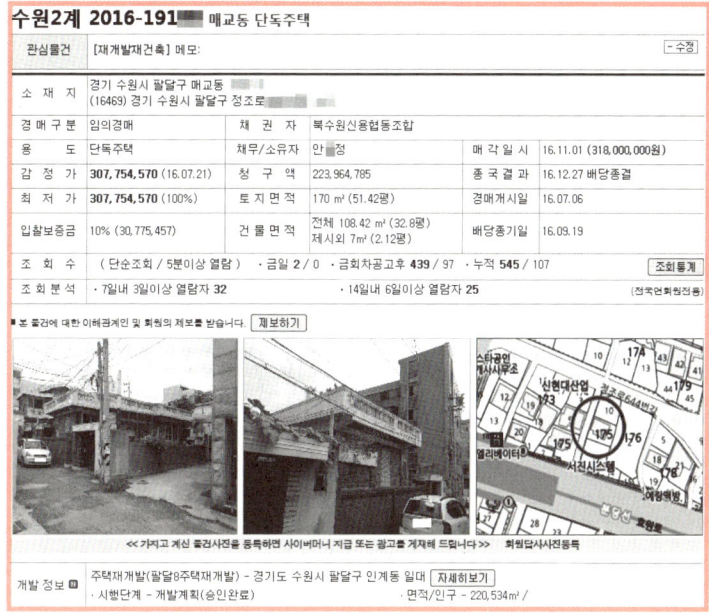

보증금이 6,000만 원밖에 안 되는 이 낡은 단독주택을 왜 신건에서 감정가격 3억 원이 넘는 가격으로 낙찰받았을까 생각해보자. 재개발을 진행하는 데 사업진척 속도는 상당히 큰 영향을 끼친다. 사업이 지지부진할 경우 투자금이 장기간 묶이는 상황이 발생할 수도 있으므로 재개발구역에서의 경매 투자일수록 현장조사를 자세히 할 필요가 있다.

이 물건을 토대로 독자 여러분들도 필자가 제공해드린 수익률표를 대입할 수 있을 정도의 조사를 한 후에 과연 얼마큼의 투자 수익을 올릴 수 있을지를 스스로 검증해보시기 바란다.

그리고 이 책에서는 조합원의 분양자격에 관한 내용은 난도 관계상 생략한 점을 양해해주시기 바란다.

1. 과정을 이해하면 돈이 보인다

재개발이 되어 새로운 아파트단지가 들어설 때까지 진행되는 과정을 파악해야만 시세조사를 하러 현장에 나갈 때 중개업소에서 하는 얘기를 이해할 수 있다. 진행과정에서 발생하는 기본적인 용어 정도만 파악해도 어떤 단계에서 가격이 뛰어오를지 체득할 수 있게 된다. 먼저 진행 절차를 간략하게 다음 표로 살펴보자.

일반적으로 노후화된 재개발구역에 투자할 때 어느 지역을 위주로 볼 것인가에 관한 문제다. 노후화된 지역은 서울, 부산뿐만 아니라 전국 중소도시 어디에든 있다. 그다음은 가격의 문제다. 인구가 밀집된 대도시지역 재개발구역 물건의 매각가격은 무척 높다. 반면에 지방 중소도시 재개발구역 물건의 매각가격은 중소도시임을 감안하더라도 아주 저렴하다.

그렇다면 어떤 지역에 어떤 가격으로 투자할 것인가에 관한 고민이 생기지 않을 수 없다. 부동산 투자에서 공식과 같은 정답은 없다. 하지만 이런 경우 필자가 하고 싶은 말은 대도

도시 및 주거환경정비법 기본 절차

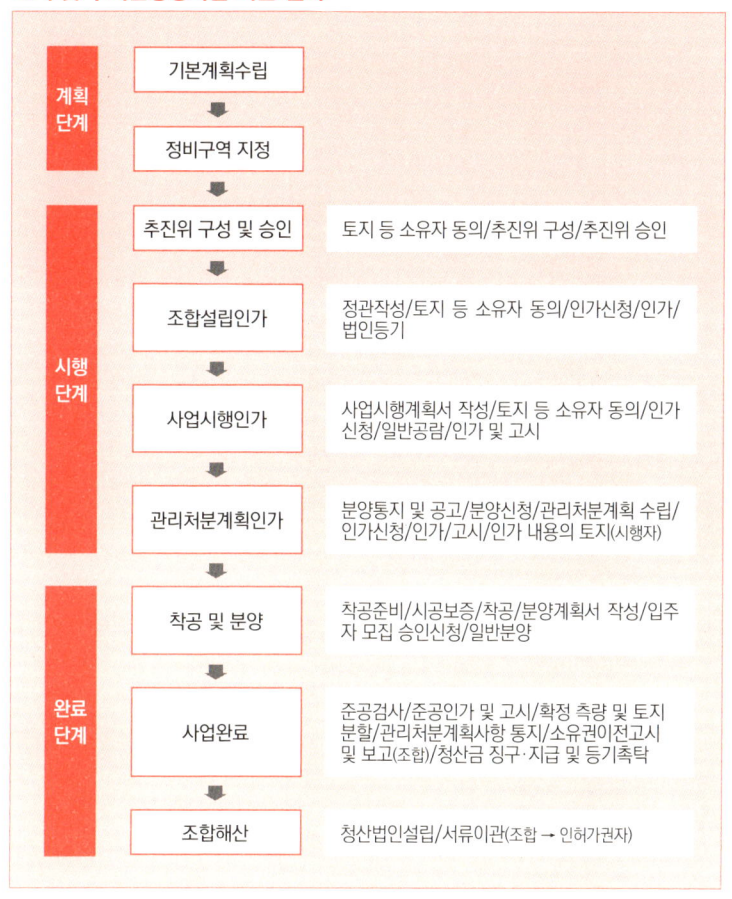

시 인구밀집도가 높은 지역의 단위면적당 단가가 높은 물건을 택하라는 것이다. 개발 의지와 개발 수요, 투자 수익 회수 기간에서 유리한 점이 많기 때문이다. 물론 필자의 의견도 정답이라고는 할 수 없다. 일반적으로 판단할 때는 당연히 필자의 의견이 맞을 것이다.

　지방의 중소도시의 경우 특수한 환경적 요인들이 작용해 의외로 투자 수익이 높은 구역이 있을 수도 있으므로 진행과정에 관한 지식과 현장조사에서 그 답을 찾아야 한다. 일반분양 세대가 많을수록, 조합원 수가 적을수록, 예상 사업기간이 짧을수록, 조합원들의 재개발 의지가 강할수록, 용적률이 높을수록, 교통망이 좋을수록, 교육환경이 양호할수록 좋다는 얘기를 굳이 하지 않더라도 적어도 이 책을 읽어보려는 의지를 가진 독자분이라면 당연히 알 수 있을 것이다.

2. 재개발의 비례율과 재건축의 무상지분율

　어느 재개발구역에 있는 조합원이 A와 B, 2명뿐이라고 가정해서 쉽게 설명해보자.

　A조합원이 가진 재산의 감정평가금액이 1억 원이고, B조합원이 가진 재산의 감정평가금액이 3억 원이라고 가정해보자. 그렇다면 이 조합이 가진 토지건물의 총감정평가액은 4억 원이 될 것이다. 그리고 두 조합원이 가진 재산이 철거되고 난 후 배정해줄 아파트의 가격이 A도 2억 원, B도 2억 원이라고 가정하고, 일반분양으로 분양이 예상되는 아파트의 가격이 3억 원이라고 해보자. 그렇다면 사업이 끝난 후 조합의 총재산

은 모두 합해서 7억 원이 될 것이다. 마지막으로 이런 재개발 사업을 하기 위해서 소요된 사업비용이 2억 원이라고 가정한다면, 이 조합의 비례율을 간단하게 산출된다.

$$비례율 = \frac{(종후자산 - 사업비)}{토지건물 총감평액}$$

$$비례율 = \frac{(7-2)}{4} = 125\%$$

여기에서 A조합원의 권리가액은 감정평가액인 1억 원에 125%를 곱한 1억 2,500만 원이 되며, B조합원의 권리가액은 감정평가액인 3억 원에 125%를 곱한 3억 7,500만 원이 될 것이다. A조합원은 조합원으로 분양받게 되는 3억 원짜리 아파트 가격과의 차액인 7,500만 원을 납부함으로써 새 아파트에 입주하게 되는 것이고, B조합원은 분양받게 되는 3억 원짜리 아파트 가격과의 차액인 1억 7,500만 원을 돌려받음으로써 새 아파트에 입주하게 되는 것이다.

A와 B 중 누가 현명한 투자를 하는 것인가? A는 부족한 청산금은 대출을 활용해 입주 시까지 기다릴 수 있고, B는 돌려받아야 하는 청산금을 입주 시까지 돌려받지 못하는 불안한 지

위에 있게 된다. A는 대출을 안고 중간에 매각을 용이하게 할 수 있는 반면, B는 청산금을 돌려받아야 하는 부분에 대한 신뢰의 불확실성으로 매각이 용이하지 않을 수도 있다.

결론은 간단하다. 재개발구역에서의 투자는 조합원 자격이 있는 물건이라는 전제하에 소액 투자가 당연히 현명한 투자 방법이다.

1. 비례율의 세부설명

재개발사업이 끝난 후 조합이 벌어들일 총수입금에서 사업비를 뺀 금액을 구역 내 토지 및 건물감정평가액으로 나눈 금액

재개발사업에서 조합원이 소유한 자산의 형태가 위치, 용도, 노후도, 토지의 모양 등에 따라 각기 다르기에 일정한 기준을 적용할 수 없다. 따라서 개발이익을 종전자산의 평가에 따라 배분하는 것이다. 실제 현장에 실무여건(이익 극대화) 등으로 사업성이 좋은 지역도 비례율이 100%대로 근접해 시행하고 있다. 여기에 자산평가액이란 재개발구역 내 조합원 개인이 지닌 토지 및 건물에 대한 감정평가액을 말한다. 구역마다 사업시행인가일을 기준으로 2개 이상의 감정기관에서 감정한 결과를 산술평균한 수치다.

$$비례율 = \frac{재개발\ 후\ 토지\ 및\ 건축물의\ 총액 - 총사업비}{재개발\ 전\ 토지\ 및\ 건축물의\ 총평가액} \times 100$$

권리가액은 재건축 사업에서 무상지분액과 유사한 개념이다.

$$권리가액 = 재산감정평가액 \times 비례율$$

2. 무상지분율

무상지분율이란 지상 건축물의 가치 차이를 고려하지 않은 재건축 사업을 땅지분 비율로만 접근한 개념으로, 재건축사업을 통해 얻어지는 대지 및 건축시설의 총추산액(총분양수입)에서 총사업비를 뺀 사업이익(개발이익)을 평당 분양가로 나눠 환산된 무상지분 면적(개발이익 면적)을 다시 총대지면적으로 나눠 백분율로 표시한 수치를 말한다.

조합원이 무상으로 입주할 수 있는 평형을 자신이 가지고 있는 대지지분으로 나누면 무상지분율이 계산된다. 이를 추가부담금과 관련해 표현하면 자신이 가지고 있는 대지지분에 무상지분율을 곱하면 추가부담금 없이 입주할 수 있는 평형이 계산된다.

복잡다단한 재개발 관련 법령에서 실전에 필요한 부분만을 요약해서 자료로 올리니, 재개발 투자에서 기본적인 로직을 익히는 데 도움이 될 것이다.

정비사업의 유형

가. 주거환경개선사업 : 도시저소득주민이 집단으로 거주하는 지역으로 정비기반시설이 극히 열악하고 노후·불량건축물이 과도하게 밀집한 지역에서 주거환경을 개선하기 위해 시행하는 사업

나. 주택재개발사업 : 정비기반시설이 열악하고 노후·불량건축물이 밀집한 지역에서 주거환경을 개선하기 위해 시행하는 사업

다. 주택재건축사업 : 정비기반시설은 양호하나 노후·불량건축물이 밀집한 지역에서 주거환경을 개선하기 위해 시행하는 사업

라. 도시환경정비사업 : 상업지역·공업지역 등으로 토지의 효율적 이용과 도심 또는 부도심 등 도시기능의 회복이나 상권활성화 등이 필요한 지역에서 도시환경을 개선하기 위해 시행하는 사업

마. 주거환경관리사업 : 단독주택 및 다세대주택 등이 밀집한 지역에서 정비기반시설과 공동이용시설의 확충을 통해 주거환경을 보전·정비·개량하기 위해 시행하는 사업

정비사업 유형 및 특징 비교

구분	주거환경개선사업	주택재개발사업	주택재건축사업
목적	도시기능회복(기반시설 정비), 주거환경개선		주거환경개선
계획분류	주거환경개선		민간주택사업
대상지역	비계획적인 도시(자연발생도시)		계획도시(신시가지)
기반시설현황	극히 열악	열악	양호
건축물현황	과밀/노후	과밀/노후	과밀/노후
비고	소득수준 낮음 (국가재정 지원 필요)	단독/다가구지역 기반시설 부족	안전진단 필요

구분	도시환경개선사업	주거환경관리사업	가로주택정비사업
목적	도시기능회복, 상권활성화	주거 및 생활환경 개선	소규모 주거환경 개선
계획분류	도시계획사업		민간주택사업
대상지역	상업·공업지역	단독주택 밀집지역	도로로 구획된 지역
기반시설현황	불량	불량	양호
건축물현황	과밀	과밀	과밀/노후
비고	구도심·도심공동화 지역	뉴타운/정비구역 해제지역	1만㎡ 미만 소규모 지역

관리처분

재개발정비사업 시행 전의 토지 및 건축물(종전자산)의 권리를 분양예정 자산(종후자산)관리로 변환하는 작업을 말한다. 사실상 조합원의 분담금 및 정산금을 결정하는 절차로 조합원이 가장 관심을 갖는 사항이므로 공신력 있는 감정평가기관의 공정하고 객관적인 감정평가가 필수적이다.

관리처분계획의 예시

종전자산평가 (자본금)	기존의 주택, 상가, 사무실 등 각 조합원 자산평가	조합원A의 종전자산 평가액 1억 원 전체 조합원 종전자산평가총액 500억 원
사업비산정 (지출)	사업에 투자되는 전체 사업비를 추산(건축비, 이주비, 조합운영비, 각종 용역비 등)	본 사업의 총사업비 600억 원
총수입액	아파트 및 상가 예정분양가에 따라 총수입액 산정	총수입액 1,200억 원 33평 분양가 1.8억 원
비례율 산출	종후자산 총수입액에서 총사업비를 공제한 후, 전체 종전자산 평가액으로 나눠 비례율 산출	1200 − 600 / 500 =1.2(120%)
조합원별 권리액산정	종전자산 평가금액에 비례율을 곱해 권리액 산출	조합원A의 권리가액 1억 원 × 1.2 = 1.2억 원
정산	조합원별 종전자산 권리액과 종후자산 평가액을 비교해 과부족을 정산	조합원A의 정산액 1.8억 원 − 1.2 억 원 = 6,000만 원

관리처분계획(변경) 개인별 내역서

사업명 : 00구역 주택재개발정비사업조합

조합원번호			성명		
종전권리내역	종전권리				비고
	종전토지		종전건물		
지번	면적(㎡)	금액(원)	면적(㎡)	금액(원)	
000-00	12.34	323,000,000	56.78	12,234,456	
소계	12.34	323,000,000	56.73	12,234,456	
합계	335,234,456				

종전권리내역		내역서	산출근거
토지등의 총평가액		/////////	분양대상자의 토지 및 건축물 총 평가액
총수입		/////////	조합원분양, 보유지, 상가 등의 분양수입
순사업비		/////////	공사비 및 조합운영비 등 총사업비의 규모
비례율		105%	(총수입-총정비사업비)/종전 총평가금액
분양기준가액(권리가액)		335,234,456	종전 평가금액 × 비례율
처분가액	공동주택분양 배정타입	84A형	101동 1204호
	분양가(추산액)	460,234,456	
	상가분양		
청산금(징수 또는 교부)		125,000,000	

※ 자세한 사항은 조합사무실 문의 02-000-0000

재개발 수익률 산출예시

재개발 수익률을 근사치로 산출하기 위해서는 조합원들이 보유한 부동산의 감정평가가 이루어져야 한다. 감정평가란 조합원들이 부동산을 감정해 평가금액을 책정하는 것을 말한다. 감정평가액의 윤곽이 정해진 후 아래의 빈칸을 채우다 보면 추가부담금과 보상액, 분양순위, 수익률 등을 알 수 있다.

			물건현황	
	대지	m^2	개별공시지가	만 원/m^2
	건물	m^2	철콘 다세대주택	
	항목	비용	비고	
1	매매가			
2	전세금		다세대주택 전세금액 예상치	
3	초기 투자 비용		1-2	
4	예상 대지감정평가		개별공시지가× %	
5	예상 건물감정평가			
6	예상 비례율	%	일반적인 재개발 비례율 적용	
7	권리가액		4+5	
8	조합원분양가		분양 시 조합원 만, 일반 만 예상	
9	추가부담금		8-7	
10	취득세 등 비용			
11	총 투자 비용		1+9+10	
12	입주 후 시세			
	예상 투자 수익		12-11	

금융, 기타비용은 고려하지 않음/감평, 조합원분양가 등은 추정치

제 3 강

도시계획시설을 활용한
특수 물건

　법조문 하나의 개정이나 신설을 통해서 파생될 수 있는 투자의 위력은 감히 상상을 초월한다. 최근 국토교통부를 통해 보도자료가 배포되었다. 도대체 이 보도자료에 적혀 있는 내용이 경매 투자와 무슨 상관이 있단 말인가. 자세히 읽어봐도 필자의 분야에서 일해온 경험이 없는 독자들로서는 무슨 말인지조차 이해하기 어려울 수 있다. 이 내용을 이해하기 위해서는 가장 먼저 '도시계획시설'을 익혀야 한다.

도시계획시설

쉽게 표현하자면 도시계획시설은 국가가 어느 한 도시를 이끌어가기 위해서 시민 모두가 공동으로 필요로 하는 시설들을 말한다. 대표적인 예로 도로, 공원, 녹지 등이 있다. 이외에도 터미널, 대규모 주차장, 장례식장, 버스차고지 등 수십 종류에 이르는 많은 도시계획시설이 있다.

도시계획시설은 도시를 운영하는 데 필요로 하는 시설이기에 국가는 법으로 어느 땅에 무슨 용도로 도시계획시설을 설치할지 미리 지정해두고, 그 지정된 내용을 토지이용계획확인서에 기재함으로써 국민이 알 수 있도록 한다. 그런데 이 도시계획시설을 설치하기 위해서는 많은 예산과 절차가 수반되는 탓에 신속하게 진행되지 못해 장기간 개인의 토지이용을 제한하는 부작용이 발생한다. 사유재산을 지나치게 침해한다는 헌법재판소의 위헌결정에 따라 일정 요건에 해당하는 도시계획시설은 해제하거나 토지 소유자로 하여금 해제신청을 할 수 있도록 국토의 계획 및 이용에 관한 법률을 개정했다(이행시기에 맞춰서 다음과 같은 보도자료를 통해 국민에게 알리고 있다).

그동안 토지이용에 큰 제약을 받는 상태에서 이러한 토지가 경매로 나오면 제값을 받지 못하는 쓸모없는 땅으로 치부되기 일쑤였다. 하지만 이 땅이 도시계획시설에서 해제된다면 그야말로 토지의 가치가 상승하는 상황을 맞이할 수 있다. 해제되지 않고 집행된다면 그에 합당한 보상을 받을 수 있으므로 필자는 도시계획시설에 저촉된 물건들을 분석해 투자 가치를 올릴 방법을 연구하게 되었다.

| 보도자료 |

장기미집행 도시·군계획시설 해제신청제 '17.1월부터 시행
-「국토계획법 시행령 개정안」 국무회의 의결(12.27.) -

□ 장기미집행 도시·군계획시설에 대해 지자체의 구체적인 집행계획이 수립·공고되지 않았다면, 내년 1월 1일부터 토지 소유자가 해당 도시·군계획시설의 결정 해제를 신청할 수 있다.
  * 도시·군계획시설 결정 후 10년 이상 해당 시설사업이 시행되지 않고 있는 시설

□ 국토교통부(장관 강호인)는 장기미집행 도시·군계획시설 해제신청 절차 등을 규정하는 내용을 주요 골자로 하는 「국토의 계획 및 이용에 관한 법률 시행령」 일부 개정안이 국무회의를 통과(12.27.)했다고 밝혔다.

- 이번 시행령 개정안은 장기미집행 도시·군계획시설의 토지 소유자가 지자체와 국토부에 해제신청 등을 할 수 있도록 법률이 개정('15.8.11.공포, '17.1.1.시행)됨에 따라 그 위임사항을 규정하려는 것으로,

  - 지난 10월 입법예고('16.10.18.~'16.11.28.) 등을 거쳐 개정안에 대해 의견을 수렴한 바 있으며, 이번에 의결된 시행령 개정안의 주요내용은 다음과 같다.

〈장기미집행 도시·군계획시설 해제신청 방법 등 규정〉
□ 장기미집행 도시·군계획시설 부지의 토지 소유자는 2017년 1월 1일부터 3단계에 걸쳐 지자체(입안권자, 결정권자)와 국토부에 차례로 해제신청 등을 할 수 있다.

- (1단계) 장기미집행 도시·군계획시설의 토지 소유자는 도시·군관리계획 입안권자(주로 기초자치단체장)에게 해제입안을 신청할 수 있으며,

    - 입안권자는 해당 시설의 실효 시까지 설치하기로 집행계획을 수립하거나 해당 시설의 실시계획이 인가된 경우 등을 제외하고는 해제입안을 해야 한다.

- (2단계) 토지 소유자는 1단계 신청에도 불구하고 해제 입안이 되지 않는 등의 사유가 발생하면 추가로 결정권자(광역자치단체 또는 기초자치단체장)에게 해제신청을 할 수 있다.

- (3단계) 1·2단계 신청 결과에도 해제되지 않거나 일부만 해제되는 등의 사유가 있으면 토지 소유자는 국토부장관에게 해제심사를 신청할 수 있으며,

    - 국토부장관은 중앙도시계획위원회 심의를 거쳐 결정권자에게 해당 시설의 결정 해제를 권고하고, 결정권자는 이에 따라야 한다.

- 참고로 해제신청을 하기 위해서 확인해야 하는 집행계획은 관련 지자체가 공고하도록 되어 있으므로 본인 소유 토지의 집행계획 수립 여부는 해당 지자체에 문의하면 된다.

〈기타 제도개선 사항〉
ㅁ 이번에 개정된 시행령의 세부내용은 법제처 국가법령정보센터(http://www.law.go.kr)에서 확인할 수 있다.

출처 : 국토교통부

1. 누가 경매 투자 수익률을 논하는가?

도시계획시설로 토지이용에 제한을 받는 물건은 경매로 나오더라도 토지이용의 제한을 받는 상태를 기준으로 감정하므로 신건으로 나온 물건의 시세 자체가 저렴하다. 그런데도 이러한 도시계획시설에 저촉된 물건은 1차 유찰, 2차 유찰 등으로 가격이 평가절하되어 저가 낙찰되는 사례가 빈번하게 발생한다. 이러한 물건들을 낙찰받은 후 해제된다면 신건의 감정가격 이상으로 시세가 형성될 것이 뻔하므로 그 시세차익으로 인한 수익률은 다른 경매 분야에서의 수익률과는 비교되지 않을 정도로 실로 엄청날 수 있다.

그러나 해제 이후 나타날 수 있는 토지 그 자체에 관한 분석 능력 없이 덜컥 낙찰받으면 큰 실수를 저지르는 어이없는 결과를 낳을 수도 있다. 해제되어서 좋기는 한데, 또 다른 개별법규의 제한으로 개발행위가 어려운 땅이라면 상당히 슬픈 투자를 하게 되는 결과를 초래할 수도 있음을 기억해야 한다. 도시계획시설의 사업이 진행되어 보상받게 되는 물건도 마찬가지다. 예상되는 보상금을 제대로 산출하지도 않은 채 시세대로 낙찰받다가는 오히려 손해를 보게 되는 어처구니없는 결과를 낳을 수도 있음을 명심해야 한다.

2. 도시계획시설 족쇄에서 해제되는 대박물건

　도시계획시설로 대표적인 것은 도로, 녹지, 공원이다. 그중에서도 완충녹지에 저촉된 물건이 경매로 나온 경우의 사례를 살펴보자.

　도로변에 있는 이 땅은 지분경매로 나온 물건에다가 공유자 우선매수를 행사한 경우에 해당하지만, 이 책에서 지분투자에 관한 내용은 굳이 설명하지 않겠다. 경매를 어느 정도 경험한 분이시라면 어떤 방식으로 지분투자를 하는 것인지 알고 있으리라는 전제하에 지분투자 기법은 생략한다. 다만, 도시계획시설 투자 사례로 아주 적합하기에 이 물건에 관해 설명해드리고자 한다.

　이 물건의 토지이용계획확인서를 분석해보면 1종 일반주거지역, 도시계획시설도로에 저촉되어 있으며, 중첩적으로 완충녹지에 저촉되어 있다(다음 '이천 토지이용계획확인서' 참조).

　일단 도시계획시설에 저촉된다면 토지이용에 제한을 받으므로 1종 일반주거지역일지라도 그 흔한 주택 같은 용도의 건축물조차 허가받을 수 없다. 그 결과 이 물건은 유찰과 대금미납을 거치고, 또 수차례 유찰을 거쳐서 약 35%까지 떨어진 것을 확인할 수 있다(다음 '이천 도시계획시설 사례' 참조).

이천 토지이용계획확인서

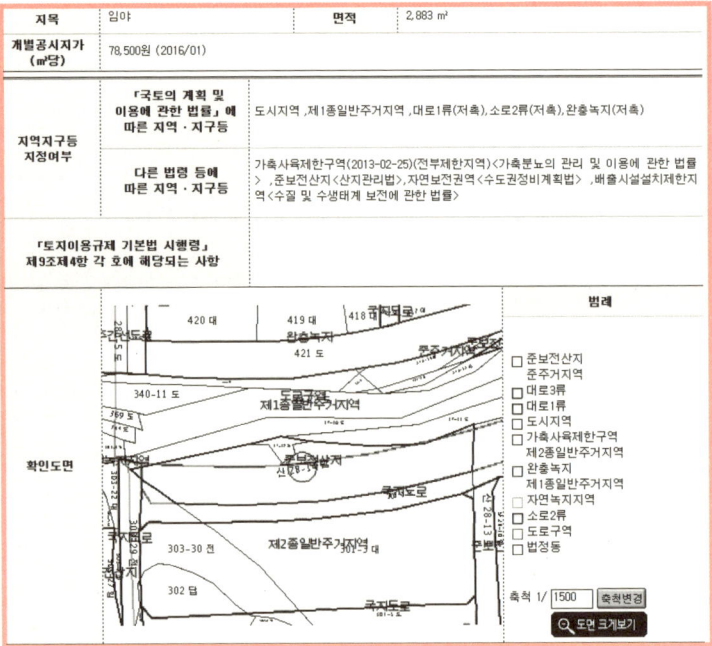

이천 도시계획시설 사례

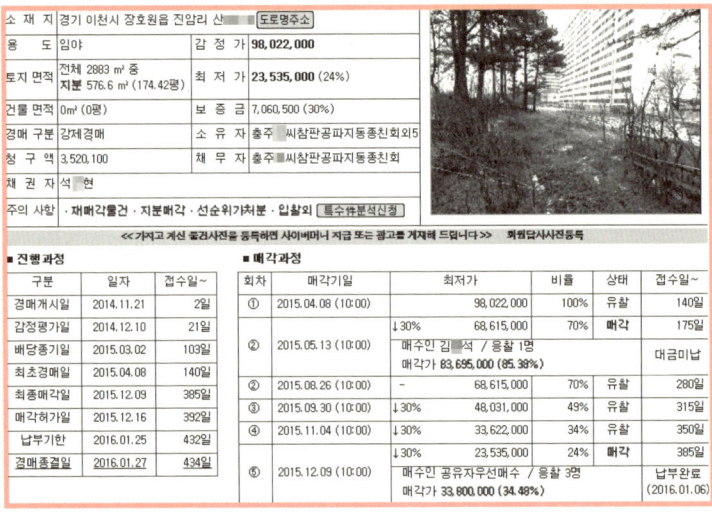

이천 도시계획시설사례1

　이 토지의 바로 옆 타이어 전문 카센터가 들어선 땅은 평당 120~130만 원 정도의 시세가 형성된다는 것을 확인할 수 있었다. 그런데 경매로 나온 이 물건은 완충녹지에 저촉받는 관계로 174평이 3,380만 원에 낙찰되었으니, 평당 20만 원도 채 안 되는 가격인 셈이다. 필자가 확인한 바에 따르면 이 물건은 2018년 정도에 완충녹지가 해제된다. 해제 후 이 물건이 평당 얼마짜리 물건으로 변신하게 되는가에 관한 수익률 계산은 독자 여러분들이 하실 수 있으리라고 보고 따로 논하지 않겠다.
　이러한 물건과 유사한 형태의 물건을 아주 가끔 낙찰받는다면, 아니 1년에 1개씩만 낙찰받아 경매 투자 활동을 지속한다면 어떨까? 그야말로 환상적인 경제적 자유를 얻을 수 있는 투자 아닌가? 물론 이런 물건만 찾아 올인하는 투자자들을 필자는 별로 반기는 편은 아니다. 토지 투자 분야에서 똑같은 물건은 절대 없기 때문이다. 부동산 공법적인 지식과 노하우로 무장된 상태에서 자유롭게 경매 물건을 검색하다 보면 뜻밖에 걸려드는 물건이 많다는 말씀을 드리고 싶다.

제 4 강

매달 받는 연금과
매년 받는 연봉

1. 8개월에 6억 원 번 사나이, 연봉 받는 임야 투자

지난번 출간한 책에서도 소개했던 이 물건, 과연 어떻게 변했을까? 그 당시의 내용을 다시 한 번 짚어본다. 신건에 낙찰받아 실투자금은 2~3억 원 정도 들어갔고, 잔금납부 후 8개월 후에 6억 원의 매각차익을 올렸다.

평소 토지에 관심 있는 자의 미래와 그렇지 않은 자의 미래의 갈림길을 말해주는 물건이 아닌가 싶다. 출간한 책의 내용을 간략히 원용한 다음 결과를 설명하기로 한다.

성복동 경매 물건

2015 타경 37■■ (임의) 2015타경147■		매각기일 : 2015-08-05 17:00~ (수)		경매13계 031-210-1273	
소재지	(448-980) 경기도 용인시 수지구 성복동 산■■■				
현황용도	임야	채권자	허■준	감정가	860,640,000원
토지면적	9780㎡ (2958.44평)	채무자	조■식외1명	최저가	(100%) 860,640,000원
건물면적		소유자	이■훈	보증금	(30%) 258,192,000원
제시외		매각대상	토지매각	청구금액	100,000,000원
입찰방법	기일입찰	배당종기일	2015-04-08	개시결정	2015-01-26

기일현황

회차	매각기일	최저매각금액	결과
신건	2015-06-18	860,640,000원	매각
(주)■■조경/입찰1명/낙찰931,110,000원(108%)			
	2015-06-25	매각결정기일	허가
	2015-08-05	기한후납부	
	2015-11-24	배당기일	완료
배당종결된 사건입니다.			

 이 물건을 대략 살펴보면 자동차 전용도로 IC에 아주 가까이 접해 있다 보니, 차량의 소음이 너무 심해서 전원주택지로는 부적합하다는 성급한 결론을 내릴지도 모른다. 그러나 필자는 고속도로의 자동차 소음에 대해 잘 아는 편이다. 직선거리로 250m 이내 자동차 방음벽이 없는 곳에서 그 소음은 일상생활을 하는 데 지장을 준다. 특히 야간에는 더더욱 그렇다. 마치 밤새도록 탱크가 지나가는 듯한 소음을 경험하게 된다. 그런데도 필자가 자동차 전용도로 옆의 임야가 전원주택지로서 적합한 토지라고 판단하는 이유는 간단하다. 임야라는 천연의 방음벽 때문이다. 임야 너머에 고속도로가 있음에도 마치 그러한 사실을 잊을 정도로 임야 자체가 소음을 죽여주는 역할을 한다.

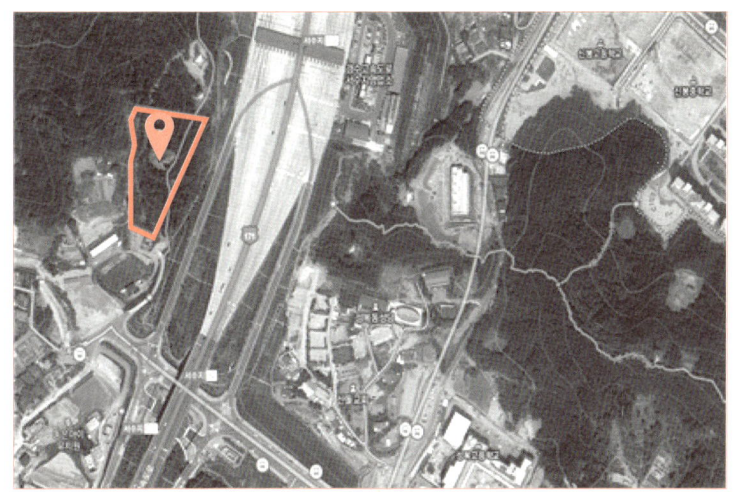

성복동 위성지도

이 물건도 마찬가지다. 고속도로가 없는 곳에서의 임야일지라도 전체면적의 절반 정도만 산지전용 허가가 가능하다는 점을 감안한다면, 약 3,000평 정도의 임야 중 고속도로에 접한 부분의 임야는 원형지 상태 그대로 두는 것을 전제로 사업수지 분석을 했다.

성복동 임야물건

인근 지역의 전원주택지 기본 시세는 평당 약 250~300만 원이다. 이 물건은 분묘기지권이 있는 묘지와 도로가 없는 맹지, 게다가 고속도로 옆에 있는 단점 등을 감안해 평당 30만 원 정도의 최초 감정된 가격으로 나온 물건이었다.

성복동 토지이용계획확인서

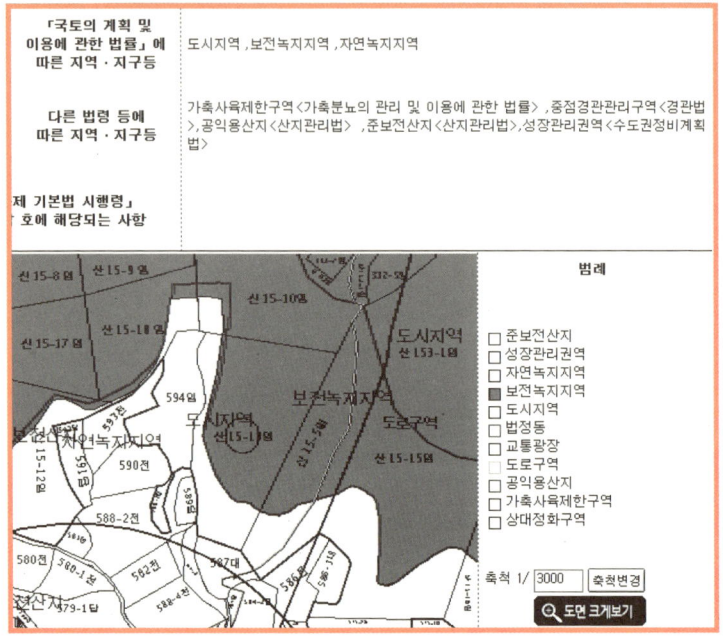

이 물건의 토지이용계획확인서에 기재되어 있는 공익용 산지에 관한 질문을 독자들로부터 많이 받았다. 일일이 설명해 드렸음에도 도저히 이해가 안 간다는 독자분들도 계셨고, 고맙다고 답변해주신 독자분들도 계셨다.

이렇게 중요한 것은 현장에 있지 않고, 법규에 있다. 이래도 현장 현장, 발품 발품만을 외칠 것인가? 둘 다 소중하기 그지없다고 해야 할 것이다.

성복동 묘지현장

필자는 토지를 개발하는 데 묘지와 도로는 심각한 문제를 일으킨다는 사실을 잘 알고 있다. 그런데도 이 물건에 눈독을 들였던 이유는 간단하다. 역발상이다. 이런 토지가 시골에 위치해 경매로 나왔다면 필자는 별로 관심을 가지지 않았을 것이다.

묘지를 대하는 필자의 생각은 관리가 아주 잘 되어 있는 묘지는 이장협의가 의외로 잘 되는 경우가 있다는 것이다. 이 물건도 그랬다. 이장협의가 안 되는 경우도 제법 있기는 하지만,

무슨 수를 써서라도 결국 합의로 끌어낸다. 이장 합의금이 많이 지출되더라도 이 건은 전체사업비에 비하면 그 비중이 현저히 낮다. 예를 들어 묘지 1기를 이장하는 데 5,000만 원을 지급하더라도 아깝지 않은 상황의 물건인 것이다. 지면이라는 특성으로 인해 세부적인 이장협의 얘기를 하기에는 다소 한계가 있으므로 이 부분은 기회가 된다면 오프라인 강의에서 설명해드리겠다.

성복동 이장 완료

그 묘지가 현재는 이렇게 이장이 완료되었다. 넘어진 상석은 덩그러니 주인을 잃어버린 채. 그리고 맹지는 다시 한 번 필자의 제자분들과 답사확인을 하러 간 결과, 6m 도로가 산뜻하게 개설된 모습을 확인할 수 있었다.

필자에게 오시라. 그러면 같이 현장에 가서 많은 얘기를 나눌 수 있다.

성복동 등기부

[토지] 경기도 용인시 수지구 성복동 산 ■■				고유번호 1345-1996-146471
순위번호	등 기 목 적	접 수	등 기 원 인	권리자 및 기타사항
8	강제경매개시결정	2015년4월9일 제62783호	2015년4월8일 수원지방법원의 강제경매개시결정(2015 타경147)	채권자 황■군 서울 마포구 삼개로 33, ■동 ■■■호(도화동, 도화3지구우성아파트)
9	소유권이전	2015년10월14일 제194673호	2015년10월14일 임의경매로 인한 매각	소유자 ■■■■■■■■ 경기도 용인시 수지구 성복1로281번길 ■■ (성복동)
9-1	9번등기명의인표시변경	2016년6월2일 제81129호	2016년1월6일 상호변경	주식회사■■■랜드의 성명(명칭) 주식회사 ■■■
10	5번가처분, 7번임의경매개시결정, 8번강제경매개시결정 등기말소	2015년10월14일 제194673호	2015년10월14일 임의경매로 인한 매각	
11	소유권이전	2016년6월2일 제81130호	2016년6월2일 매매	소유자 ■■■■■■■-0278■ 경기도 ■호(성복동,헬스톤갤러리) 거래가액 금1,500,000,000원

【 을 구 】 (소유권 이외의 권리에 관한 사항)				
순위번호	등 기 목 적	접 수	등 기 원 인	권리자 및 기타사항
1	근저당권설정	2007년7월23일 제173957호	2007년7월23일 근저당권설정계약	채권최고액 금840,000,000원 채무자 ■■■ 주식회사 경상북도 포항시 남구 동해면 상정리 ■■ 근저당권자 주식회사우리은행 ■■■-0023393

필자가 진행하는 고급 심화과정 강의 때 입에 침을 바르면서 물건의 가치를 설명했던 물건이다. 필자는 아직도 수원지방법원에서 조용히 혼자 입찰해서 신건에 낙찰받던 양복 입은 신사분을 잊을 수 없다. 맹지에다 잘 조성된 분묘가 2기 정도 있었던 터라 한 차례 떨어진 후에 입찰하려 했던 필자의 코를 납작하게 만드신 진정한 고수.

작년 이맘때쯤 되었을 것 같다. 그렇게 약 9억 원에 낙찰받은 임야가 최근 건축업자에게 15억 원에 매각된 사실을 확인하고는 "역시!"라는 감탄사를 연발하지 않을 수 없었다. 이런 것을 보면 아직도 필자의 경매 투자 마인드는 초보다. 좀 더 진화해야 한다는 반성을 해본다.

당시 아파트 경매 투자가 워낙 인기였던지라 법원은 문전성시였다. 북적이던 경매 법정에서 나 홀로 낙찰받고 조용히 사라졌던 그 낙찰자의 뒷모습이 지금도 아련하다. 무엇을 배워야 하는가? 다시 한 번 반성해본다.

얘기가 나온 김에 임야경매와 관련해서는 묘지분쟁이 최근 부쩍 많이 늘어난 것 같다.

묘지분쟁

필자의 연구원분들과 같이 떠난 답사 여행에서 보았던 묘지분쟁의 사진이다. 묘지에 관해서 필자가 하고 싶은 말은 잘 정돈된 묘지일수록 오히려 이장에 관한 합의가 잘된다는 것이다. 신사적으로 매너 있게 접근할 수도 있고, 사진처럼 분쟁으로 해결할 수도 있다. 어떤 것이든 '정답은 없더라'는 명제가 정답이었다.

묘지분쟁1

묘지분쟁2

2. 농지연금이 주택연금보다 낫다

다음 사례를 살펴보면 오래전 경매로 취득했다가 몇 년간 보유하고 있던 상태에서 다시 경매로 나온 물건이다. 필자가 수시로 왔다 갔다 하면서 봤던 물건이었기에 조금 더 관심이 갔다. 경매로 낙찰받을 당시의 낙찰가와 다시 경매로 나온 뒤의 낙찰가가 비슷하다. 농지의 경우 소유권을 이전하기 위해서는 농지취득자격증명을 받아야 하는데, 농지취득자격증명과 관련된 얘기는 후편에서 따로 첨부하는 자료를 참고하면 될 것이다.

농지연금

이 물건은 필자가 보기에는 진입도로 문제는 별다른 애로가 없는 땅이다. 다만, 가까운 곳에 철탑이 있는 것이 눈엣가시였다. 대개 철탑이 가까운 곳에 있다면 건강상 문제 등의 이유로 투자를 꺼린다. 그래서 그런지 일반적인 도시근교에 있는 농지보다 좀 더 낮은 가격으로 낙찰된 것으로 판단한다.

이 물건의 투자 가치는 어떠한가? 성남시에 소재하고 있는 농지로 건축행위를 할 경우 하수처리에 문제가 발생해 건축허가가 나지 않는 땅이다. 성남시는 건축물에서 발생하는 하수가 공공하수처리시설로 연결되는 하수관이 없을 시 건축허가를 받을 수 없다.

농지연금1

출처 : 농림축산식품부

도로가 법적인 문제가 없음에도 하수 문제로 건축허가가 안 난다면 이 땅은 맹지보다도 더 무섭게 일반인을 괴롭히는 물건이 될 수 있다. 그렇지만 필자가 보기에는 이 땅이 노후에 큰 도움을 줄 수 있는 소중한 물건이라는 생각이 든다. 제목에서 이미 눈치채셨을 테지만, 이런 물건은 농지연금 투자 마인드로 접근하기에 안성맞춤인 토지다.

많은 투자자는 아파트를 담보로 주택연금을 신청해 사망 시까지 일정 금액의 연금을 매달 수령하는 방법을 잘 알고 있다. 또한 상가 경매를 통해 매달 월세를 받으면서 월급 외에 고정적인 수익을 올릴 투자 방법도 잘 알고 있다.

농지연금2

만 65세 이상 고령농업인은 소유한 농지를 담보로 노후생활 안정자금을 매월 연금형식으로 지원받으실 수 있습니다.

출처 : 농림축산식품부

그러나 농지를 활용해 노후에 꼬박꼬박 연금을 받으면서 죽을 때까지 내가 농사를 지을 수도 있는 활용방안을 아시는 분은 그리 많지 않은 것 같다. 농지연금은 상가 투자와 달리 공실 우려가 없고, 명도 걱정을 하지 않아도 되며, 평생 농사를 지을 수 있다는 것이 장점이다.

주택연금보다 연금 적용기준 조건도 훨씬 낫다. 단점이라면 일정 기간 영농경력이 필요하다는 점이다. 그렇다고 해서 소유자가 반드시 농지가 있는 곳에서 거주해야 한다거나, 다른 소득이 있으면 안 된다는 제약을 받는 것은 아니다. 농지 가격을 낙찰받은 금액을 기준으로 평가하는 것이 아니라, 감정평가액을 기준으로 일정 비율 적용하는 방식이므로 농지가 경매로 나온 경우 감정평가금액보다 낮게 낙찰받는 만큼 유리하다.

맹지이거나 건축이 안 되는 농지일지라도 상관없다. 직장을 다니는 도시민이라도 상관없다. 단, 자신이 관리하기 힘들 정도로 멀리 있는 농지를 낙찰받는 것은 바람직하지 않다.

농지연금3

소 재 지	경기 성남시 분당구 대장동 ■ 도로명주소				
경매구분	강제경매	채 권 자	민■기		
용 도	답	채무/소유자	조■진	매 각 일 시	집행정지
감 정 가	1,023,400,000 (16.03.17)	청 구 액	5,000,000	다 음 예 정	
최 저 가	351,026,000 (34%)	토지면적	2975 ㎡ (899.94평)	경매개시일	16.03.03
입찰보증금	10% (35,102,600)	건물면적	0 ㎡ (0평)	배당종기일	16.05.10
조 회 수	(단순조회 / 5분이상 열람) · 금일 2 / 0 · 금회차공고후 238 / 29 · 누적 972 / 78				조회통계
조 회 분 석	· 7일내 3일이상 열람자 7 · 14일내 6일이상 열람자 5				(전국연회원전용)
주 의 사 항	· 입찰외 · 농지취득자격증명 특수件분석신청				

■ 특수권리분석 ※ 이해관계자 제보 등을 반영한 지지옥션의 주관적 분석 의견임

· 입찰외
동소 지상에 입찰에서 제외되는 이동식 화장실이 있는데, 이는 이동이 가능하며, 토지에 정착한 물건은 아니기 때문에 동산으로 볼 수 있다는 점에서 법정지상권이 성립할 수 없습니다. 즉, 입찰외 물건으로 인하여 토지를 인도받는데 어려움은 없을 것으로 판단됩니다.(16.07.05)

· 농취증 매각결정기일까지 성남지원에 농취증을 제출하여야 매각허가를 받을 수 있습니다. 미제출시 입찰보증금이 몰수될 수 있으므로 유의 바랍니다. 본 물건은 면적이 2,975㎡로 주말·체험영농 목적으로 농지소유가 불가능하며, 농업경영계획서 (농업기계장비의 확보방안 등)를 첨부하여 성남시청(☎ 031-729-2114)에 발급신청을 하여야 합니다. 농취증 발급 소요 기간은 법적으로 4일 이내이므로 사전에 방문(전화) 조사가 필수 입니다.

이 물건은 감정가 10억 원 정도의 물건이 약 4억 원에 낙찰되었는데, 무슨 사연인지 정지되어 불허가된 상태였다. 하지만 농지연금을 신청하기에는 적합한 물건으로 판단된다. 나이가 젊은 분이시라면 부모님 명의로 낙찰받은 후에 조건을 만들어 나가는 센스를 발휘하는 것도 좋은 방법이 될 수 있겠다.

3. 농업진흥지역 해제 대박을 기다리는 공장

최근 심심찮게 나오는 기사가 보인다. 쌀수급 안정을 위한 특별대책으로 추진되는 '농업진흥지역 해제'다.

'절대농지 해제해 뉴스테이 짓는다' 화성·김해 등 4곳 추진

절대농지(농업진흥지역)를 해제한 경기 화성, 경남 김해 등 4곳에 뉴스테이 단지가 들어선다. 국토교통부는 30일 서울개봉, 용인언남, 화성능동, 김해진례 지구에 8,289가구의 뉴스테이를 짓기 위한 기업형임대주택 공급촉진지구를 지정했다고 29일 밝혔다.

우선 서울 개봉지구에는 1,089가구의 뉴스테이가 공급된다. 내년 6월 입주자 모집을 시작으로 2019년 12월 입주가 시작될 예정이다. 이 지역은 지하철 1호선 개봉역과 200m 거리에 있는 역세권으로, 임대주택 외에도 준공업지역 기능을 유지하기 위한 지식산업시설도 4,855㎡ 규모로 들어선다. 기존 항수도 시설부지 위로는 가로공원이 조성된다.

용인 언남지구에는 총 6,500가구 가운데 3,700가구는 뉴스테이, 2,800가구는 일반분양으로 공급된다. 입주는 2021년 9월부터 이뤄진다. 이 지역은 경부고속도로(신갈나들목), 영동고속도로(마성나들목), 분당선 지하철 구성역과 각각 5km 이내 거리에 위치해 수도권 광역교통 접근성이 우수하다는 평가를 받는 곳이다.

화성능동과 김해진례는 농업진흥지역을 해제하고 뉴스테이로 조성하는 지구다.

화성능동 지구에는 총 1,200가구 가운데 뉴스테이 900가구, 일반분양 300가구가 공급되고, 입주는 2021년 9월 진행된다. 이 지역은 지하철 1호선 서동탄역과 500m, 제2외곽순환도로(북오산나들목)와 2km 거리에 있다. 이에 인근 산단(동탄도시첨단산단, 동탄일반산단)으로의 출퇴근이 수월하다.

김해진례 지구에는 총 4,400가구 가운데 뉴스테이 2,600가구, 일반분양 1,800가구가 공급된다. 입주는 2021년 9월부터 시작될 전망이다.

국토부는 이번 4개 지구 지정으로 부지확보 6만 5,025가구, 영업인가 2만 9,017가구, 입주자모집 1만 2,800가구를 공급하게 돼 올해 뉴스테이 공급목표를 초과 달성하게 됐다.

여기에 각 지자체의 공급촉진지구 조성사업 43개 지구, 5만여 가구까지 더해질 전망이다. 서울시는 '역세권 2030 청년주택', 부산시는 '부산형 뉴스테이' 사업으로 기업형 임대주택 공급촉진지구 조성사업을 추진하고 있다.

국토부 관계자는 "앞으로도 지자체와 지속적으로 협조해 뉴스테이 사업목표를 차질 없이 추진할 계획"이라고 말했다. 국토부는 2015~2017년 뉴스테이 사업목표를 부지확보 15만여 가구, 영업인가 8만 5,000여 가구 규모로 계획하고 있다.

〈머니투데이방송〉 문정우 기자 2016.12.29

이와 같은 기사를 종종 접하는데, 어떤 땅이 해제되는지를 알 수 없다는 것이 문제다. 법문을 인용하면 어렵다고 생각할 것이기에 궁금하신 분들은 지금 당장 농림축산식품부 사이트에 들어가서 농업진흥지역 관리규정을 검색해보시라.

제8조(진흥지역의 해제대상)
영 제28조 제1항 제1호 다목의 '해당 지역 여건변화'라 함은 다음 각 호의 어느 하나에 의해 도로, 철도 등이 설치되거나 택지, 산업단지 지정 등으로 인해 집단화된 농지와 분리된 자투리 토지로 진흥구역은 농로 및 용·배수로가 차단되는 등 실제로 영농에 지장을 주는 경우, 보호구역은 진흥구역의 농업환경을 보호하기 위한 본연의 기능이 상실된 경우를 말한다.

1. 도로법 제10조에 따른 도로
2. 국토의 계획 및 이용에 관한 법률 제2조 제7호에 따른 도로(폭 8m 미만인 소로는 제외한다)
3. 철도산업발전기본법 제3조 제1호에 따른 철도
4. 하천법 제2조 제1호에 따른 하천

제9조(진흥지역 해제 시 검토사항)
① 영 제28조 제1항 제1호에 따른 진흥지역 해제의 요청이 있는 경우에는 다음 각 호의 사항을 검토해야 한다.

1. 농업생산기반이 정비되어 있거나 정비사업예정지구에 편입된 농지로 보전 가치가 있는지의 여부
2. 농업생산기반이 정비된 경우에는 도로(교차로)·하천 등과 연접된 변두리지역에 위치하고 있거나 토질이 척박해 보전가치가 낮다고 인정되는 농지인지의 여부
3. 해당 시설의 기능·용도 등을 감안한 입지가능 지역에 진흥지역 외의 활용가능한 다른 토지가 있는지의 여부
4. 사업시행으로 인해 농로·수로가 차단되거나 오폐수가 유출되어 인근 농지의 영농에 지장을 초래하거나 농업용수 기타 농업환경을 오염시킬 우려가 있는지의 여부

내용에서 정하고 있는 해제대상지역을 기본으로 익혀두고, 지역신문이나 소문을 통해 공통으로 해당하는 지역을 찾으면 적중 확률이 높아질 것이다. 일차적으로는 농지의 경지정리가 되지 않은 지역을 염두에 둔다면 실수하지 않는다.

농업진흥지역 해제 대박 공장

사례에서 설명하는 물건은 농업진흥지역의 농지를 전용해서 농수축산물 가공공장으로 건축해 사용하던 중 경매로 나왔다. 공장의 경우 공장저당법의 저촉을 받기 때문에 기계목록이 공장건물과 토지와 같이 묶여서 경매로 나온다. 기계목록의 감정가격이 포함되어 책정되므로 기계목록의 가격을 감안해서 응찰가격을 정해야 한다.

저렴한 가격에 낙찰받은 후 임대 보유하다가 진흥지역 해제가 되면 토지의 가치가 급상승하는 행운을 맞이할 수도 있다. 그러나 투자금을 회수할 수 있는 투자 기간을 고려해야 하는 문제 등 소액 투자자로서 함부로 접근하기에는 다소 무리가 될 수 있으므로 유의해야 한다.

농업진흥지역 해제1

소 재 지	경기 화성시 마도면 청원리 ▨▨ ▨▨▨, ▨▨▨ ▨▨ A동 [일괄]B동, C동, -2, -4, 외5 (18543) 경기 화성시 마도면 해운로 ▨				
경매구분	강제경매	채 권 자	㈜▨▨무역		
용 도	공장	채무/소유자	진▨(주)	매 각 기 일	16.10.20 변경
감 정 가	3,999,915,500 (14.08.12)	청 구 액	160,000,000	종 국 결 과	16.11.02 기각
최 저 가	1,371,971,000 (34%)	토 지 면 적	5381 ㎡ (1627.75평)	경매개시일	14.07.15
입찰보증금	30% (411,591,300)	건 물 면 적	전체 2498.05 ㎡ (755.66평) 제시외 8㎡ (2.42평)	배당종기일	14.10.01
조 회 수	(단순조회 / 5분이상 열람) · 금일 1 / 0 · 금회차공고후 137 / 25 · 누적 1,163 / 210				조회통계
조 회 분 석	· 7일내 3일이상 열람자 6 · 14일내 6일이상 열람자 2				(전국연회원전용)
주 의 사 항	·재매각물건 [특수件분석신청]				

■ **특수권리분석** ※ 이해관계자 제보 등을 반영한 지지옥션의 주관적 분석 의견임

· **재매각**

이 사건은 3회차(2회유찰) 매각기일에 매각가율 57.8%에 낙찰된바 있으나, 대금을 미납하여 재매각(재경매)이 진행중입니다. 권리분석(등본)상의 모든 권리는 매각(낙찰)으로 인하여 소멸되고, 동소가 현재 소유자가 폐업중이므로 공장을 인도받는데 특별한 어려움은 없을 것으로 예상됩니다.

다만, 이 사건 최고가매수신고인의 이름을 감안했을 때, 신청채권자(기업은행 근저당권 양수인)가 낙찰(유입=流入)을 받았다가 대금을 미납한 것으로 추정됩니다. 이와 같이 유동화전문유한회사인 신청채권자가 낙찰을 받았다가 대금을 미납한 경우에, 회사 내부의 여러가지 사정이 복합되어 있기 때문에 대금미납(재매각) 사유를 추정한다는 것이 극히 어렵습니다.

그러므로 신청채권자를 찾아가 그 사유를 문의해보거나, 권리분석상 인수하는 권리가 없으므로 재매각 사유에 대하여 신경쓰지 말고 임장활동과 주변 중개업소를 방문하여 실거래가격을 파악해본 후에 입찰시기와 입찰가격을 결정하면 되겠습니다. (15.11.04)

제 5 강

사례로 보는
도로 투자의 희로애락

도로 임초리 토지이용계획확인서

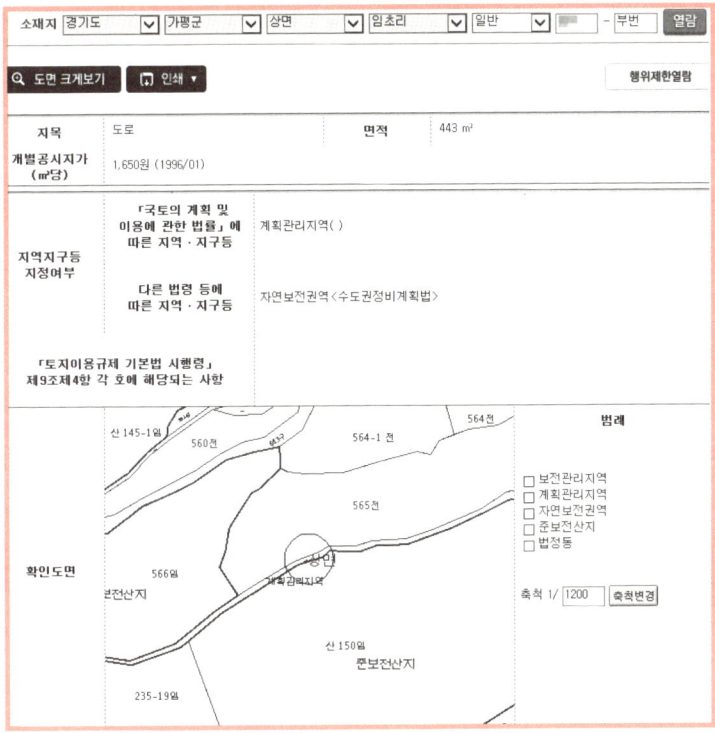

그림에서 나오는 도로는 지목이 도로이고, 지자체 소유로 되어 있다. 이 도로에 접한 토지에 건축행위를 할 수 있는가? 폭은 약 2m 정도로 임야에 나 있는 도로다.

도로, 참으로 많은 경매 투자자에게 기쁨과 슬픔을 안겨주는 물건이다. 어떤 이는 큰 수익을 올리기도 하고, 어떤 이는 도로가 아닌 콘크리트나 흙을 경매로 낙찰받는 결과를 초래하기도 한다. 그도 그럴 것이 도로도 토지의 일종이다 보니, 경매 투자 분야에서 도로에 관한 정확한 개념을 제대로 안내해 주고 있는 곳을 필자는 아직 찾지 못했다. 분명히 어딘가에 있을 것으로 생각은 한다.

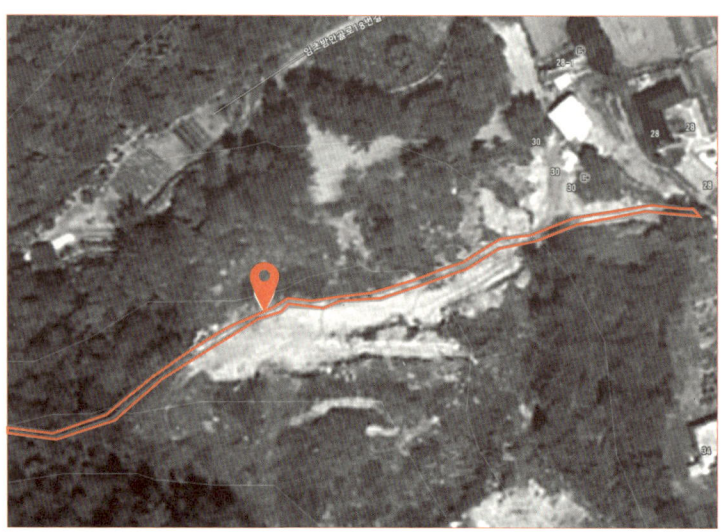

도로 임초리

흔히 경매로 나오는 도로는 수차례 유찰을 거듭한 끝에 아주 저렴한 가격에 낙찰받는 경우가 있다. 그러나 가끔 신건의 가격보다도 훨씬 높은 가격으로 낙찰받기도 한다.

무슨 이유에서일까? 그 이유는 극명하게 갈리는 것 같다. 먼저 낮은 가격으로 낙찰받는 맛에 저가로 매입한 경우, 낙찰받은 토지에 관한 배타적 소유권을 행사해서 그 도로를 사용할 수밖에 없는 이해관계인들에게 제값 또는 고가에 매각해서 수익을 취하고자 입찰하는 분들이다. 두 번째는 이해관계가 얽혀 있는 도로를 고가로라도 낙찰받아서 출입제한을 할 수 있는 칼자루를 쥐고자 하는 목적에서 입찰하는 분들이다. 무엇이든 결과만 좋으면 당연히 모든 것이 좋다. 그러나 도로가 지닌 법률적인 특성을 제대로 알고 난 후에 투자할 수 있다면 그만큼 실패를 줄일 수 있는 것이 아닐까 생각한다.

그런데도 여전히 도로에 관한 막연한 기대감이나 법률지식을 제대로 갖추지 않은 채 낙찰받은 후에 미납하는 일도 종종 발생한다. 심지어 지목도 도로이고 멀쩡하게 포장된 도로에 접해 있는 토지를 낙찰받은 후, 그 도로를 사용할 수 없다는 사실을 나중에 알고서야 잔금을 미납하는 안타까운 사례도 있다.

필자가 강조하고 싶은 것은 토지 부동산은 투자 기법이 워낙 다양하고 높은 투자 수익을 안겨줄 수 있지만, 기본적인 실력과 안목을 갖춘다는 전제가 필요하다는 점을 말씀드리고 싶다.

도로지정공고

가평군 공고 제2015 - ■호

도로의 지정, 변경, 폐지 공고

「건축법」 제2조 제1항 제11호 나목 및 동법 제45조 제1항 및 제2항의 규정에 의거 건축허가 시 위치를 지정, 변경, 폐지한 도로를 아래와 같이 공고합니다.

2015. 06. 04.

가 평 군

- 아 래 -

1. 제   목 : 도로지정, 변경, 폐지 공고
2. 지정근거 : 「건축법」 제2조 제1항 제11호 나목 및 동법 제45조 제1항, 제2항
3. 공고내용
   「건축법」 제2조 제1항 제11호 나목 및 동법 제45조 제1항, 제2항 규정에 의하여 붙임과 같이 건축허가 신청에 따른 도로 지정 및 변경, 폐지하였음을 공고합니다.
4. 도로지정, 변경, 폐지 내역 : 붙임 참조
5. 공고기간 : 2015. 6. 4. ~ 2015. 6. 19.(15일간)
6. 공고방법 : 전국 지방자치단체 게시판 및 인터넷홈페이지 게시판
7. 의견제출 : 도로지정, 변경, 폐지 공고에 대하여 의견이 있으신 분은 공고기간 내에 가평군청 허가민원과 건축기획팀으로 의견을 제출하시기 바랍니다.
8. 문 의 처 : 가평군청 허가민원과 건축기획팀(031-580-2398)

붙임 : 도로의 지정, 변경, 폐지 내역 1부.   끝.

 도로에 관한 개념을 정확히 배우기가 어려운 것은 아니다. 안타깝게도 그런 내용을 제대로 배울 기회가 없는 것이 현실이다. 지자체는 건축과 관련한 인허가를 할 경우나 도로를 새로이 지정해야 할 경우 위와 같이 지정공고를 한다. 이런 도

로는 대부분 개인 소유로 되어 있다. 필자는 이런 도로를 사도라고 표현하지 않지만, 많은 사람이 사도라는 잘못된 표현을 사용한다.

이렇게 개설된 개인 소유의 도로가 경매로 나올 경우 많은 사람이 싸다는 이유로 낙찰받아서 이해관계인들에게 매각하는 방식으로 수익을 실현하고자 한다. 다행히 상대방이 적당한 가격으로 매수해준다면 투자 수익을 실현하는 행운을 잡을 것이고, 그렇지 않다면 자금이 영원히 묶이는 상황이 발생할 수 있다. 자금이 영원히 묶이는 슬픈 상황에 처한다면 어찌할 것인가? 다시 경매로 매각하는 수밖에 없다.

이런 형태의 투자에서 성공한 사례가 일반강의에서 종종 나와 초보 투자자들을 현혹하는 현실이 안타깝다. 지정공고 도로는 소유자를 따지지 않고 막을 수 없음을 상대방이 안다면, 낙찰자는 수익은커녕 투자 손실을 볼 것이다.

다음과 같은 도로가 경매로 나왔을 때 저가에 낙찰받은 투자자는 어떤 마인드로 낙찰받았는지 필자도 너무 궁금하다. 단독주택이 지어져 있는 단지 내 도로다. 이 도로를 통행하는 사람들에게 이 땅을 매각하려는 계획이었을까? 아니면 그저 싼 맛에 보유하고자 했던 것일까? 이도 저도 아니라면 필자가 감히 상상도 못 하는 깊은 히스토리를 가지고 응찰했을까? 정비구역이나 재건축이 예정되어 있지 않은 한 어떤 수익을 올

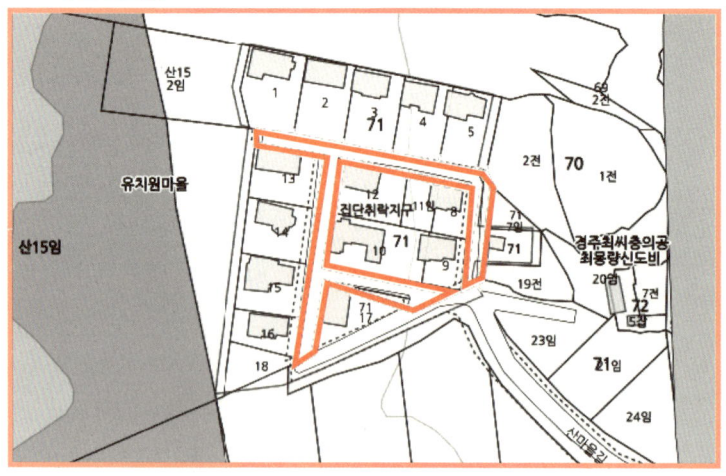

도로 과천 관문동

릴 수 있을지 필자로서도 알지 못해 답답하다.

채권·채무관계로 경매 시장에 나온 개인 소유의 물건이지만, 이러한 도로는 건축법상 이미 도로로 지정·공고되었으므로 막을 수도 없고, 막았다가는 형사처벌의 대상이 될 수 있다. 필자가 모르는 특별한 투자 마인드가 있는 분이었으면 참 좋겠다는 기대를 해본다.

이번에는 부산 광복동에 있는 물건의 사례를 살펴보자. 상가건물이 있는 토지의 가장자리를 에워싸는 토지가 경매로 나왔다. 이런 경우 상가를 소유한 소유자를 대상으로 매각할 수 있다는 전제하에 입찰한 것으로 추측할 수 있겠다. 이 물건을 낙찰받아서 출입을 제한하는 방식으로 압박을 가할 단계까지 굳이 가지 않더라도 상가의 소유자가 스스로 그렇게 생각하도록 만들겠다는 투자 마인드를 가졌기에 이 가격에 응찰할 수 있지 않았나 싶다.

도로 부산 광복동

도로 부산 광복1

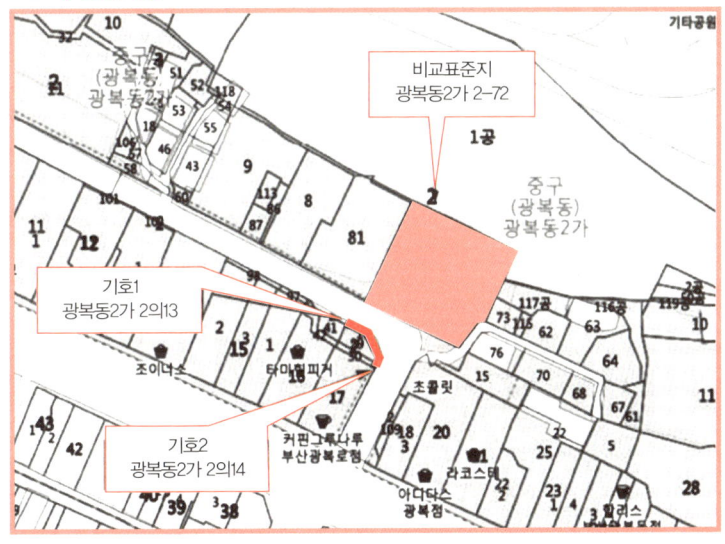

상가건물이 소유자가 여러 명인 구분건물일 수도 있고, 한 사람의 소유일 수도 있다. 하지만 이 정도의 물건을 감정가격에 가까울 정도로 낙찰받은 것을 보면 낙찰자의 투자 마인드가 사뭇 돋보인다.

도로 부산 광복동2

19	소유권이전	2015년3월23일 제10778호	2015년3월16일 강제경매로 인한 매각	소유자 주식회사 ▓▓▓ 124411-0157▓▓▓ ▓▓▓▓▓▓
20	4번가압류, 7번가압류, 8번압류, 9번압류, 10번압류, 11번압류, 14번압류, 17번압류, 18번강제경매개시결정 등기말소	2015년3월23일 제10778호	2015년3월16일 강제경매로 인한 매각	
21	소유권이전	2015년4월22일 제15292호	2015년4월22일 매매	공유자 지분 4분의 1 전▓근 480606-******* 부산광역시 수영구 광안해변로 386, ▓▓▓ 지분 4분의 1 김▓경 600118-******* 부산광역시 수영구 광안해변로 386, ▓▓▓ 지분 4분의 1 전▓현 840219-******* 부산광역시 수영구 광안해변로 386, ▓▓▓ (민락동) 지분 4분의 1

등기부에 매각된 결과를 보면 최단기간 내에 상당한 투자 수익을 올린 후 상가 소유자에게 매각하고 마무리했다. 진정한 투자 마인드의 고수라고 부르지 않을 수 없다.

도로 양지대대리

[토지] 부산광역시 중구 광복동2가 ▓			고유번호 1801-1996-172821	
목록번호	2015-632			
거래가액	금145,000,000원			
일련번호	부동산의 표시	순위번호	예 비 란	
			등기원인	경정원인
1	[토지] 부산광역시 중구 광복동2가 ▓	21	2015년4월22일 매매	
2	[토지] 부산광역시 중구 광복동2가 ▓	21	2015년4월22일 매매	

이와는 상반된 사례로, 도로에 관한 판단을 잘못한 경우를 살펴보자.

도로 양지대대리1

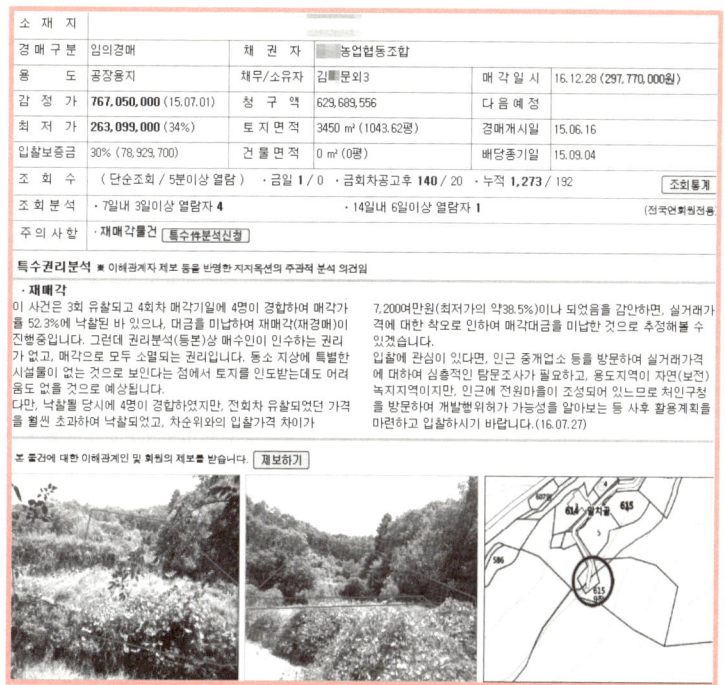

이미 오래전에 경매로 낙찰되었다가 다시 경매로 나온 물건이다. 최근에 약 50%의 가격으로 낙찰받았다가 대금미납으로 재매각되어 또 다른 투자자가 법인 명의로 더 낮은 가격에 낙찰받았다. 지목이 공장이라서 조그마한 공장을 생각하고 낙찰받았는지 심히 궁금하다.

전원마을이 조성된 전원주택단지 내의 필지다. 필자는 이 물건에 관심이 많아 아주 상세히 조사한 바 있다. 끝내 입찰하지 않기로 마음먹었지만, 또 다른 투자자가 얼마든지 저가라는 이유로 낙찰받을 수 있겠다는 우려가 들었다. 가격이 내려갈수록 더 많은 사람이 관심을 두고 쳐다볼 수밖에 없는 것이 경매 시장이기 때문이다.

도로 양지대대리

이 물건은 지목이 '장'으로서 공장용지이며, 접해 있는 도로의 현황은 지목이 도로다. 아스콘으로 포장된 상태이고, 다수의 개인 소유로 되어 있다. 여기서 지목이 공장용지로 되어 있는지가 중요한 것이 아니라, 이 물건에 접해 있는 도로를 이용해서 과연 건축행위가 가능한지에 관한 문제가 중요한 부분이었다.

　도로에 관한 기본적인 지식이 부족하다면 외형적으로는 아무런 문제가 없는 도로로 비치기 쉬운 물건이다. 개인 소유일지라도 지목이 이미 '도'로 되어 있고, 아스콘으로 포장된 상태였으며, 인접한 필지의 토지에는 이미 단독주택이 건축되어 있었기 때문이다.

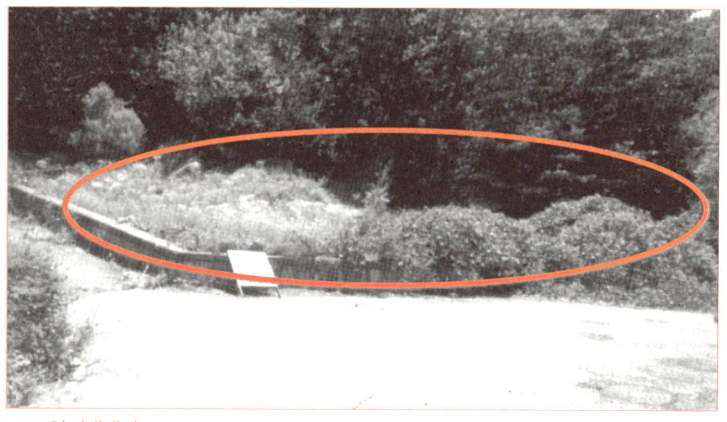

도로 양지대대리1

　게다가 물건지의 바로 앞에는 개인 소유의 도로이므로 도로 소유자의 동의를 받아서 사용할 수 있다는 안내문까지 친절하게 적혀 있다. 함정은 여기에 있었다. 안내문은 사실이었다. 이 물건은 도로 소유자가 개인이라는 이유로 건축허가를 받을 수 없는 것이 아니다. 건축법에 해당하는 도로가 아니므로 건축허가를 해줄 수 있는 법적 근거가 없다.

도로 양지대대리2

    앞에서도 말씀드렸다시피 도로는 지목이 중요한 것이 아니고, 소유자가 누구인지 중요한 것이 아니다. 이 물건은 2001년 공장용지로 지목이 변경되었다. 당시 개발행위에 관한 형질변경은 건축허가를 따로 받지 않고 토목준공만 받으면 지목을 변경할 수 있었기에 토목준공만으로 지목이 각각 '도'와 '장'으로 바뀐 것이다.
    그 이후 경매로 새로운 사람에게 낙찰되었는데, 이 도로를 사용해 건축허가가 불가능해지자 계곡 쪽으로 나 있는 구거를 통해 도로를 사용하는 내용으로 건축허가를 받았다. 하지만 현실적으로 공사가 힘들어서 2011년에 착공신고서만 제출된 상태에서 더는 진행되지 않고 있다가 최근에야 다시 경매로 나온 것이다. 전체 토지면적 3,450m^2 중 406m^2의 면적에 단독주택 1층으로, 79m^2로 건축 신고된 건이었다. 당시 건축 신고된 허가권은 아직도 취소되지 않은 채 유효하게 존재하고 있다.

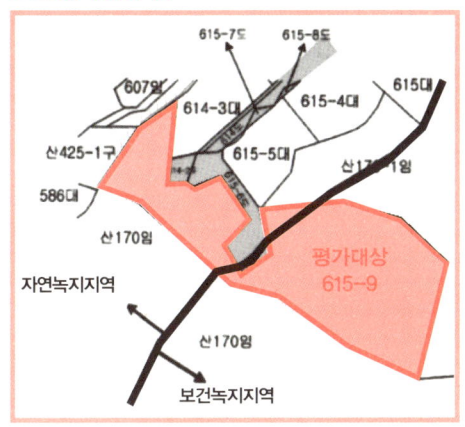

그 외에도 필자의 연구생분들과 현장 조사차 답사한 결과, 토목공사 당시 건축된 옹벽과 석축이 존재하고 있었다. 그러나 토지 자체적인 물리적인 형상이 분할도 불가능할뿐더러 경사가 심해 토지면적과 비교하면 유효하게 사용할 수 있는 유효면적이 현저하게 부족했다. 새로운 법인이 낙찰받았으니 장차 어떻게 변해갈지 필자도 초미의 관심을 가지고 계속 살펴볼 생각이다.

  토지 부동산은 싸니까 입찰을 들어간다는 평이한 생각으로 토지 경매 분야에 입문하다가는 수익은커녕 소중한 자금을 잃을 수 있다. 확실한 투자 마인드와 실력을 쌓았을 때 큰 수익으로 보답한다는 사실을 잊지 말아야 할 것이다.

제 6 강
투자의 근본은
부동산 법규분석에서 나온다

1. 상가 투자도 부동산 기본공법은 알아야 한다

 뜬금없이 토지 경매를 얘기하는 책에서 상가에 관한 장이 있는 것을 보고 이상하다고 생각하는 독자분들이 있으실지도 모르겠다. 서두에서도 말씀드렸지만, 월세 투자를 목적으로 상가 경매에 관심을 보이는 것은 지극히 당연하다. 상가를 낙찰받으려면 상권분석은 물론, 입지와 배후분석·수요분석·임료분석을 위해 학습해야 한다.
 상가를 경매로 낙찰받고 난 후 예상했던 임대업종의 입점이 허용되지 않은 경우를 상상해본 적이 있는가? 가까운 지인 중에 이러한 일을 경험한 분이 있어서 상가의 업종에 관해 기본적인 사항을 간략하게 말씀드리고자 한다. 물론 더 자세히 알기 위해서는 상가의 업종입점과 용도변경 등에 관한 사항까지 파악할 필요가 있다. 하지만 이 책에서 필자가 다루지 않더라도 다른 상가 경매 강의에서 접할 수 있는 내용이기에 상가의 기초적인 부동산 공법에 관한 내용 정도만 실으려고 한다.

지인 중에 금융회사에 다니다가 퇴직한 후 상가를 경매로 낙찰받아서 1개 층은 요즘 트렌드로 자리 잡은 프리미엄독서실(학원교습을 겸영하는 형태의 독서실이라고 하나, 학원의 성격을 띠고 있을 시 학원설립에 따라 업종을 판단한다)을 직영하고, 1개 층은 학원으로 임대를 놓을 계획을 세워서 노후설계를 하셨던 분이 있다.

필자가 하는 강의가 주로 가치개발이나 부동산 공법에 관한 내용이다 보니, 그분은 필자와 가끔 대화를 나눌 기회가 있었는데도 다른 곳에서 열심히 경매 강의를 들었다. 상가물건 조사와 입지분석 강의도 들으면서 발품을 팔아 꼼꼼하게 조사한 끝에 조그마한 꼬마빌딩인 연면적 약 1,500m^2 정도의 직통 계단이 하나 있는 지상 5층, 지하 1층 건물의 4~5층을 낙찰받았다. 낙찰 후 잔금납부와 소유권 이전을 마무리하고 계획한 대로 진행하기 위해 바쁘게 오가는 듯했다. 그러던 어느 날 그분에게서 만나자는 전화가 걸려왔다. 낙찰받은 4~5층이 학원과 독서실 영업허가가 나지 않는다는 것이었다.

자초지종을 물어서 알아보니 다음과 유사한 상황이었다. 이분은 이제 어찌해야 할 것인가? 경매를 배우고 부동산을 매수할 것인가, 부동산을 배우고 경매로 매수할 것인가? 다시 한 번 되새겨야 할 교훈이다.

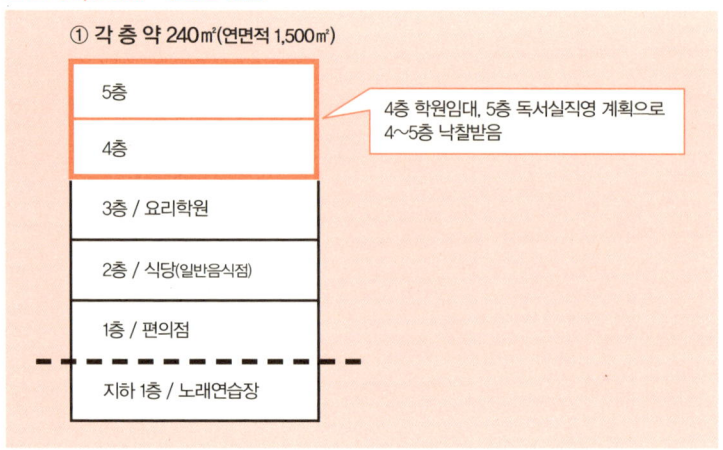

그림을 간략하게 설명해드리자면 연면적 1,650m^2 미만의 건물은 유해업소와 동일한 건물 내에서 학원의 입점을 제한하고 있다. 학원교습의 형태를 겸하는 프리미엄독서실 또한 교습소의 성격이 포함되므로 학원으로 간주한다면 해당 부서에서 입점을 제한할 수도 있다. 즉, 유해업소가 먼저 입점해 있는 소규모 건물에는 입점이 안 된다는 뜻이다. 반대로 학원이 먼저 입점해 있는 소규모 건물이라면 유해업소의 입점도 허용이 안 된다.

그림 속의 건물은 지하 1층에 노래연습장이 있다. 그러나 이

건물의 연면적이 1,650㎡를 초과할 시 동일 층에서는 20m 이내, 바로 상하층은 6m 이내에만 해당하지 않으면 입점이 가능하다. 그렇다면 아래의 경우는 어떠할까? 교습학원이 들어가고자 하는 건물의 4층에 PC방과 만화방이 먼저 입주해 있다. 학원 입점에서 PC방, 만화방, 당구장은 유해업소로 취급하지 않으므로 입점이 가능하다.

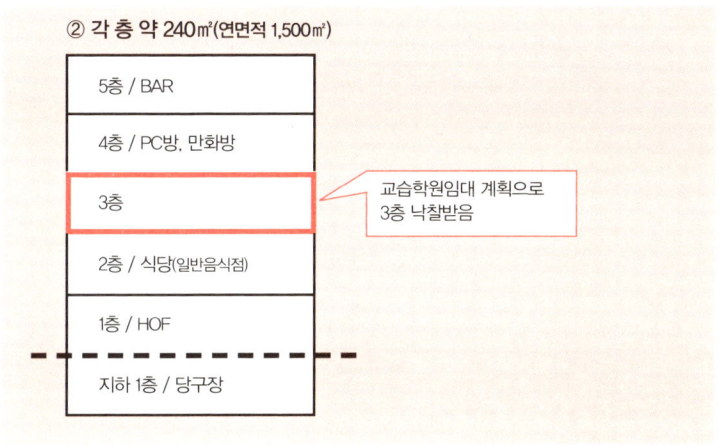

다음은 요즘 참으로 많이 볼 수 있는 상가로, 위반건축물이 존재하는 상가를 낙찰받은 경우다. 낙찰받은 상가와는 상관없는 건물 내의 다른 상가에서 위반행위를 해 위반건축물로 등재되어 있을 시, 낙찰받은 상가에 입점할 업종이 구청의 허가를 받아야 하거나 등록 또는 신고를 해야 하는 업종이라면 심각한 영향을 받을 수 있다. 위반건축물로 등재되어 있지 않더라도 신규 업종의 입점이 안 될 수도 있으므로 사전에 꼭 확인해봐야 한다.

물론 입점할 업종이 자유 업종이라면 아무 문제없다. 더 자세한 내용은 상가 경매 투자 전문가들에게 문의하거나, 인터넷 지식검색만으로도 어느 정도 파악할 수 있을 것이다. 관심이 있느냐 없느냐에 따라서 경매 투자의 희비가 엇갈릴 수 있으므로 기본적인 마인드는 갖추기를 바란다.

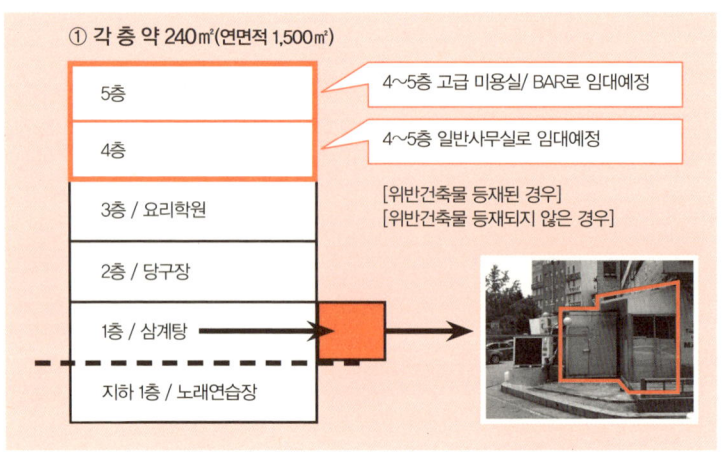

그 외에 상가의 용도변경과 관련해서 제법 어려운 난도에 해당하는 부분도 있는데, 이 책은 일반인이 쉽게 접근하도록 펴낸 기본서이기에 추후 고급 심화과정에 해당하는 책을 쓸 기회를 얻을 때 기술하기로 하겠다.

2. 법정지상권, 지분도 부동산 공법으로 진화하라

　경매 분야에서 어느 정도 익숙해지고 경험이 쌓이다 보면 투자 영역을 좀 더 확장해보고 싶을 것이다. 아파트나 주거용 부동산 경매 투자에서 재미를 보았다거나 낙찰받기가 너무 어렵다는 느낌이 들었던 분이라면, 또 다른 분야인 상가나 특수 경매 물건에 관심을 보이기 마련이다.

　상가 부분은 앞에서 기초적인 부동산 공법 정도만 언급했지만, 또 다른 분야인 지분경매나 법정지상권, 유치권이 있는 경매 물건 쪽으로 관심을 보이게 된다. 필자도 특수경매 물건에 관심을 많이 가지고 있는 편이다.

　일반적으로 법정지상권 투자를 주로 하시는 분들의 투자 물건을 보면 법정지상권이 성립되는 경우의 물건은 지료청구를 통해 일정 수익을 확보하고자 하는 전략으로 입찰을 들어가기도 하고, 법정지상권이 성립되지 않은 경우의 물건은 토지를 낙찰받아 건물주에게 일정 매각차익을 남기고 매각하는 형태의 전략을 구사한다. 이 과정에서 법정지상권이 성립되지 않은 경우에는 철거소송을 별도로 진행해 압박을 가하는 등 다양한 방법을 사용하기도 한다. 물론 지상에 있는 건축물이 양호하게 잘 지어졌을 때는 이 같은 방식의 투자가 성공할 가능성이 크다. 그러나 요즘은 이 같은 투자 물건도 상당히 높은 가격에 낙찰되는 추세이다 보니, 큰 투자 수익을 생각하고 낙찰받기에는 다소 한계가 있다.

 필자가 말씀드리고자 하는 바는 법정지상권이 성립되지 않은 경우의 토지 경매 사건에서 정작 지상의 건축물이 가치 있게 잘 지어진 것이 아닌, 낡고 허름하게 지어진 것은 어떤 마인드로 판단해야 하는가의 문제다. 다음 사례의 물건들을 통해 지상에 건축물이 제대로 지어진 경우와 그렇지 않은 경우의 투자는 어떤 마인드로 접근해야 하는지 살펴보도록 하자.

고매동 법정지상권1

2015 타경 5062■ (임의)		매각기일 : 2016-06-30 10:30~ (목)		경매2계 031-210-1262	
소재지	(170-86) 경기도 용인시 기흥구 고매동 ■■■ [도로명주소] 경기도 용인시 기흥구 기흥단지로 ■■■ (고매동)				
현황용도	대지	채권자	유■화(양도인:중소기업은행)	감정가	3,421,500,000원
토지면적	2281㎡ (690평)	채무자	황■혜	최저가	(49%) 1,676,535,000원
건물면적		소유자	황■혜 外	보증금	(10%)167,654,000원
제시외	제외 : 1773.94㎡ (536.61평)	매각대상	토지만매각	청구금액	500,000,000원
입찰방법	기일입찰	배당종기일	2015-12-14	개시결정	2015-09-30

회차	매각기일	최저매각금액	결과
신건	2016-04-22	3,421,500,000원	유찰
2차	2016-05-27	2,395,050,000원	유찰
3차	2016-06-30	1,676,535,000원	매각
	황■혜외2명/입찰3명/낙찰1,880,000,000원(55%)		
	2016-07-07	매각결정기일	허가
	2016-08-18	대금지급기한	

 수도권의 고급 전원주택단지에 있는 물건으로, 낙찰자가 장차 건물주에게 낙찰가 이상의 가격으로 매각해 차익을 실현할 수 있는 전략을 계획하기에는 손색없다. 토지 형상의 경사 덕분에 지하층에 엄청나게 넓은 주차장이 만들어져 있었으며,

별도의 지하공간은 종교시설 용도로 사용하기 위해 운동장 못 지않게 넓게 신축되어 있었다.

고매동 법정지상권2

고매동 법정지상권3

인근에 고급 전원주택들이 산재해 있고, 골프장과 인접해 전원생활을 하는 데 안성맞춤 동네라는 판단이 드는 곳이었다. 이렇게 편안하고 아늑한 곳에 고급스럽게 지어진 건축물이 법정지상권이 없는 상태에서 토지만 경매로 나왔으니, 사람들이 관심을 보이기에 손색없는 괜찮은 물건이었다.

고매동 법정지상권4

필자도 연구생분들과 함께 현장답사를 갔었던 물건이다. 토지만 경매로 나온 경우로, 지상의 건축물이 상당히 고급스럽게 지어진 단독주택이 여러 세대가 연이어져 있었다.

고매동 법정지상권5

위의 그림은 법정지상권의 성립 여부를 최종적으로 확인하기 위해 발급받은 오래전의 항공위성지도다. 근저당권 설정 당시에는 그림에서도 확인할 수 있다시피 건물이 없는 나대지 상태였다. 이와 같은 물건들은 전형적인 법정지상권 투자 물건에 해당하지만, 다음에서 보는 사례는 어떻게 판단해야 할까?

공주 법정지상권1

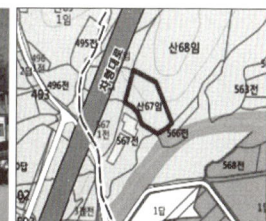

약 5억 원 정도의 감정가격이 책정된 물건이 세 번의 유찰 끝에 약 2억 원에 낙찰되었다. 재미있는 점은 차순위응찰자와 단돈 1만 원 차이로 낙찰받았다는 것이다. 지상에는 자동차 수리와 관련한 낡은 시설들만 있고, 가까운 곳에는 고압선 철탑도 보인다.

공주 법정지상권2

　대로변에 있어서 주택지로는 부적합할지 몰라도 산업용도의 공장이나 물류창고 등으로 사용하기에는 손색없어 보이며, 면적도 여유로운 땅이다. 그런데 지상의 건물은 법정지상권 성립 여부를 따져본다면 성립할 가능성이 매우 낮아 보인다. 이런 물건을 낙찰받아 낡고 허름한 건축물의 소유자에게 땅을 매각할 수 있을까? 건물철거소송을 통해 승소한다면 그 다음 어떤 단계로 진입하게 될까?
　많은 경매 투자자가 건물철거소송에서 승소하는 경험은 했을지라도 정작 철거라는 단계까지 실행해본 사람은 얼마나 될까 자못 궁금해진다. 이 물건은 철거소송에서 승소한다면 진짜 철거단계까지 대집행해야 한다.

공주 법정지상권3

그렇다면 그다음 단계는 무엇인가? 저렴한 가격으로 낙찰받았으나, 아무것도 없는 이 땅을 어떻게 해야 하는지 고민이 생기지 않을 수 없다. 토지 부동산의 진가는 지금부터 발휘되는 것이다. 여기서 만나게 되는 것이 바로 토지이용계획확인서다.

토지이용계획확인서의 내용을 살펴보면 이 땅은 국토의 계획 및 이용에 관한 법률에 따라 계획관리지역으로 결정고시되어 있고, 도로법에 따른 접도구역에 저촉된다. 또한 하천법에 따라 하천구역에 저촉되었다는 내용도 확인할 수 있다.

낙찰받은 이 땅에 과연 내가 원하는 정상적인 건축물을 지을 수 있는 것인가에 관한 마지막 문제가 남는다. 접도구역에 저촉되니 차량의 진·출입이 자유로운 것인지, 하천구역에 저촉되니 건축물을 짓는 데 영향이 없을 것인지 등에 관한 내용이 궁금해질 것이다.

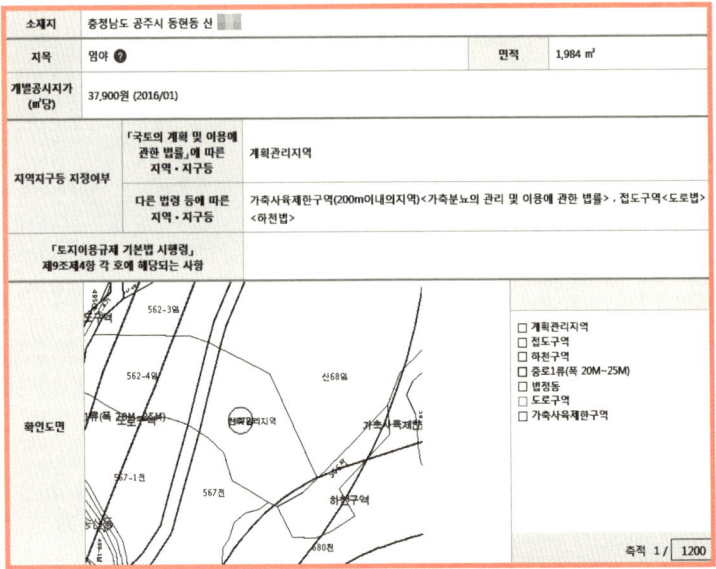

공장이나 창고를 지으려고 할 때 높이나 넓이, 연면적 등 얼마만큼의 규모로 지을 수 있는지 쉽게 판단할 만큼의 능력이 갖춰진다면, 철거단계까지 갈 만한 법정지상권 물건들도 부담 없이 분석할 수 있는 것이 바로 토지 부동산 경매의 경쟁력 중 하나라고 말할 수 있겠다.

제주도 경매 물건 사례분석과 제주도 토지의 이해

다음 사례는 제주도 있는 물건으로, 제주도가 요즘 워낙 뜨거운 곳이다 보니 감정가격보다 2배가 훨씬 넘는 가격으로 낙찰받았다. 법정지상권이 있는 물건인데도 이렇게 높은 금액으로 낙찰받은 이유는 무엇인지 한번 검토해보자.

제주 법정지상권1

소재지	제주 서귀포시 안덕면 사계리 ▓▓ [일괄] ▓▓ (63528) 제주 서귀포시 안덕면 사계남로 ▓▓				
경매구분	강제경매	채권자	서울보증보험 ㈜		
용도	전	채무/소유자	오■용	매각일시	16.11.14 (261,000,000원)
감정가	98,679,600 (15.05.30)	청구액	257,680,380	다음예정	
최저가	98,679,600 (100%)	토지면적	506.84㎡ (153.32평)	경매개시일	15.04.29
입찰보증금	10% (9,867,960)	건물면적	0㎡ (0평)	배당종기일	15.07.27
조회수	(단순조회 / 5분이상 열람) · 금일 1 / 0 · 금회차공고후 267 / 69 · 누적 353 / 74				조회통계
조회분석	· 7일내 3일이상 열람자 24 · 14일내 6일이상 열람자 13				(전국연회원전용)
주의사항	· 일부지분 · 법정지상권 · 입찰외 [특수件분석신청]				

경매 정보 사이트에서 설명하고 있는 내용은 다음과 같다.
- 지상건물 등 대부분이 공가 상태다.
- 점유 사용자를 알 수 없다(소유자 오○용 외 다른 전입자 없음).
- 일부 건물은 공사를 진행하다 중단된 듯 보인다.
- 토지 일부가 인접 토지에 포함되어 강○식(주소 : 서귀포시

안덕면 사계리 ○○○○)의 선친이 약 50여 년 전 매수해 제
시외건물을 건축해 사용하고 있다.
· 일부 토지는 인접 제시외토지에 포함되어 있으나, 사용관
계는 알 수 없다.
· 일부 토지는 지분매각이다.

제주 법정지상권2

공부상 전이나 현황상 대지로 안덕면 사실조회회신에 따르
면 농지취득자격증명은 필요 없다. 매각에서 제외되는 제시
외건물 등이 소재하며, 법정지상권 성립 여지가 있다는 내용
이 기재되어 있다.

내용을 대략 살펴보면 제법 복잡한 사연이 있는 듯하다. 그

러나 법정지상권의 판단기준은 판례에서 거의 정리해주기 때문에 법정지상권으로 문제가 될 여지는 별로 없어 보인다. 다만, 일부 필지는 지분매각이라고 얘기하나, 지분에 관한 내용은 다음번에 따로 설명해드리기로 하겠다. 우선 이 물건을 부동산적인 관점에서 하나하나 짚어보자.

제주 법정지상권3

이 물건은 토지 위의 제시외건물이 너무나도 오래되어 철거라는 관점에서 물건을 판단해야 한다. 그렇다면 철거라는 단계까지 소송 등의 절차는 일반적인 민법 경매 과정을 통해 독자 여러분들이 그 해결방법을 알고 있을 것이기에 생략한다 하더라도 제시외건물의 소유자가 토지를 매수할 수 있는 경제적 여력 등이 부족해 보이므로 신축한다는 전제로 분석해야 할 것이다.

제시된 사례의 지적도를 살펴보면 건축허가를 받는데 도로는 아무런 문제가 없는 땅으로 판단된다. 인접지에도 유사한 형태의 주택이 이미 건축되어 있고, 이런 경우 접해 있는 도로는 건축법에 의해 지정·공고된 도로임이 확실시되기 때문이다.

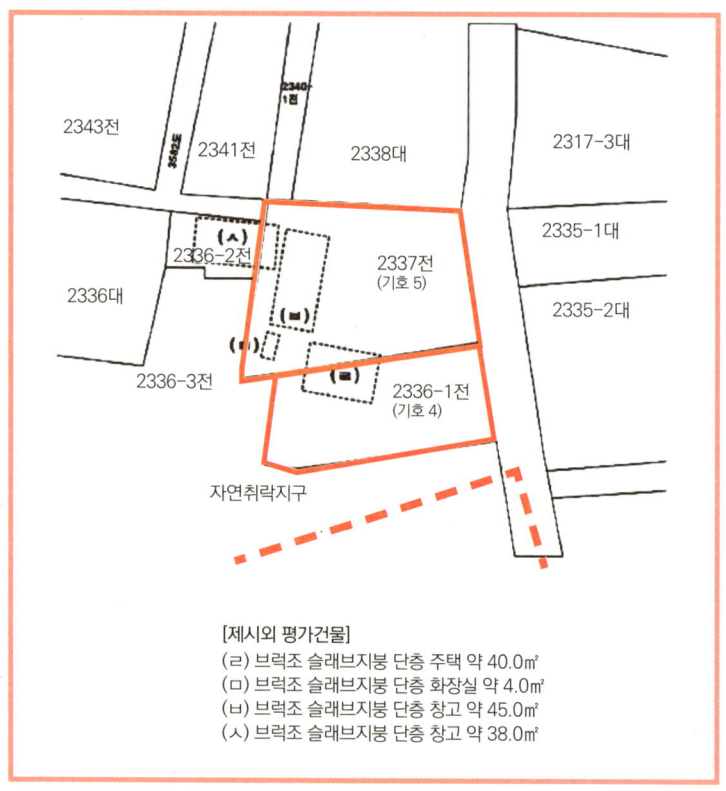

제주 법정지상권4

[제시외 평가건물]
(ㄹ) 브럭조 슬래브지붕 단층 주택 약 40.0㎡
(ㅁ) 브럭조 슬래브지붕 단층 화장실 약 4.0㎡
(ㅂ) 브럭조 슬래브지붕 단층 창고 약 45.0㎡
(ㅅ) 브럭조 슬래브지붕 단층 창고 약 38.0㎡

사람들은 그다음으로 건축허가를 받을 수 있는지를 판단하는 경향을 보이는데, 필자의 생각은 다르다. 제시된 토지이용계획확인서의 내용을 살펴보면 도로나 기타 행위제한을 비추어볼 때 건축허가는 당연히 득할 수 있을 것으로 판단된다.

그보다 더 중요한 것은 단순한 단독주택을 지을 것인지, 아니면 토지의 가치를 극대화할 수 있는 다른 용도의 건축물을 지을 것인지 고민해야 한다는 것이다. 단순한 단독주택이 아니라면 이 땅에 과연 얼마만큼 규모의 건축물을 지을 것이며, 몇 층까지 지을 것인지 따져봐야 한다. 이때 가장 중요한 역할을 하는 것이 바로 주차장법이고, 각 지자체 주차장조례의 내용이다. 아무리 건축법에 따라서 지을 수 있는 건축물이라 하더라도 규모나 세대수에 알맞은 주차대수가 나오지 않는다면 아무런 의미가 없기 때문이다.

주차장 가설계에 관한 내용은 PART 02에서 그와 관련한 법규를 발췌해 올려두었으니 참고하면 될 것이다. 사실 주차장에 관한 내용을 알고 싶어도 익숙하지 않은 일반인으로서는 법규를 이해하기 상당히 어려울 것이다. 책을 통해서 제대로 전달한다는 것도 엄청난 한계가 있음을 필자도 잘 알고 있다. 그런데도 필자가 드리고 싶은 말씀은 건축법보다 주차장 설계가 먼저라는 사실을 인지하는 투자자와 그렇지 않은 투자자의 물건 보는 관점은 큰 차이가 있다는 점이다. 사전에 주차장 가설계를 본인이 대략이라도 그려보기 어렵다면 건축설계사무소에 유료로 부탁해서 확인해보는 마인드가 필요하다.

제주 법정지상권5

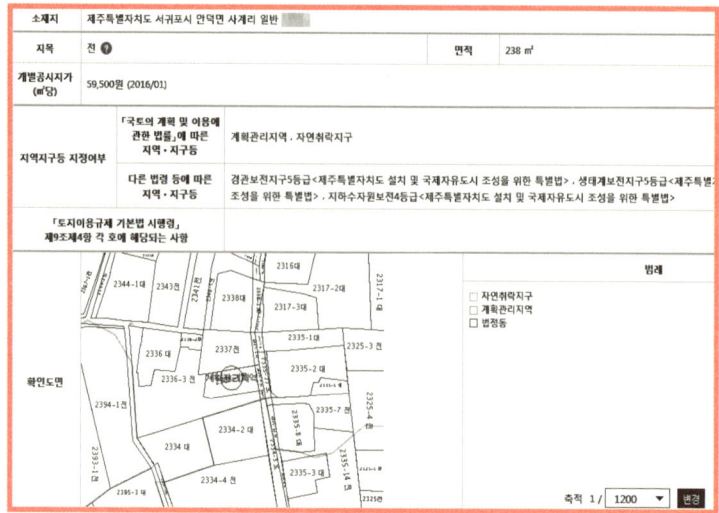

첨부된 토지이용계획확인서를 살펴보면 이 토지는 계획관리지역으로서 자연취락지구로 지정되어 있으며, 제주특별자치도 조례에 따라 경관보전지구 5등급과 생태계보전지구 5등급, 그리고 지하수자원보전 4등급으로 지정되어 있다. 그런데 도대체 이런 듣도 보도 못한 용어들은 어떻게 해야 할까? 별로 어렵지 않다. 도조례를 살펴보면 간단하게 확인할 수 있다.

일단 제주도에서 일반건축물의 건축허가를 받기 위해서는 조례의 규제로 기존의 상수도와 연결할 수 있는 곳에서만 건축 가능하다는 기본적인 사실을 알아야 한다. 흔히들 제주도 하면 바다가 보이는 경치 좋은 땅을 답사하고서는 로망에 젖어서 쉽게 매수하는데, 참으로 안타깝다.

제주 경관보전지구

경관보전지구 안에서의 행위제한(제11조 관련)

등급	허용범위	비고
1등급	시설물 설치 금지 및 토지 형질변경 금지	· 해안선 주변(해안선에서 50m 이내)은 농·수산업용 시설로서 높이 5m(1층) 이하만 허용하고, 해수욕장부지 내 탈의장, 샤워장, 화장실 등 해수욕을 위한 부대시설은 높이 5m(1층) 이하 설치 허용 · 기생화산이 아닌 지역에서의 재해복구용 및 공공공사용 가설건축물로서 높이 5m(1층) 이하 설치 허용
2등급	시설물 높이 9m(2층) 이하 시설물 길이 90m 이하	· 사찰 등 전통건축물의 높이는 12m 이하로 하되, 1층으로 제한 · 기생화산지역 내에서는 경작지에 한해 농·임·축·수산업용시설로서 높이 5m(1층) 이하만 허용하고, 타목적으로의 토지 형질변경은 금지
3등급	시설물 높이 12m(3층) 이하 시설물 길이 120m 이하	· 2층 이하의 농·임·축·수산업용시설은 시설물 길이 제한에서 제외
4등급	시설물 높이 15m 이하 시설물 길이 150m 이하	· 2층 이하의 농·임·축·수산업용시설(생산물의 유통·가공시설 포함)은 시설물 길이 제한에서 제외
5등급	개별법 적용	개별법 적용

아무런 개발가치도 없고 건축허가도 불가능한 경치만 좋은 대규모 임야를 매입해서 공유지분의 형태로 매각하는 일

부 몰지각한 부동산 거래 사례들은 오래전부터 있었다. 지금도 그 행태는 여전히 이어지고 있다. 적어도 이 책을 읽은 독자분들이라면 절대로 그런 일에 휘말리지 않기를 간절히 바랄 뿐이다.

제주 생태계보전지구

생태계보전지구 안에서의 행위제한(제10조 관련)

등급	산림 및 기타	
	농·임·축·수산업 용도	기타시설 용도
1등급	· 산지전용 및 입목의 모두베기 금지 · 토지의 형질변경 금지 · 외래수종 제거를 위한 벌채 허용	· 산지전용 및 입목의 모두베기 금지 · 토지의 형질변경 금지
2등급	· 1,000㎡ 이하의 산림 산지전용 · 입목의 간벌, 택벌, 상수리나무의 맹아갱신 벌채의 허용	· 산지전용 및 입목의 벌채 금지 · 토지의 형질변경 금지
3등급	· 일단의 토지로서 3만㎡ 이하의 산지전용·토지의 형질변경 허용 (단, 입목벌채는 산림법 적용) · 농지 및 초지조성은 개별법 적용	· 필지의 토지 및 사업대상지역 내 해당 등급면적의 30% 이내 산지전용 · 토지의 형질변경 및 입목의 벌채 허용
4-1등급	· 일단의 토지로서 5만㎡ 이하의 산지전용·토지의 형질변경 허용 (단, 입목벌채는 산림법 적용) · 농지 및 초지조성은 개별법 적용	· 1필지의 토지 및 사업대상지역 내 해당 등급면적의 50% 이내 산지전용 · 토지의 형질변경 및 입목의 벌채 허용
4-2등급	· 초지, 잡목지는 개별법 적용	· 초지, 잡목지는 개별법 적용
5등급	· 개별법 적용	· 초지, 잡목지는 개별법 적용

다음의 표를 살펴보면 이 토지에는 건축행위에 아무런 제한이 없다. 자연취락지구에서 할 수 있는 도조례 별표 35의 내용

을 살펴보면 더 쉽게 이해할 수 있을 것이다.

제주 지하수자원보전 4등급

지하수자원보전지구 안에서의 행위제한(제9조 관련)

등급	폐수배출시설	폐기물처리시설	생활하수발생시설	가축분뇨배출시설
1등급	· 설치 금지	· 설치 금지	· 설치 금지	· 설치 금지
2등급	· 설치 금지	· 설치 금지	· 공공하수도 연결 시 허용 · 개인하수처리시설(오수처리시설) 설치 시 허용	· 설치 금지
3등급	· 특정수질유해물질 발생시설 설치 금지 · 수질오염방지시설의 설치가 면제되는 경우 설치 허용 · 하수종말처리장까지 하수관을 연결하거나 처리시설 설치 시 허용 · 폐수종말처리시설 연결 시 허용	· 침출수를 하수종말처리장까지 하수관거 연결 시 허용 · 침출수처리시설 설치 시 허용	· 공공하수도 연결 시 허용 · 개인하수처리시설(오수처리시설) 설치 시 허용 · 분뇨처리장 설치 시 허용	· 가축분뇨자원화시설 설치 시 허용 · 정화처리시설 설치 시 허용
4등급	· 특정수질유해물질이 함유된 폐수전량을 위탁처리 할 경우 특정수질유해물질발생시설 설치 허용 · 수질오염방지시설의 설치가 면제되는 경우 설치 허용 · 하수종말처리장까지 하수관을 연결하거나, 처리시설 설치 시 허용 · 폐수종말처리시설 설치 시 허용	· 침출수를 하수종말처리장까지 하수관거 연결 시 허용 · 침출수처리시설 설치 시 허용	· 공공하수도 연결 시 허용 · 개인하수처리시설(오수처리시설) 설치 시 허용 · 분뇨처리장 설치 시 허용	· 가축분뇨자원화시설 설치 시 허용 · 정화처리시설 설치 시 허용

계획관리지역이면서 자연취락지구인 이 토지에 건축할 경우 건폐율과 용적률을 일반적으로 알고 있는 내용으로 판단하면 토지의 가치를 평가절하하는 결과를 초래한다. 흔히 계획관리지역이라고 하면 건폐율이 40%라고 생각하시겠지만, 자연취락지구일 경우 조례로 따로 정하고 있는 60%를 적용하므로 건축하는 데 훨씬 유리한 토지임을 알 수 있다.

용적률도 마찬가지다. 계획관리지역의 용적률이 80%라고 생각하시겠지만, 제주도의 자연취락지구일 경우 용적률을 100%로 완화해 적용해준다는 내용을 조례를 통해 확인할 수 있다. 물론 주어진 용적률을 다 찾기 위해서는 건축법에서 적용하는 기타 제한을 받을 수도 있다. 하지만 주거지역이 아니기에 큰 제한을 받는 것은 별로 없다고 봐도 무방하다.

제주 자연취락지구

자연취락지구에서 건축할 수 있는 건축물(제54조 관련)
다음 각 호의 어느 하나에 해당하는 건축물로서 4층 이하의 건축물에 한정한다.
1. 「건축법 시행령」 별표 1 제1호의 단독주택
2. 「건축법 시행령」 별표 1 제2호의 공동주택(아파트는 제외한다)
3. 「건축법 시행령」 별표 1 제3호의 제1종 근린생활시설
4. 「건축법 시행령」 별표 1 제4호의 제2종 근린생활시설(단란주점과 안마시술소는 제외한다)
5. 「건축법 시행령」 별표 1 제5호의 문화 및 집회시설
6. 「건축법 시행령」 별표 1 제6호의 종교시설
7. 「건축법 시행령」 별표 1 제7호의 판매시설 중 다음의 어느 하나에 해당하는 것
   가. 「농수산물유통 및 가격안정에 관한 법률」 제2조에 따른 농수산물공판장

그렇다면 이렇게 높은 가격에 낙찰받은 소유자는 앞에서 살펴봤던 내용을 토대로 법정지상권 문제와 지분 문제를 해결한 후 건축설계사를 통해서 설계할 가능성이 크다. 그리고 다수의 다세대주택이나 연립주택을 신축한 후 하루가 다르게 치솟는 제주도 부동산의 분위기에 맞춰 신축분양의 기법을 발휘해 큰 차익을 챙기거나, 아니면 허가만 득한 상태에서 건축 전문업자에게 매각하는 방식으로 수익을 챙기는 전략을 마련할 수 있을 것으로 보인다.

토지규제 총괄개념도

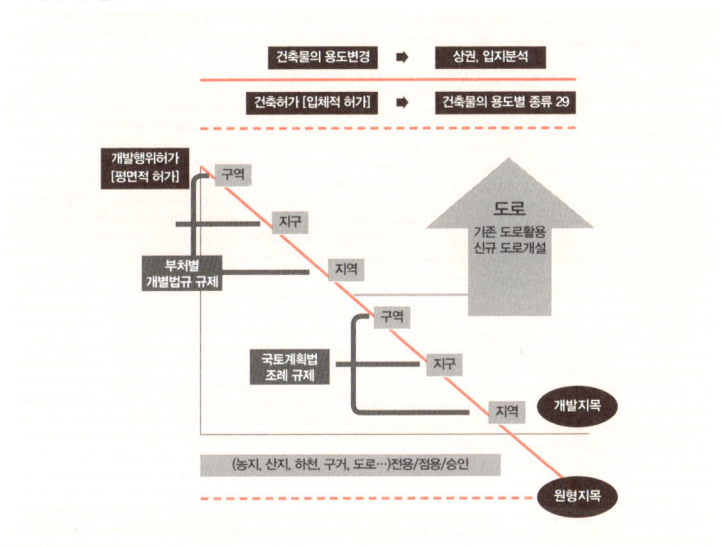

PART **02**

금맥 경매 필수 입문

"

이번 장에서는 PART 01에서 설명해드린 내용의 법률적인 근거를 제시하고, 부동산 체계의 기본적인 골격을 익힐 수 있는 내용을 소개하겠다. 아이러니하게도 사례 위주로만 토지 경매를 설명한다면 솔직히 아무런 사전준비를 하지 않아도 된다. 사례로 설명하는 것은 그리 어려운 일이 아니다. 사례마다 필자가 자세하게 설명해드리면 그 물건에 관한 이해를 쉽게 할 수 있으므로 토지 경매가 참 쉽고 재미있다고 생각할 수 있을 것이다.

솔직히 말씀드리자면 토지 경매 물건은 같은 경우의 사례 물건이 거의 존재하지 않는다. 따라서 사례에 관한 해설과 설명을 들으면 그 물건을 이해하기는 쉬울지는 몰라도 스스로 다른 경매 물건을 고를 수 있는 능력은 키워지지 않을 것이다. 스스로 물건을 찾아서 주체적으로 분석하고 입찰단계까지 가는 데 엄두를 내지 못할 수도 있다. 토지 부동산 공법의 기본적인 체계와 원론적인 접근방법을 잡지 못한 상태에서 토지 사례 경매 학습은 사상누각이나 마찬가지라는 것을 말씀드리고 싶다.

그럼에도 필자 입장에서는 아무리 생각해도 뭔가가 부족한 듯한 느낌을 지울 수 없어서 PART 02에서는 PART 01에서 말씀드렸던 사례 물건에 관한 법률적인 근거내용을 따로 실어보았다. 관심이 있는 분들께서는 PART 02의 내용을 차분히 읽어보시기를 권한다. 다소 따분한 내용으로 보일 수도 있겠지만, 필자에게는 주옥과도 같은 내용이다.

토지 경매를 제대로 하기 위해서는 현장보다는 먼저 법규에 익숙해져야 한다. 법규의 기본조차도 모른 채 현장을 가본들 무엇을 살펴볼 수 있을까? 법규의 기본조차도 모른 채 답사를 따라가서 인솔자가 하는 말을 들으면 그것이 과연 나의 산지식이 될까? 법규의 기본조차도 모른 채 발품과 현장조사를 얘기한다는 것은 아무런 의미가 없다고 필자는 강력히 말씀드리고 싶다.

부동산에 관한 모법은 당연히 국토의 계획 및 이용에 관한 법률이다. 그러나 그보다 한 단계 높은 곳에 있는 법률은 군사기기 및 군사시설보호법이다. 법률이 있으면 그 법률의 세부적인 이행을 위해 시행령이 만들어지고, 더욱 세부적인 내용과 절차 등에 관한 규정을 해둔 것이 규칙이다. 그 외에도 조례, 훈령, 예규,

고시 등이 있으며, 사실 이 모든 것이 토지를 이해하는 데 스스로 찾을 줄 알아야 하는 내용이다.

이 중에서도 조례는 지자체마다 그 성격과 내용을 달리하고 있으므로 같은 내용의 토지이용계획확인서일지라도 어떤 지자체에서는 허가를 받지 못하고, 어떤 지자체에서는 허가를 받을 수 있다. 따라서 이 조례는 더욱 관심을 가지고 익숙해져야 할 필요가 있다.

> · **훈령** : 상급기관이 하급기관에 대해 장기간에 걸쳐 그 권한의 행사를 일반적으로 지시하기 위해 발하는 명령
> · **예규** : 행정사무의 동일을 기하기 위해 반복적인 행정사무의 처리기준을 제시하는 법규문서로, 지침이라고 하는 것도 예규의 일종으로 봐도 무방하다.
> · **고시** : 법령의 규정하는 바에 따라 일정한 사항을 널리 국민에게 알리는 행위

흔히 법이라고 하면 법률, 시행령, 시행규칙, 조례 같은 용어들이 따라온다. 차제에 용어의 개념을 정리해둔다면 부동산 분야에 관한 수많은 규제 등을 이해하는 데 큰 도움이 될 것이다.

법률이란 한마디로 국회의 의결을 거쳐서 대통령이 서명하고 공포해 성립하는 국법을 가리킨다. 법의 목적과 취지 등과 관련한 포괄적인 내용을 담고 있다고 보면 된다.

한 가지 법을 제정하거나 개정하는 데 많은 시간과 비용이 소요되므로 법률을 시행하는 데 필요한 세부규정을 주된 내용으로 하는 것을 시행령이라고 한다. 일반적으로 대통령령으로 제정된다. 대통령이 주관하는 국무회의에서 의결되는 것이 시행령이라고 생각해도 틀리지 않는다. 예를 들면 건축법 시행령, 국토의 계획 및 이용에 관한 법률 시행령 등이다. 앞으로 배우게 될 내용 중 토지의 용도지역과 관련된 세부적인 행위제한 등도 시행령에서 볼 수 있다.

규칙은 헌법 또는 법률 등에 의해서 만들어지므로 그 종류가 여러 가지 있다. 하지만 대통령이나 국무총리 또는 정부 각 부처의 장이 제정하는 것들을 규칙이라고 생각하면 무리가 없을 것이다. 보통 시행규칙이라고도 하는데, 각 부처의 업

무와 관련된 아주 세부적인 내용이나 각종 양식 등이 포함되어 있다. 물론 규칙은 법률의 하위 규범이므로 헌법이나 법률에 위반되어서는 안 된다. 반드시 헌법 또는 법률에 그 근거가 있어야 한다.

조례는 지방자치단체가 법령의 범위 안에서 그 권한에 속하는 사무에 관해 지방의회의 의결로 제정하는 자치입법이라고 보면 된다. 부동산에 관심을 두고자 하는 분들이라면 특히 각 지방자치단체의 조례를 항상 눈여겨봐야 한다. 상위법에서 규정하고 있는 내용을 해당 지방자치단체의 현실 여건에 맞게 세부적으로 규정해 놓았기 때문이다.

인터넷 사이트에서 법제처 국가법령정보센터를 검색해보면 법률, 시행령, 시행규칙을 항시 확인할 수 있으며, 조례는 해당 지방자치단체의 사이트를 방문하면 쉽게 확인할 수 있다.

법제처 국가법령정보센터

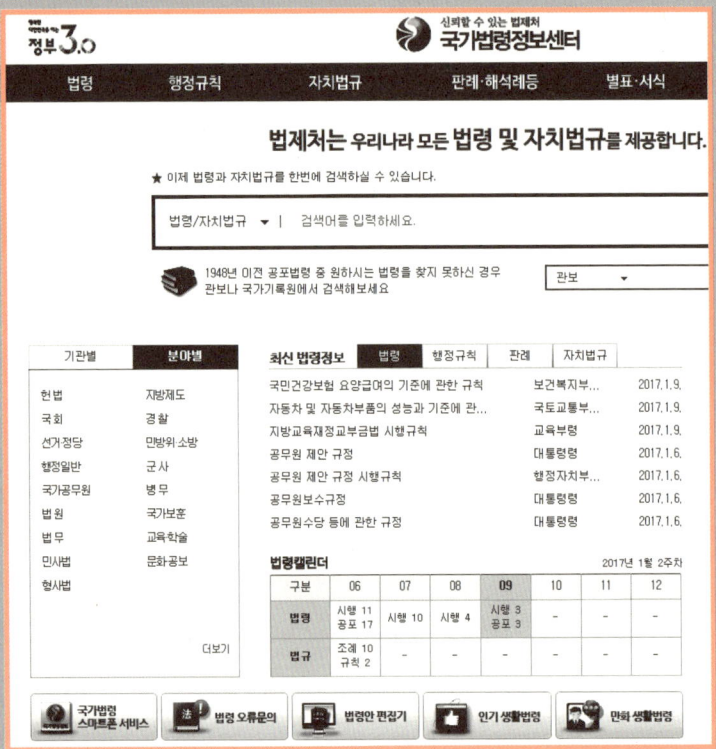

법제처 국가법령조례검색1

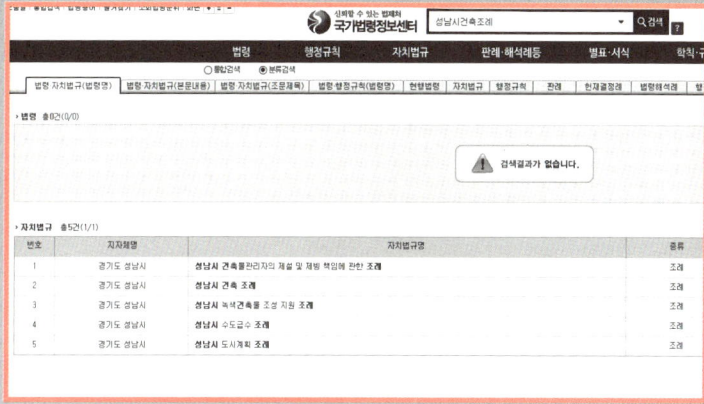

예를 들어 성남시의 건축조례를 검색하고 싶다면 검색창에 '성남시 건축조례'라고 입력한다. 그럼 이와 같은 화면이 나온다.

법제처 국가법령조례검색2

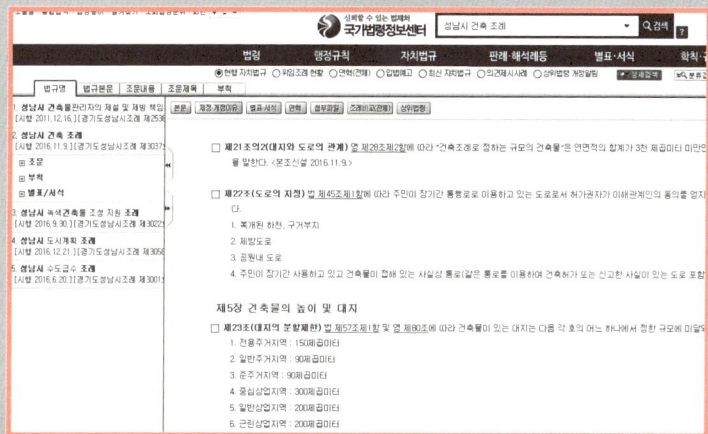

성남시 건축조례를 클릭해서 제22조(도로의 지정)를 살펴보면 도로에 관한 지자체의 조례내용을 누구라도 확인할 수 있다. 백문이 불여일견이다. 직접 한 번 해 보시기를 권한다.

> [성남시 건축조례]
> **제22조(도로의 지정)**
> 법 제45조 제1항에 따라 주민이 장기간 통행로로 이용하고 있는 도로로서 허가권자가 이해관계인의 동의를 얻지 아니하고 위원회의 심의를 거쳐 도로로 지정할 수 있는 경우는 다음 각 호와 같다.
>
> 1. 복개된 하천, 구거부지
> 2. 제방도로
> 3. 공원 내 도로
> 4. 주민이 장기간 사용하고 있고 건축물이 접해 있는 사실상 통로(같은 통로를 이용해 건축허가 또는 신고한 사실이 있는 도로 포함)

제 1 강
토지 족보 파악의 기본,
토지이용계획확인서

　부동산 분야의 모법이라고 할 수 있는 국토의 계획 및 이용에 관한 법률은 부동산 법규의 기본을 익히고자 하는 분들에게는 가히 보물창고와 같은 역할을 한다. 그러나 '구슬이 서 말이라도 꿰어야 보배'라는 속담처럼 법규를 아무리 읽어도 도대체 이 내용이 부동산 공부를 하는 데 어떤 도움이 되는지조차 판단하기가 어려울 것이다.

　필자도 처음에는 그랬다. 검은색은 글씨요, 흰색은 종이라는 것 외에는 도무지 무슨 뜻을 내포하고 있는지 알 수 없었다. 조금씩 아주 조금씩 현장 경험을 쌓아가면서 읽어보는 과정을 되풀이하다 보니, 그제야 너무나도 소중한 의미가 곳곳에 숨겨져 있다는 사실을 깨달았다. 되풀이해서 읽어볼 때마다 내용의 의미가 다르다는 사실을 깨닫고서야 비로소 아는 만큼 보인다는 말이 가슴에 와 닿았다.

이 법규에는 대한민국에 존재하는 모든 토지의 족보를 분류하는 기본적인 용어가 기재되어 있다. 기본적인 용어조차도 이해하지 못하고는 그 어떤 토지도 판단할 수 없으므로 법규에서 기술하고 있는 개략적인 내용을 요약해 설명해보기로 한다.

토지 족보의 첫 번째 용도지역 지정

국가는 이 법에서 대한민국의 토지를 크게 용도지역과 용도지구, 그리고 일정용도의 구역으로 나누고 있다. 용도지역으로는 다음과 같이 분류해놓았다.

1. 도시지역
- 가. 주거지역 : 거주의 안녕과 건전한 생활환경의 보호를 위해 필요한 지역
- 나. 상업지역 : 상업이나 그 밖에 업무의 편익을 증진하기 위해 필요한 지역
- 다. 공업지역 : 공업의 편익을 증진하기 위해 필요한 지역
- 라. 녹지지역 : 자연환경·농지 및 산림의 보호, 보건위생, 보안과 도시의 무질서한 확산을 방지하기 위해 녹지의 보전이 필요한 지역

2. 관리지역

가. 보전관리지역 : 자연환경·산림 보호, 수질오염 방지, 녹지공간 확보 및 생태계 보전 등을 위해 보전이 필요하나, 주변 용도지역과의 관계 등을 고려할 때 자연환경보전지역으로 지정해 관리하기가 곤란한 지역

나. 생산관리지역 : 농업·임업·어업 생산 등을 위해 관리가 필요하나, 주변 용도지역과의 관계 등을 고려할 때 농림지역으로 지정해 관리하기가 곤란한 지역

다. 계획관리지역 : 도시지역으로의 편입이 예상되는 지역이나 자연환경을 고려해 제한적인 이용·개발을 하려는 지역으로 계획적·체계적인 관리가 필요한 지역

3. 농림지역

4. 자연환경보전지역

이 법의 시행령을 통해서 각 용도지역을 좀 더 세분화해 따로 지역을 정한다는 점을 확인할 수 있다.

---

1. 주거지역
가. 전용주거지역 : 양호한 주거환경을 보호하기 위해 필요한 지역
　(1) 제1종 전용주거지역 : 단독주택 중심의 양호한 주거환경을 보호하기 위해 필요한 지역
　(2) 제2종 전용주거지역 : 공동주택 중심의 양호한 주거환경을 보호하기 위해 필요한 지역

나. 일반주거지역 : 편리한 주거환경을 조성하기 위해 필요한 지역
   (1) 제1종 일반주거지역 : 저층주택을 중심으로 편리한 주거환경을 조성하기 위해 필요한 지역
   (2) 제2종 일반주거지역 : 중층주택을 중심으로 편리한 주거환경을 조성하기 위해 필요한 지역
   (3) 제3종 일반주거지역 : 중·고층주택을 중심으로 편리한 주거환경을 조성하기 위해 필요한 지역
다. 준주거지역 : 주거기능을 위주로 이를 지원하는 일부 상업기능 및 업무기능을 보완하기 위해 필요한 지역

2. 상업지역

가. 중심상업지역 : 도심·부도심의 상업기능 및 업무기능의 확충을 위해 필요한 지역
나. 일반상업지역 : 일반적인 상업기능 및 업무기능을 담당하기 위해 필요한 지역
다. 근린상업지역 : 근린지역에서의 일용품 및 서비스의 공급을 위해 필요한 지역
라. 유통상업지역 : 도시 내 및 지역 간 유통기능의 증진을 위해 필요한 지역

3. 공업지역

가. 전용공업지역 : 주로 중화학공업·공해성공업 등을 수용하기 위해 필요한 지역
나. 일반공업지역 : 환경을 저해하지 아니하는 공업의 배치를 위해 필요한 지역
다. 준공업지역 : 경공업 그 밖의 공업을 수용하되, 주거기능·상업기능 및 업무기능의 보완이 필요한 지역

4. 녹지지역

가. 보전녹지지역 : 도시의 자연환경·경관·산림 및 녹지공간을 보전할 필요가 있는 지역
나. 생산녹지지역 : 주로 농업적 생산을 위해 개발을 유보할 필요가 있는 지역
다. 자연녹지지역 : 도시 녹지공간의 확보, 도시 확산의 방지, 장래 도시용지의 공급 등을 위해 보전할 필요가 있는 지역으로 불가피한 경우에 한해 제한적인 개발이 허용되는 지역

용도지구로는 다양한 종류의 지구를 지정해두었는데, 키워드 정도만 읽어도 어떤 의미인지 대략 이해할 수 있다. 그런데 이 법에서 정해두고 있는 지구 외에 각 지자체에서도 특성에 따라 별도의 다양한 지구를 도시군계획조례에 정해진 대로 추가 지정할 수 있다. 그러한 지구에 관한 내용을 확인하기 위해서는 해당 지자체의 도시계획조례를 찾아서 그 의미를 이해하는 방법밖에는 없다.

법에서 정하고 있는 용도지구의 종류는 다음과 같다. 이런 용어들로 토지의 족보를 정한다는 정도로 이해하면 될 것이다. 용어들이 토지이용계획확인서에 기재된 경우 각 해당 지자체의 조례에서 정하는 제한사항들을 확인해보면 토지에 부과된 계급을 확인할 수 있다.

1. 경관지구 : 경관을 보호·형성하는 데 필요한 지구
가. 자연경관지구 : 산지·구릉지 등 자연경관의 보호 또는 도시의 자연풍치를 유지하기 위해 필요한 지구

나. 수변경관지구 : 지역 내 주요 수계의 수변 자연경관을 보호·유지하기 위해 필요한 지구

다. 시가지경관지구 : 주거지역의 양호한 환경조성과 시가지의 도시경관을 보호하기 위해 필요한 지구

2. 미관지구 : 미관을 유지하는 데 필요한 지구

가. 중심지미관지구 : 토지의 이용도가 높은 지역의 미관을 유지·관리하기 위해 필요한 지구

나. 역사문화미관지구 : 문화재와 문화적으로 보존가치가 큰 건축물 등의 미관을 유지·관리하기 위해 필요한 지구

다. 일반미관지구 : 중심지미관지구 및 역사문화미관지구 외의 지역으로 미관을 유지·관리하기 위해 필요한 지구

3. 고도지구 : 쾌적한 환경조성 및 토지의 효율적 이용을 위해 건축물 높이의 최저한도 또는 최고한도를 규제할 필요가 있는 지구

가. 최고고도지구 : 환경과 경관을 보호하고 과밀을 방지하기 위해 건축물 높이의 최고한도를 정할 필요가 있는 지구

나. 최저고도지구 : 토지이용을 고도화하고 경관을 보호하기 위해 건축물 높이의 최저한도를 정할 필요가 있는 지구

4. 방화지구 : 화재의 위험을 예방하는 데 필요한 지구

5. 방재지구 : 풍수해, 산사태, 지반의 붕괴, 그 밖의 재해를 예방하는 데 필요한 지구

가. 시가지방재지구 : 건축물·인구가 밀집된 지역으로 시설개선 등을 통해 재해 예방이 필요한 지구

나. 자연방재지구 : 토지의 이용도가 낮은 해안변·하천변, 급경사지 주변 등의 지역으로 건축제한 등을 통해 재해 예방이 필요한 지구

6. 보존지구 : 문화재, 중요 시설물 및 문화적·생태적으로 보존가치가 큰 지역의 보호와 보존을 위해 필요한 지구

가. 역사문화환경보존지구 : 문화재·전통사찰 등 역사·문화적으로 보존가치가 큰 시설 및 지역의 보호와 보존을 위해 필요한 지구

나. 중요시설물보존지구 : 국방상 또는 안보상 중요한 시설물의 보호와 보존을 위해 필요한 지구

다. 생태계보존지구 : 야생동식물 서식처 등 생태적으로 보존가치가 큰 지역의 보호와 보존을 위해 필요한 지구

7. 시설보호지구 : 학교시설·공용시설·항만 또는 공항의 보호, 업무기능의 효율화, 항공기의 안전운항 등을 위해 필요한 지구

가. 학교시설보호지구 : 학교의 교육환경을 보호·유지하기 위해 필요한 지구

나. 공용시설보호지구 : 공용시설을 보호하고 공공업무기능을 효율화하기 위해 필요한 지구

다. 항만시설보호지구 : 항만기능을 효율화하고 항만시설을 관리·운영하기 위해 필요한 지구

라. 공항시설보호지구 : 공항시설의 보호와 항공기의 안전운항을 위해 필요한 지구

8. 취락지구 : 녹지지역·관리지역·농림지역·자연환경보전지역·개발제한구역 또는 도시자연공원구역의 취락을 정비하기 위한 지구

가. 자연취락지구 : 녹지지역·관리지역·농림지역 또는 자연환경보전지역 안의 취락을 정비하기 위해 필요한 지구

나. 집단취락지구 : 개발제한구역 안의 취락을 정비하기 위해 필요한 지구

9. 개발진흥지구 : 주거기능·상업기능·공업기능·유통물류기능·관광기능·휴양기능 등을 집중적으로 개발·정비할 필요가 있는 지구

가. 주거개발진흥지구 : 주거기능을 중심으로 개발·정비할 필요가 있는 지구

나. 산업·유통개발진흥지구 : 공업기능 및 유통·물류기능을 중심으로 개발·정비할 필요가 있는 지구

다. 삭제 〈2012.4.10.〉

라. 관광·휴양개발진흥지구 : 관광·휴양기능을 중심으로 개발·정비할 필요가 있는 지구

마. 복합개발진흥지구 : 주거기능·공업기능·유통·물류기능 및 관광·휴양기능 중 두가지 이상의 기능을 중심으로 개발·정비할 필요가 있는 지구

바. 특정개발진흥지구 : 주거기능·공업기능·유통·물류기능 및 관광·휴양기능 외의 기능을 중심으로 특정한 목적을 위해 개발·정비할 필요가 있는 지구

10. 특정용도제한지구 : 주거기능 보호나 청소년 보호 등의 목적으로 청소년 유해시설 등 특정시설의 입지를 제한할 필요가 있는 지구

11. 그 밖에 대통령령으로 정하는 지구

이 외에도 용도구역으로 개발제한구역·도시자연공원구역·시가화조정구역·수산자원보호구역·입지규제최소구역의 지정에 관한 내용이 있다. 그러나 개발제한구역에 관한 내용 외에는 굳이 심도 있게 연구하고 학습할 필요는 없다. 개발제한구역에 해당하는 토지는 특별법으로 따로 정하고 있으므로 해당 법률을 참조하면 될 것이다.

앞에서 설명해드린 각종 다양한 지구 안에서의 건축제한을 확인하는 방법도 이 법의 시행령에서 정하고 있는데, 그 내용은 다음과 같다. 대부분 해당 지자체의 조례로 건축제한을 한다는 사실을 확인할 수 있을 것이다. 그만큼 지자체의 조례 내용이 중요하다.

제72조(경관지구 안에서의 건축제한)

① 경관지구 안에서는 그 지구의 경관의 보호·형성에 장애가 된다고 인정해 도시·군계획조례가 정하는 건축물을 건축할 수 없다.

② 경관지구 안에서의 건축물의 건폐율·용적률·높이·최대너비·색채 및 대지 안의 조경 등에 관해서는 그 지구의 경관의 보호·형성에 필요한 범위 안에서 도시·군계획조례로 정한다.

제73조(미관지구 안에서의 건축제한)

① 미관지구 안에서는 그 지구의 위치·환경, 그 밖의 특성에 따른 미관의 유지에 장애가 된다고 인정해 도시·군계획조례가 정하는 건축물을 건축할 수 없다.

② 미관지구 안에서의 건축물의 높이 및 규모(건축물의 앞면 길이에 대한 옆면 길이 또는 높이의 비율을 포함한다), 부속건축물의 규모, 건축물·담장 및 대문의 형태·색채, 건축물의 바깥쪽으로 돌출하는 건축설비, 그 밖의 유사한 것의 형태·색채 또는 그 설치의 제한 및 금지 등에 관해서 그 지구의 위치·환경, 그 밖의 특성에 따른 미관의 유지에 필요한 범위 안에서 도시·군계획조례로 정한다.

제74조(고도지구 안에서의 건축제한)

고도지구 안에서는 도시·군관리계획으로 정하는 높이를 초과하거나 미달하는 건축물을 건축할 수 없다.

제75조(방재지구 안에서의 건축제한)

방재지구 안에서는 풍수해·산사태·지반붕괴·지진, 그 밖에 재해예방에 장애가 된다고 인정해 도시·군계획조례가 정하는 건축물을 건축할 수 없다.

제76조(보존지구 안에서의 건축제한)

보존지구 안에서는 다음 각 호의 구분에 따른 건축물에 한해 건축할 수 있다.

1. 역사문화환경보존지구 : 「문화재보호법」의 적용을 받는 문화재를 직접 관리·보호하기 위한 건축물과 문화적으로 보존가치가 큰 지역의 보호 및 보존을 저해하지 아니하는 건축물로 도시·군계획조례가 정하는 것
2. 중요시설물보존지구 : 국방상 또는 안보상 중요한 시설물의 보호 및 보존을 저해하지 아니하는 건축물로 도시·군계획조례가 정하는 것
3. 생태계보존지구 : 생태적으로 보존가치가 큰 지역의 보호 및 보존을 저해하지 아니하는 건축물로 도시·군계획조례가 정하는 것

제77조(시설보호지구 안에서의 건축제한)
① 학교시설보호지구·공용시설보호지구·항만시설보호지구 안에서는 학교·공용시설 또는 항만의 기능수행에 장애가 된다고 인정해 도시·군계획조례가 정하는 건축물을 건축할 수 없다.
② 공항시설보호지구 안에서의 건축제한에 관해서는 「항공법」이 정하는 바에 따르되, 건축물의 용도 및 형태 등에 관한 그 밖의 제한에 관해서는 공항시설의 보호와 항공기의 이·착륙에 장애가 되지 아니하는 범위 안에서 도시·군계획조례로 정한다.

제78조(취락지구 안에서의 건축제한)
① 법 제76조 제5항 제1호의 규정에 의해 자연취락지구 안에서 건축할 수 있는 건축물은 별표 23과 같다.
② 집단취락지구 안에서의 건축제한에 관해서는 개발제한구역의 지정 및 관리에 관한 특별조치법령이 정하는 바에 따른다.

제79조(개발진흥지구에서의 건축제한)
① 법 제76조 제5항 제1호의2에 따라 지구단위계획 또는 관계 법률에 따른 개발계획을 수립하는 개발진흥지구에서는 지구단위계획 또는 관계 법률에 따른 개발계획에 위반해 건축물을 건축할 수 없으며, 지구단위계획 또는 개발계획이 수립되기 전에는 개발진흥지구의 계획적 개발에 위배되지 아니하는 범위에서 도시·군계획조례로 정하는 건축물을 건축할 수 있다.

② 법 제76조 제5항 제1호의2에 따라 지구단위계획 또는 관계 법률에 따른 개발계획을 수립하지 아니하는 개발진흥지구에서는 해당 용도지역에서 허용되는 건축물을 건축할 수 있다.

제80조(특정용도제한지구 안에서의 건축제한)
특정용도제한지구 안에서는 주거기능을 훼손하거나 청소년 정서에 유해하다고 인정해 도시·군계획조례가 정하는 건축물을 건축할 수 없다.

제82조(그 밖의 용도지구 안에서의 건축제한)
규정된 용도지구 외의 용도지구 안에서의 건축제한에 관해서는 그 용도지구 지정의 목적달성에 필요한 범위 안에서 특별시·광역시·특별자치시·특별자치도·시 또는 군의 도시·군계획조례로 정한다.

제83조(용도지역·용도지구·용도구역 안에서의 건축제한 예외 등)
① 용도지역·용도지구 안에서의 도시·군계획시설에 대해서는 제71조 내지 제82조의 규정을 적용하지 아니한다.
② 경관지구·미관지구·고도지구 안에서의 「건축법 시행령」 제6조 제1항 제6호의 규정에 의한 리모델링이 필요한 건축물에 대해서는 제72조 내지 제74조의 규정에 불구하고 동시행령 제6조 제1항 제5호의 규정에 따라 건축물의 높이·규모 등의 제한을 완화해 제한할 수 있다.
③ 개발제한구역·도시자연공원구역·시가화조정구역·수산자원보호구역 안에서의 건축제한에 관해 다음 각 호의 법령 또는 규정에서 정하는 바에 따른다.
  1. 개발제한구역 안에서의 건축제한 : 「개발제한구역의 지정 및 관리에 관한 특별조치법」
  2. 도시자연공원구역 안에서의 건축제한 : 「도시공원 및 녹지 등에 관한 법률」
  3. 시가화조정구역 안에서의 건축제한 : 제87조부터 제89조까지의 규정
  4. 수산자원보호구역 안에서의 건축제한 : 「수산자원관리법」

이하의 내용은 생략해도 무방해 생략하기로 한다.

대부분의 용도지역·용도지구·용도구역에서는 지자체 조례에서 정하는 건축제한을 따른다는 사실을 확인할 수 있다. 이와는 별도로 농지 또는 임야일 경우 토지이용계획확인서의 내용에 농림지역이면서 농업진흥구역·농업보호구역으로 기재되어 있으면 이 법에서의 건축제한을 살피는 것이 아니라 별도의 농지법을 살펴봐야 한다. 농림지역이면서 임업용 보전산지·공익용 보전산지로 기재되어 있을 경우에도 이 법에서의 건축제한을 살피는 것이 아니라, 별도의 산지관리법에 기재된 건축제한을 적용한다는 것을 알아두어야 한다.

제 2 강

이 땅에 무엇을 어떻게 지을 수 있나?

경매로 토지물건을 접할 때 가장 먼저 보는 것이 무엇일까? 아마도 감정가격과 더불어 얼마나 유찰되었는가 하는 점일 것이다. 단연코 말씀드리자면 필자는 토지물건에서 적어도 감정가격은 거의 참조하지 않는다. 신건의 감정가격보다도 높은 가격에 낙찰받는 물건들은 어떻게 설명할 것인가?

법원경매에서의 감정평가는 기본적으로 가격을 평가하는 것이지 해당 물건의 가치를 판단해서 감정하지 않는다. 가치는 가격보다도 현저히 낮을 수도 있고, 반대로 현저히 높을 수도 있다. 만일 감정가격이 가치보다도 낮게 책정되었다면 유찰되기를 기다릴 필요 없이 나 홀로 낙찰받아야 할 것이고, 감정가격이 가치보다도 높게 책정되었다면 아무리 유찰되어도 입찰에 들어가서는 아니 될 것이다.

필자가 주장하는 토지 경매의 핵심인 금맥 경매는 바로 이

가치에 가장 많은 비중을 둔다. 가치를 판단하기 위해서 가장 기본이 되는 것은 도로의 판단이며, 그다음으로 토지에 지을 수 있는 건축물이 무엇인가를 찾는 것이다. 토지를 음식점으로 활용할 수 있다면 참 좋을 것으로 판단되는데, 법률적인 측면에서 분석해본 결과 음식점의 인허가가 나지 않는다면 토지를 낙찰받을 경우 시행착오를 겪을 것은 뻔한 이치 아니겠는가.

이번 장에서는 바로 이 땅에 무엇을 어떻게 지을 수 있는지를 살펴보기로 하자. 1강에서 설명한 내용과 밀접한 관계가 있다. 해당 토지의 토지이용계획확인서에 1강에서 설명한 용도지역이나 건축허가를 신청할 수 있는 건축물은 무엇인가의 물음에 용도지구 등이 기재되어 있다면, 답을 내릴 수 있다. 필자가 건축허가를 신청할 수 있는 건축물이라고 표현한 것은 반드시 건축허가를 받을 수 있는 것이 아니기 때문이다. 건축허가는 건축법에 의한 내용뿐만 아니라 개발행위허가, 기타 개별법령에 의한 요건에도 맞아야 받을 수 있다.

이번 장은 건축허가를 신청할 수 있는 업종을 파악하기 위한 학습의 장이므로 그 부분에 한정해서 설명할 수밖에 없음을 양해해주시기 바란다.

기본적으로 국토의 계획 및 이용에 관한 법률의 시행령 별표의 내용과 그 별표에서 해당 지자체의 도시계획조례로 위임해둔 내용을 살펴볼 줄 알아야 한다. 용도지역에서의 건축물이나 그 밖의 시설 용도, 종류, 규모 등의 제한에 관한 사항은 국토의 계획 및 이용에 관한 법률 시행령의 내용에 따른다. 이 내용을 살펴보면 용도지역마다 건축할 수 있는 건축물 또는 건축할 수 없는 건축물을 확인할 수 있다.

그다음으로 용도지구에서의 건축물이나 그 밖의 시설 용도, 종류, 규모 등의 제한에 관한 사항은 이 법 또는 다른 법률에 특별한 규정이 있는 때 외에는 대통령령으로 정하는 기준에 따라 특별시·광역시·특별자치시·특별자치도·시 또는 군의 조례로 정하도록 규정하고 있다. 따라서 용도지구에 관한 용어가 토지이용계획확인서에 기재된 경우 해당 지자체의 도시계획조례를 찾아서 건축이 가능한 건축물을 확인해야 한다.

예외적으로 취락지구에서 자연취락지구의 경우에는 시행령으로 따로 정하고 있으며, 개발제한구역에서 지정되고 있는 집단취락지구의 경우에는 개발제한구역과 관련한 개별법령의 내용을 따른다. 자연환경보전지역에 해당하면서 「자연공원법」에 따른 공원구역으로 지정된 곳은 자연공원법, 「수도법」에 따른 상수원보호구역으로 지정된 곳은 수도법, 「문화재보호법」에 따라 지정된 지정문화재 보호구역의 경우에는 문화재보호법, 「해양생태계의 보전 및 관리에 관한 법률」에 따른 해양보호구역의 경우에는 해양생태계의 보전 및 관리에 관한 법률에서 정하는 바에 따른다.

건축물의 규모와 관련된 건폐율과 용적률에 관련된 사항을 살펴보면 용도지역에서 건폐율의 최대한도는 관할구역의 면적과 인구 규모, 용도지역의 특성 등을 고려해 다음과 같은 범위에서 해당 지자체의 조례로 정한다.

1. 도시지역

가. 주거지역 : 70% 이하

나. 상업지역 : 90% 이하

다. 공업지역 : 70% 이하

라. 녹지지역 : 20% 이하

2. 관리지역

가. 보전관리지역 : 20% 이하

나. 생산관리지역 : 20% 이하

다. 계획관리지역 : 40% 이하. 다만, 성장관리방안을 수립한 지역의 경우 해당 지방자치단체의 조례로 125% 이내에서 완화해 적용할 수 있다.

3. 농림지역 : 20% 이하

4. 자연환경보전지역 : 20% 이하

아래에 해당하는 지역에서의 건폐율은 80% 이하의 범위에서 대통령령으로 정하는 기준에 따라 특별시·광역시·특별자치시·특별자치도·시 또는 군의 조례로 따로 정할 수 있다.

1. 취락지구
2. 개발진흥지구(도시지역 외의 지역만 해당된다)
3. 수산자원보호구역
4. 「자연공원법」에 따른 자연공원
5. 「산업입지 및 개발에 관한 법률」에 따른 농공단지
6. 공업지역에 있는 「산업입지 및 개발에 관한 법률」에 따른 국가산업단지·일반산업단지·도시첨단산업단지·준산업단지

용적률도 앞에서 설명한 것과 마찬가지로 파악할 수 있는데, 지정된 용도지역에서 용적률의 최대한도는 관할구역의 면적과 인구 규모, 용도지역의 특성 등을 고려해 다음과 같은 범위에서 해당 지자체의 조례로 정한다.

1. 도시지역
가. 주거지역 : 500% 이하
나. 상업지역 : 1,500% 이하
다. 공업지역 : 400% 이하

라. 녹지지역 : 100% 이하

2. 관리지역

가. 보전관리지역 : 80% 이하

나. 생산관리지역 : 80% 이하

다. 계획관리지역 : 100% 이하. 다만, 성장관리방안을 수립한 지역의 경우 해당 지방자치단체의 조례로 125% 이내로 완화해 적용할 수 있다.

3. 농림지역 : 80% 이하

4. 자연환경보전지역 : 80% 이하

용적률도 개발진흥지구 등의 특별한 경우에 해당하는 지구 또는 공단 등은 200% 이하의 범위에서 대통령령으로 정하는 기준에 따라 특별시·광역시·특별자치시·특별자치도·시 또는 군의 조례로 따로 정할 수 있다. 개발제한구역에서의 행위제한이나 도시자연공원구역에서의 행위제한 또는 관리에 필요한 사항은 해당 법률에 의해 따로 정해져 있다.

국토계획법 시행령 별표와 서울특별시 도시계획조례의 행위제한에 관한 내용을 병합해서 만들어보았다. [시행 2016.7.14.] 사례를 접했을 때 과연 이 토지에 건축할 수 있는 건축물은 무엇인가를 찾아보는 수고를 아끼지 말았으면 하는 바람이다.

제25조(제1종 전용주거지역 안에서 건축할 수 있는 건축물)

제1종 전용주거지역 안에서는 영 별표 2 제1호 각 목의 건축물과 영 별표 2 제2호에 따라 다음 각 호의 건축물을 건축할 수 있다.

> **1. 건축할 수 있는 건축물**
> 가. 「건축법 시행령」 별표 1 제1호의 단독주택(다가구주택은 제외한다)
> 나. 「건축법 시행령」 별표 1 제3호 가목부터 바목까지 및 사목(공중화장실·대피소, 그 밖에 이와 비슷한 것 및 지역아동센터는 제외한다)의 제1종 근린생활시설로 해당 용도에 쓰이는 바닥면적의 합계가 1,000㎡ 미만인 것

1. 「건축법 시행령」 별표 1 제1호의 단독주택 중 다가구주택
2. 「건축법 시행령」 별표 1 제2호의 공동주택 중 다세대주택으로 19세대 이하인 것
3. 「건축법 시행령」 별표 1 제3호의 제1종 근린생활시설 중 변전소·양수장·정수장·대피소·공중화장실, 그 밖에 이와 유사한 것으로 해당 용도에 쓰이는 바닥면적의 합계가 1,000㎡ 미만인 것

4. 「건축법 시행령」 별표 1 제4호의 제2종 근린생활시설 중 종교집회장(타종시설 및 옥외 확성장치가 없는 것에 한한다)

5. 「건축법 시행령」 별표 1 제5호의 문화 및 집회시설 중 전시장(박물관·미술관·기념관)으로 해당 용도에 쓰이는 바닥면적의 합계가 1,000m^2 미만인 것

6. 「건축법 시행령」 별표 1 제6호의 종교시설 중 종교집회장(제2종 근린생활시설에 해당하지 아니하는 것으로 타종시설 및 옥외 확성장치가 없는 것에 한한다)으로 해당 용도에 쓰이는 바닥면적의 합계가 1,000m^2 미만인 것

7. 「건축법 시행령」 별표 1 제10호의 교육연구시설 중 유치원·초등학교

8. 「건축법 시행령」 별표 1 제11호의 노유자시설 중 다음 각 목의 건축물
   가. 아동관련시설
   나. 노인복지시설

9. 「건축법 시행령」 별표 1 제20호의 자동차관련시설 중 주차장(너비 12m 이상인 도로에 접한 대지에 건축하는 것에 한한다)

제26조(제2종 전용주거지역 안에서 건축할 수 있는 건축물)

제2종 전용주거지역 안에서는 영 별표 3 제1호 각 목의 건축물과 영 별표 3 제2호에 따라 다음 각 호의 건축물을 건축할 수 있다. [개정 2006.11.20., 2008.7.30.]

1. 건축할 수 있는 건축물
가. 「건축법 시행령」 별표 1 제1호의 단독주택
나. 「건축법 시행령」 별표 1 제2호의 공동주택
다. 「건축법 시행령」 별표 1 제3호의 제1종 근린생활시설로 해당 용도에 쓰이는 바닥면적의 합계가 1,000㎡ 미만인 것

1. 「건축법 시행령」 별표 1 제4호의 제2종 근린생활시설 중 종교집회장(타종시설 및 옥외 확성장치가 없는 것에 한한다)
2. 「건축법 시행령」 별표 1 제5호의 문화 및 집회시설 중 전시장(박물관·미술관·기념관)으로 해당 용도에 쓰이는 바닥면적의 합계가 1,000㎡ 미만인 것에 한한다.
3. 「건축법 시행령」 별표 1 제6호의 종교시설 중 종교집회장(제2종 근린생활시설에 해당하지 아니하는 것으로 타종시설 및 옥외 확성장치가 없는 것에 한한다)으로 해당 용도에 쓰이는 바닥면적의 합계가 1,000㎡ 미만인 것에 한한다.

4. 「건축법 시행령」 별표 1 제10호의 교육연구시설 중 초등학교·중학교·고등학교

5. 「건축법 시행령」 별표 1 제11호의 노유자시설 중 다음 각 목의 건축물
   가. 아동관련시설
   나. 노인복지시설

6. 「건축법 시행령」 별표 1 제20호의 자동차관련시설 중 주차장(너비 12m 이상인 도로에 접한 대지에 건축하는 것에 한한다)

제27조(제1종 일반주거지역 안에서 건축할 수 있는 건축물)

제1종 일반주거지역 안에서는 영 별표 4 제1호의 각 목의 건축물과 영 별표 4 제2호에 따라 다음 각 호의 건축물을 건축할 수 있다.

1. **건축할 수 있는 건축물**[4층 이하(「주택법 시행령」 제3조 제1항 제1호에 따른 단지형 연립주택 및 같은 항 제1호의2에 따른 단지형 다세대주택인 경우에는 5층 이하를 말하며, 단지형 연립주택 1층 전부를 필로티 구조로 해서 주차장으로 사용하는 경우에는 필로티 부분을 층수에서 제외하고, 단지형 다세대주택 1층 바닥면적의 2분의 1 이상을 필로티 구조로 해서 주차장으로 사용하고 나머지 부분을 주택 외의 용도로 쓰는 경우에는 해당 층을 층수에서 제외한다. 이하 이 호에서 같다)

의 건축물만 해당한다. 다만, 4층 이하의 범위에서 도시·군계획조례로 따로 층수를 정하는 경우에는 그 층수 이하의 건축물만 해당한다]
가. 「건축법 시행령」 별표 1 제1호의 단독주택
나. 「건축법 시행령」 별표 1 제2호의 공동주택(아파트를 제외한다)
다. 「건축법 시행령」 별표 1 제3호의 제1종 근린생활시설
라. 「건축법 시행령」 별표 1 제10호의 교육연구시설 중 유치원·초등학교·중학교·고등학교
마. 「건축법 시행령」 별표 1 제11호의 노유자시설

1. 「건축법 시행령」 별표 1 제4호의 제2종 근린생활시설(해당 용도에 쓰이는 바닥면적의 합계가 1,000m^2 이상인 것과 단란주점, 안마시술소, 고시원은 제외한다)
2. 「건축법 시행령」 별표 1 제5호의 문화 및 집회시설 중 전시장 및 동·식물원(너비 12m 이상인 도로에 12m 이상 접한 대지에 건축하는 것에 한한다. 다만, 해당 용도에 사용하는 바닥면적의 합계가 1,000m^2 미만인 박물관·미술관·기념관은 그러하지 아니하다)
3. 「건축법 시행령」 별표 1 제6호의 종교시설 중 종교집회장으로 제2종 근린생활시설에 해당하지 아니하는 것
4. 「건축법 시행령」 별표 1 제6호의 종교시설 중 종교집회장 안에 설치하는 봉안당(유골 750구 이하에 한한다)
5. 「건축법 시행령」 별표 1 제10호의 교육연구시설(학원은 제외한다)

6. 「건축법 시행령」 별표 1 제12호의 수련시설 중 유스호스텔(너비 15m 이상인 도로에 20m 이상 접한 대지에 건축하는 것에 한한다)
7. 「건축법 시행령」 별표 1 제13호의 운동시설(옥외 철탑이 설치된 골프연습장을 제외하며, 너비 12m 이상인 도로에 12m 이상 접한 대지에 건축하는 것에 한한다)
8. 「건축법 시행령」 별표 1 제20호의 자동차관련시설 중 주차장
9. 「건축법 시행령」 별표 1 제25호의 발전시설 중 발전소(「신에너지 및 재생에너지 개발·이용·보급 촉진법」 제2조 제2호에 따른 태양에너지·연료전지·지열에너지·수소에너지를 이용한 발전소에 한한다)

제28조(제2종 일반주거지역 안에서 건축할 수 있는 건축물)

③ 제2종 일반주거지역 안에서는 영 별표 5 제1호의 각 목의 건축물과 영 별표 5 제2호에 따라 다음 각 호의 건축물을 건축할 수 있다.

1. **건축할 수 있는 건축물**(경관관리 등을 위해 도시·군계획조례로 건축물의 층수를 제한하는 경우에는 그 층수 이하의 건축물로 한정한다)
   가. 「건축법 시행령」 별표 1 제1호의 단독주택
   나. 「건축법 시행령」 별표 1 제2호의 공동주택
   다. 「건축법 시행령」 별표 1 제3호의 제1종 근린생활시설
   라. 「건축법 시행령」 별표 1 제6호의 종교시설
   마. 「건축법 시행령」 별표 1 제10호의 교육연구시설 중 유치원·초등학교·중학교·고등학교
   바. 「건축법 시행령」 별표 1 제11호의 노유자시설

1. 「건축법 시행령」 별표 1 제4호의 제2종 근린생활시설(단란주점 및 안마시술소는 제외한다)
2. 「건축법 시행령」 별표 1 제5호의 문화 및 집회시설 중 다음 각 목의 건축물
   가. 공연장 집회장(마권장외발매소, 마권전화투표소는 제외하며, 해당 용도에 쓰이는 바닥면적의 합계가 2,000㎡ 미만인 것에 한한다. 다만, 지구단위계획을 수립할 경우 지구단위계획으로 완화할 수 있다)
   나. 전시장 및 동·식물원(너비 12m 미만인 도로에 접한 대지에 건축하는 경우에는 해당 용도에 쓰이는 바닥면적의 합계가 2,000㎡ 미만인 것에 한한다)
3. 「건축법 시행령」 별표 1 제7호의 판매시설 중 다음 각 목의 건축물

가. 소매시장 및 상점으로 해당 용도에 쓰이는 바닥면적의 합계가 2,000m^2 미만인 것(너비 20m 이상인 도로에 접한 대지에 건축하는 것에 한한다)

나. 기존의 도매시장 또는 소매시장을 재건축하는 경우로 종전의 해당 용도에 쓰이는 바닥면적의 합계의 3배 이하 또는 대지면적의 2배 이하인 것

4. 「건축법 시행령」 별표 1 제9호의 의료시설 중 병원
5. 「건축법 시행령」 별표 1 제10호의 교육연구시설
6. 「건축법 시행령」 별표 1 제12호의 수련시설(유스호스텔의 경우에는 너비 15m 이상인 도로에 20m 이상 접한 대지에 건축하는 것에 한한다)
7. 「건축법 시행령」 별표 1 제13호의 운동시설(너비 12m 미만인 도로에 접한 대지의 경우에는 해당 용도에 쓰이는 바닥면적의 합계가 2,000m^2 미만인 것에 한한다)
8. 「건축법 시행령」 별표 1 제14호의 업무시설 중 공공업무시설, 금융업소 및 사무소로 해당 용도에 쓰이는 바닥면적의 합계가 3,000m^2 미만인 것
9. 「건축법 시행령」 별표 1 제18호의 창고시설(물류터미널 및 집배송시설 제외)로 해당 용도에 쓰이는 바닥면적의 합계가 1,000m^2 미만인 것
10. 「건축법 시행령」 별표 1 제19호의 위험물저장 및 처리시설 중 다음 각 목의 건축물

가. 주유소·석유판매소 및 액화가스판매소

　　나. 「대기환경보전법」에 따른 저공해자동차 연료공급시설

　　다. 시내버스차고지에 설치하는 액화석유가스충전소·고압가스충전·저장소

　　라. 도료류판매소

11. 「건축법 시행령」 별표 1 제20호의 자동차관련시설 중 다음 각 목의 건축물

　　가. 주차장

　　나. 세차장

　　다. 「여객자동차 운수사업법」 또는 「화물자동차 운수사업법」에 따른 차고 중 다음의 요건을 갖춘 대지에 건축하는 건축물

　　　　(1) 너비 12m(일반택시운송 사업용 및 자동차대여 사업용 차고는 6m, 마을버스운송 사업용의 차고는 8m) 이상 도로에 접한 대지

　　　　(2) 입지, 출입구, 주변 교통량, 지역 여건 등을 고려해서 구청장이 주민 열람 후 구도시계획위원회의 심의를 거쳐 주거환경을 침해할 우려가 없다고 인정해 지정·공고한 구역 안에 위치한 대지

12. 「건축법 시행령」 별표 1 제21호에 따른 동물 및 식물관련시설 중 다음 각 목의 건축물

　　가. 작물재배사

나. 종묘배양시설

　　다. 화초 및 분재 등의 온실

　　라. 식물과 관련된 가목부터 다목까지 시설과 유사한 것
　　　　(동·식물원은 제외한다)

13. 「건축법 시행령」 별표 1 제23호의 교정 및 군사시설 중 국방·군사시설

14. 「건축법 시행령」 별표 1 제24호의 방송통신시설

15. 「건축법 시행령」 별표 1 제25호의 발전시설 중 발전소 (「신에너지 및 재생에너지 개발·이용·보급 촉진법」 제2조 2호에 따른 태양에너지·연료전지·지열에너지·수소에너지를 이용한 발전소와 지역난방을 위한 열병합발전소에 한한다)

제29조(제3종 일반주거지역 안에서 건축할 수 있는 건축물)

제3종 일반주거지역 안에서는 영 별표 6 제1호의 각 목의 건축물과 영 별표 6 제2호에 따라 다음 각 호의 건축물을 건축할 수 있다.

1. 건축할 수 있는 건축물
　가. 「건축법 시행령」 별표 1 제1호의 단독주택
　나. 「건축법 시행령」 별표 1 제2호의 공동주택
　다. 「건축법 시행령」 별표 1 제3호의 제1종 근린생활시설

> 라. 「건축법 시행령」 별표 1 제6호의 종교시설
> 마. 「건축법 시행령」 별표 1 제10호의 교육연구시설 중 유치원·초등학교·중학교·고등학교
> 바. 「건축법 시행령」 별표 1 제11호의 노유자시설

1. 「건축법 시행령」 별표 1 제4호의 제2종 근린생활시설(단란주점 및 안마시술소는 제외한다)
2. 「건축법 시행령」 별표 1 제5호의 문화 및 집회시설 중 다음 각 목의 건축물
   가. 공연장집회장(마권장외발매소, 마권전화투표소는 제외하며, 해당 용도에 쓰이는 바닥면적의 합계가 3,000m^2 미만인 것에 한한다. 다만, 예식장을 제외한 용도의 건축물은 너비 20m 이상인 도로에 접한 대지에 건축하는 경우에는 그러하지 아니하다)
   나. 전시장 및 동·식물원(너비 12m 미만인 도로에 접한 대지에 건축하는 경우에는 해당 용도에 쓰이는 바닥면적의 합계가 3,000m^2 미만인 것에 한한다)
3. 「건축법 시행령」 별표 1 제7호의 판매시설 중 다음 각 목의 건축물
   가. 소매시장 및 상점으로 해당 용도에 쓰이는 바닥면적의 합계가 2,000m^2 미만인 것(너비 20m 이상인 도로에 접한 대지에 건축하는 것에 한한다)

나. 기존의 도매시장 또는 소매시장을 재건축하는 경우로 해당 용도에 쓰이는 바닥면적의 합계의 4배 이하 또는 대지면적의 2배 이하인 것
4. 「건축법 시행령」 별표 1 제9호의 의료시설 중 병원
5. 「건축법 시행령」 별표 1 제10호의 교육연구시설
6. 「건축법 시행령」 별표 1 제12호의 수련시설(유스호스텔의 경우 너비 15m 이상인 도로에 20m 이상 접한 대지에 건축하는 것에 한한다)
7. 「건축법 시행령」 별표 1 제13호의 운동시설(너비 12m 미만인 도로에 접한 대지에 건축하는 경우에는 해당 용도에 쓰이는 바닥면적의 합계가 3,000m^2 미만인 것에 한한다)
8. 「건축법 시행령」 별표 1 제14호의 업무시설(오피스텔의 경우 너비 20m 이상 도로에 접한 대지에 건축하는 것에 한한다)로 해당 용도에 쓰이는 바닥면적의 합계가 3,000m^2 미만인 것
9. 「건축법 시행령」 별표 1 제17호의 공장[너비 8m 이상인 도로에 접한 대지에 건축하는 것에 한한다. 다만, 지식산업센터(시장이 필요하다고 인정해 지정·공고한 구역 안의 것에 한한다)], 인쇄업·기록매체복제업·봉제업(의류편조업을 포함한다)·컴퓨터 및 주변기기제조업·컴퓨터 관련 전자제품조립업·두부제조업의 공장으로 다음의 각 목의 어느 하나에 해당하지 아니하는 것

가. 「대기환경보전법」 제2조 제9호에 따른 특정대기유해물질을 배출하는 것

나. 「대기환경보전법」 제2조 제11호에 따른 대기오염물질 배출시설에 해당하는 시설로 같은 법 시행령 별표 1에 따른 1종 사업장부터 4종 사업장까지에 해당하는 것

다. 「수질 및 수생태계 보전에 관한 법률」 제2조 제8호에 따른 특정수질유해물질을 배출하는 것. 다만, 같은 법 제34조에 따라 폐수무방류배출시설의 설치허가를 받아 운영하는 경우는 제외한다.

라. 「수질 및 수생태계 보전에 관한 법률」 제2조 제10호에 따른 폐수배출시설에 해당하는 시설로 같은 법 시행령 별표 13에 따른 1종 사업장부터 4종 사업장까지에 해당하는 것

마. 「폐기물관리법」 제2조 제4호에 따른 지정폐기물을 배출하는 것

바. 「소음·진동관리법」 제7조에 따른 배출허용기준의 2배 이상인 것

10. 「건축법 시행령」 별표 1 제18호의 창고시설(물류터미널 및 집배송시설 제외)로 해당 용도에 쓰이는 바닥면적의 합계가 2,000㎡ 미만인 것

11. 「건축법 시행령」 별표 1 제19호의 위험물저장 및 처리시

설 중 다음 각 목의 건축물

가. 주유소·석유판매소 및 액화가스판매소

나. 「대기환경보전법」에 따른 저공해자동차의 연료공급시설

다. 시내버스차고지에 설치하는 액화석유가스충전소 및 고압가스충전·저장소

라. 도료류판매소

12. 「건축법 시행령」 별표 1 제20호의 자동차관련시설 중 다음 각 목의 건축물

가. 주차장

나. 세차장

다. 「여객자동차 운수사업법」 또는 「화물자동차 운수사업법」에 따른 차고 중 다음의 요건을 갖춘 대지에 건축하는 건축물

   (1) 너비 12m(일반택시운송사업용 및 자동차대여사업용 차고는 6m, 마을버스운송사업용의 차고는 8m) 이상 도로에 접한 대지

   (2) 입지, 출입구, 주변 교통량, 지역 여건 등을 고려해서 구청장이 주민 열람 후 구도시계획위원회의 심의를 거쳐 주거환경을 침해할 우려가 없다고 인정해 지정·공고한 구역 안에 위치한 대지

13. 「건축법 시행령」 별표 1의 제21호에 따른 동물 및 식물

관련시설 중 다음 각 목의 건축물

가. 작물재배사

나. 종묘배양시설

다. 화초 및 분재 등의 온실

라. 식물과 관련된 가목부터 다목까지 시설과 유사한 것 (동·식물원은 제외한다)

14. 「건축법 시행령」 별표 1 제23호의 교정 및 군사시설 중 다음 각 목의 건축물

　가. 교정시설, 보호관찰소 및 갱생보호소, 그 밖의 범죄자의 갱생·보육·교육·보건 등의 용도에 쓰이는 시설(구청장이 구도시계획위원회의 심의를 거쳐 주거환경을 침해할 우려가 없다고 인정해 지정·공고한 구역에 한한다)

　나. 국방·군사시설

15. 「건축법 시행령」 별표 1 제24호의 방송통신시설

16. 「건축법 시행령」 별표 1 제25호의 발전시설 중 발전소 (「신에너지 및 재생에너지 개발·이용·보급 촉진법」 제2조 2호에 따른 태양에너지·연료전지·지열에너지·수소에너지를 이용한 발전소와 지역난방을 위한 열병합발전소에 한한다)

제30조(준주거지역 안에서 건축할 수 없는 건축물)

준주거지역 안에서는 영 별표 7 제1호의 각 목의 건축물과 영 별표 7 제2호에 따라 다음 각 호의 건축물을 건축할 수 없다.

1. 건축할 수 없는 건축물
  가. 「건축법 시행령」 별표 1 제4호의 제2종 근린생활시설 중 단란주점
  나. 「건축법 시행령」 별표 1 제9호의 의료시설 중 격리병원
  다. 「건축법 시행령」 별표 1 제15호의 숙박시설(생활숙박시설로 공원·녹지 또는 지형지물에 의해 주택 밀집지역과 차단되거나 주택 밀집지역으로부터 도시·군계획조례로 정하는 거리 밖에 있는 대지에 건축하는 것은 제외한다)
  라. 「건축법 시행령」 별표 1 제16호의 위락시설
  마. 「건축법 시행령」 별표 1 제17호의 공장으로 별표 4 제2호 차목(1)부터 (6)까지의 어느 하나에 해당하는 것
  바. 「건축법 시행령」 별표 1 제19호의 위험물저장 및 처리시설 중 시내버스차고지 외의 지역에 설치하는 액화석유가스충전소 및 고압가스충전소·저장소
  사. 「건축법 시행령」 별표 1 제20호의 자동차관련시설 중 폐차장
  아. 「건축법 시행령」 별표 1 제21호의 동물 및 식물관련시설 중 축사·도축장·도계장
  자. 「건축법 시행령」 별표 1 제22호의 자원순환관련시설
  차. 「건축법 시행령」 별표 1 제26호의 묘지관련시설

1. 「건축법 시행령」 별표 1 제5호의 문화 및 집회시설 중 마권장외발매소, 마권전화투표소

2. 「건축법 시행령」 별표 1 제8호의 운수시설(철도시설은 제외한다)
3. 「건축법 시행령」 별표 1 제15호의 숙박시설 중 생활숙박시설
4. 「건축법 시행령」 별표 1 제18호의 창고시설(창고 및 하역장은 제외한다)
5. 「건축법 시행령」 별표 1 제19호의 위험물저장 및 처리시설 중 다음 각 목을 제외한 건축물
    가. 주유소 및 석유판매소
    나. 액화가스취급소
    다. 액화가스판매소
    라. 시내버스차고지에 설치하는 액화석유가스충전소 및 고압가스충전·저장소
    마. 「대기환경 보전법」에 따른 저공해자동차의 연료공급시설
    바. 도료류판매소
6. 「건축법 시행령」 별표 1 제20호의 자동차관련시설 중 다음 각 목의 건축물
    가. 정비공장(자동차종합정비공장에 한한다)
    나. 차고(「여객자동차 운수사업법」 및 「화물자동차 운수사업법」에 따른 차고는 제외한다) 및 주기장
7. 「건축법 시행령」 별표 1 제21호의 동물 및 식물관련시설

중 가축시설

8. 「건축법 시행령」 별표 1 제23호의 교정 및 군사시설 중 다음 각 목의 건축물

　가. 교정시설, 갱생보호시설, 그 밖에 범죄자의 갱생·보육·교육·보건 등의 용도에 쓰이는 시설(구청장이 구 도시계획위원회의 심의를 거쳐 주거환경을 침해할 우려가 없다고 인정해 지정·공고한 구역은 제외한다)

　나. 소년원 및 소년분류심사원

9. 「건축법 시행령」 별표 1 제25호의 발전시설(「신에너지 및 재생에너지 개발·이용·보급 촉진법」 제2조 제2호에 따른 태양에너지·연료전지·지열에너지·수소에너지를 이용한 발전소와 지역난방을 위한 열병합발전소는 제외한다)

10. 「건축법 시행령」 별표 1 제27호의 관광휴게시설

제31조(중심상업지역 안에서 건축할 수 없는 건축물)

① 중심상업지역 안에서는 영 별표 8 제1호의 각 목의 건축물과 영 별표 8 제2호에 따라 다음 각 호의 건축물을 건축할 수 없다. 〈개정 2014.10.20.〉

1. 건축할 수 없는 건축물

가. 「건축법 시행령」 별표 1 제1호의 단독주택(다른 용도와 복합된 것은 제외한다)

나. 「건축법 시행령」 별표 1 제2호의 공동주택[공동주택과 주거용 외의 용도가 복합된 건축물(다수의 건축물이 일체적으로 연결된 하나의 건축물을 포함한다)로 공동주택 부분의 면적이 연면적의 합계의 90%(도시·군계획조례로 90% 미만의 범위에서 별도로 비율을 정한 경우에는 그 비율) 미만인 것은 제외한다]

다. 「건축법 시행령」 별표 1 제15호의 숙박시설 중 일반숙박시설 및 생활숙박시설(공원·녹지 또는 지형지물에 따라 주거지역과 차단되거나 주거지역으로부터 도시·군계획조례로 정하는 거리 밖에 있는 대지에 건축하는 것은 제외한다)

라. 「건축법 시행령」 별표 1 제16호의 위락시설(공원·녹지 또는 지형지물에 따라 주거지역과 차단되거나 주거지역으로부터 도시·군계획조례로 정하는 거리 밖에 있는 대지에 건축하는 것은 제외한다)

마. 「건축법 시행령」 별표 1 제17호의 공장(제2호 바목에 해당하는 것은 제외한다)

바. 「건축법 시행령」 별표 1 제19호의 위험물저장 및 처리시설 중 시내버스차고지 외의 지역에 설치하는 액화석유가스충전소 및 고압가스 충전소·저장소

사. 「건축법 시행령」 별표 1 제20호의 자동차관련시설 중 폐차장

아. 「건축법 시행령」 별표 1 제21호의 동물 및 식물관련시설

자. 「건축법 시행령」 별표 1 제22호의 자원순환관련시설

차. 「건축법 시행령」 별표 1 제26호의 묘지관련시설

1. 「건축법 시행령」 별표 1 제2호의 공동주택[다른 용도와 복합되고 주거용으로 사용되는 부분의 면적(부대시설의

면적을 포함한다)이 연면적의 합계의 70% 이하인 것(단, 제55조 제3항 단서 규정에 해당하는 지역은 90% 미만인 것)은 제외한다]

2. 「건축법 시행령」 별표 1 제9호의 의료시설 중 격리병원
3. 「건축법 시행령」 별표 1 제19호의 위험물저장 및 처리시설 중 위험물제조소·저장소·취급소
4. 「건축법 시행령」 별표 1 제23호의 교정 및 군사시설 중 다음 각 목에 해당하는 것
   가. 교정시설
   나. 갱생보호시설, 그 밖에 범죄자의 갱생·보육·교육·보건 등의 용도로 쓰는 시설
   다. 소년원 및 소년분류심사원
5. 「건축법 시행령」 별표 1 제27호의 관광휴게시설

② 영 별표 8 제1호의 다목 및 라목 규정에 따라 주거지역 경계로부터 50m(주거지역 경계가 너비 6m 이상 도로에 접한 경우 도로 너비를 거리 산정 시 포함해 계산한다. 이하 같다) 이내의 지역 안에서는 「건축법 시행령」 별표 1 제15호 숙박시설 중 일반숙박시설 및 생활숙박시설과 제16호 위락시설로의 용도로 건축 또는 용도변경을 할 수 없으며, 주거지역 경계로부터 50m 초과 200m까지는 건축물의 용도·규모 또는 형태가 주거환경·교육환경 등 주변 환경에 맞지 않다고 허가권자가 인정하는 경

우에는 해당 도시계획위원회의 심의를 거쳐 건축 또는 용도변경을 제한할 수 있다. 〈개정 2008.7.30., 2010.1.7., 2014.10.20.〉
[제목개정 2014.10.20.]

제32조(일반상업지역 안에서 건축할 수 없는 건축물)

① 일반상업지역 안에서는 영 별표 9 제1호의 각 목의 건축물과 영 별표 9 제2호에 따라 다음 각 호의 건축물을 건축할 수 없다.

> 1. 건축할 수 없는 건축물
> 가. 「건축법 시행령」 별표 1 제15호의 숙박시설 중 일반숙박시설 및 생활숙박시설(공원·녹지 또는 지형지물에 따라 주거지역과 차단되거나 주거지역으로부터 도시·군계획조례로 정하는 거리 밖에 있는 대지에 건축하는 것은 제외한다)
> 나. 「건축법 시행령」 별표 1 제16호의 위락시설(공원·녹지 또는 지형지물에 따라 주거지역과 차단되거나 주거지역으로부터 도시·군계획조례로 정하는 거리 밖에 있는 대지에 건축하는 것은 제외한다)
> 다. 「건축법 시행령」 별표 1 제17호의 공장으로 별표 4 제2호 차목 (1)부터 (6)까지의 어느 하나에 해당하는 것
> 라. 「건축법 시행령」 별표 1 제19호의 위험물저장 및 처리시설 중 시내버스차고지 외의 지역에 설치하는 액화석유가스충전소 및 고압가스 충전소·저장소
> 마. 「건축법 시행령」 별표 1 제20호의 자동차관련시설 중 폐차장

바. 「건축법 시행령」 별표 1 제21호의 동물 및 식물관련시설 중 같은 호 가목부터 라목까지에 해당하는 것
사. 「건축법 시행령」 별표 1 제22호의 자원순환관련시설
아. 「건축법 시행령」 별표 1 제26호의 묘지관련시설

1. 「건축법 시행령」 별표 1 제1호의 단독주택(다른 용도와 복합된 것은 제외한다)
2. 「건축법 시행령」 별표 1 제2호의 공동주택[다른 용도와 복합되고 주거용으로 사용되는 부분의 면적(부대시설의 면적을 포함한다)이 연면적의 합계의 70% 이하인 것(단, 제55조 제3항 단서 규정에 해당하는 지역은 90% 미만인 것)은 제외한다]
3. 「건축법 시행령」 별표 1 제12호의 수련시설(생활권 수련시설은 제외한다)
4. 「건축법 시행령」 별표 1 제17호의 공장 중 출판업·인쇄업·기록매체복제업의 공장과 지식산업센터를 제외한 것.
5. 「건축법 시행령」 별표 1 제19호의 위험물저장 및 처리시설 중 위험물제조소·저장소·취급소
6. 「건축법 시행령」 별표 1 제21호의 동물 및 식물관련시설 중 다음 각 목에 해당하는 것
   가. 작물재배사
   나. 종묘배양시설

다. 화초 및 분재 등의 온실
　　라. 식물과 관련된 가목부터 다목까지의 시설과 비슷한 것(동·식물원은 제외한다)
7. 「건축법 시행령」 별표 1 제23호의 교정 및 군사시설 중 다음 각 목에 해당하는 것
　　가. 교정시설
　　나. 갱생보호시설, 그 밖에 범죄자의 갱생·보육·교육·보건 등의 용도로 쓰는 시설
　　다. 소년원 및 소년분류심사원

② 영 별표 9 제1호의 가목 및 나목 규정에 따른 「건축법 시행령」 별표 1 제15호 숙박시설 중 일반숙박시설 및 생활숙박시설과 제16호 위락시설의 경우 제31조 제2항에 따른다.
[전문개정 2014.10.20.]

제33조(근린상업지역 안에서 건축할 수 없는 건축물)

① 근린상업지역 안에서는 영 별표 10 제1호의 각 목의 건축물과 영 별표 10 제2호에 따라 다음 각 호의 건축물을 건축할 수 없다.

1. 건축할 수 없는 건축물

가. 「건축법 시행령」 별표 1 제9호의 의료시설 중 격리병원

나. 「건축법 시행령」 별표 1 제15호의 숙박시설 중 일반숙박시설 및 생활숙박시설(공원·녹지 또는 지형지물에 따라 주거지역과 차단되거나 주거지역으로부터 도시·군계획조례로 정하는 거리 밖에 있는 대지에 건축하는 것은 제외한다)

다. 「건축법 시행령」 별표 1 제16호의 위락시설(공원·녹지 또는 지형지물에 따라 주거지역과 차단되거나 주거지역으로부터 도시·군계획조례로 정하는 거리 밖에 있는 대지에 건축하는 것은 제외한다)

라. 「건축법 시행령」 별표 1 제17호의 공장으로 별표 4 제2호 차목(1)부터 (6)까지의 어느 하나에 해당하는 것

마. 「건축법 시행령」 별표 1 제19호의 위험물저장 및 처리시설 중 시내버스차고지 외의 지역에 설치하는 액화석유가스충전소 및 고압가스충전소·저장소

바. 「건축법 시행령」 별표 1 제20호의 자동차관련시설 중 같은 호 다목부터 사목까지에 해당하는 것

사. 「건축법 시행령」 별표 1 제21호의 동물 및 식물관련시설 중 같은 호 가목부터 라목까지에 해당하는 것

아. 「건축법 시행령」 별표 1 제22호의 자원순환관련시설

자. 「건축법 시행령」 별표 1 제26호의 묘지관련시설

1. 「건축법 시행령」 별표 1 제2호의 공동주택[다른 용도와 복합되고 주거용으로 사용되는 부분의 면적(부대시설의 면적을 포함한다)이 연면적의 합계의 70% 이하인 것(단, 제55조 제3항 단서 규정에 해당하는 지역은 90% 미만인 것)은 제외한다]

2. 「건축법 시행령」 별표 1 제17호의 공장 중 출판업·인쇄업·기록매체복제업의 공장과 아파트형공장을 제외한 것
3. 「건축법 시행령」 별표 1 제19호의 위험물저장 및 처리시설 중 위험물제조소·저장소·취급소
4. 「건축법 시행령」 별표 1 제21호의 동물 및 식물관련시설 중 다음 각 목에 해당하는 것
   가. 작물재배사
   나. 종묘배양시설
   다. 화초 및 분재 등의 온실
   라. 식물과 관련된 가목부터 다목까지의 시설과 비슷한 것(동·식물원은 제외한다)
5. 「건축법 시행령」 별표 1 제23호의 교정 및 군사시설(라목 국방·군사시설은 제외한다)
6. 「건축법 시행령」 별표 1 제25호의 발전시설(「신에너지 및 재생에너지 개발·이용·보급 촉진법」 제2조 제2호에 따른 태양에너지·연료전지·지열에너지·수소에너지를 이용한 발전소와 지역난방을 위한 열병합발전소는 제외한다)
7. 「건축법 시행령」 별표 1 제27호의 관광휴게시설

② 영 별표 10 제1호의 나목 및 다목, 제2호 마목 규정에 따른 「건축법 시행령」 별표 1 제15호 숙박시설 중 일반숙박시설 및 생활숙박시설과 제16호 위락시설의 경우 제31조 제2항에 따른다.

[전문개정 2014.10.20.]

제34조(유통상업지역 안에서 건축할 수 없는 건축물)

① 유통상업지역 안에서는 영 별표 11 제1호의 각 목의 건축물과 영 별표 11 제2호에 따라 다음 각 호의 건축물을 건축할 수 없다. 〈개정 2014.10.20.〉

1. 건축할 수 없는 건축물
   가. 「건축법 시행령」 별표 1 제1호의 단독주택
   나. 「건축법 시행령」 별표 1 제2호의 공동주택
   다. 「건축법 시행령」 별표 1 제9호의 의료시설
   라. 「건축법 시행령」 별표 1 제15호의 숙박시설 중 일반숙박시설 및 생활숙박시설(공원·녹지 또는 지형지물에 따라 주거지역과 차단되거나 주거지역으로부터 도시·군계획조례로 정하는 거리 밖에 있는 대지에 건축하는 것은 제외한다)
   마. 「건축법 시행령」 별표 1 제16호의 위락시설(공원·녹지 또는 지형지물에 따라 주거지역과 차단되거나 주거지역으로부터 도시·군계획조례로 정하는 거리 밖에 있는 대지에 건축하는 것은 제외한다)
   바. 「건축법 시행령」 별표 1 제17호의 공장
   사. 「건축법 시행령」 별표 1 제19호의 위험물저장 및 처리시설 중 시내버스차고지 외의 지역에 설치하는 액화석유가스충전소 및 고압가스 충전소·저장소
   아. 「건축법 시행령」 별표 1 제21호의 동물 및 식물관련시설
   자. 「건축법 시행령」 별표 1 제22호의 자원순환관련시설
   차. 「건축법 시행령」 별표 1 제26호의 묘지관련시설

1. 「건축법 시행령」 별표 1 제10호의 교육연구시설
2. 「건축법 시행령」 별표 1 제13호의 운동시설
3. 「건축법 시행령」 별표 1 제15호의 숙박시설
4. 「건축법 시행령」 별표 1 제19호의 위험물저장 및 처리시설 중 위험물 제조소·저장소·취급소
5. 「건축법 시행령」 별표 1 제20호의 자동차관련시설 중 폐차장(폐차영업소는 제외한다)
6. 「건축법 시행령」 별표 1 제23호의 교정 및 군사시설(라목 국방·군사시설은 제외한다)
7. 「건축법 시행령」 별표 1 제25호의 발전시설(「신에너지 및 재생에너지 개발·이용·보급 촉진법」 제2조 제2호에 따른 태양에너지·연료전지·지열에너지·수소에너지를 이용한 발전소와 지역난방을 위한 열병합발전소는 제외한다)
8. 「건축법 시행령」 별표 1 제27호의 관광휴게시설

② 영 별표 11 제1호 마목 및 제2호 자목 규정에 따른 「건축법 시행령」 별표 1 제16호 위락시설의 경우 제31조 제2항에 따른다. 〈신설 2014.10.20.〉

[제목개정 2014.10.20.]

제35조(준공업지역 안에서 건축할 수 없는 건축물)

준공업지역 안에서는 영 별표 14 제1호의 각 목의 건축물과 영 별표 14 제2호에 따라 다음 각 호의 건축물을 건축할 수 없다. 〈개정 2016.3.24.〉

1. 건축할 수 없는 건축물
  가. 「건축법 시행령」 별표 1 제16호의 위락시설
  나. 「건축법 시행령」 별표 1 제26호의 묘지관련시설

1. 「건축법 시행령」 별표1 제2호의 공동주택 중 공장부지(이적지 포함)에 건축하는 공동주택. 다만, 다음 각 목의 어느 하나에 해당하는 경우는 그러하지 아니하다.
   가. 「건축법 시행령」 별표 1 제2호의 공동주택 중 기숙사
   나. 「공공주택특별법」 제2조 제1호 가목의 공공임대주택, 「민간임대주택에 관한 특별법」 제2조 제4호의 기업형 임대주택 및 제5호의 준공공임대주택(단, 임대주택이 아닌 시설이 포함된 경우는 제외한다)
   다. 지구단위계획, 「도시 및 주거환경 정비법」 제2조 제2호 각 목의 정비사업 또는 「도시개발법」 제2조 제1항의 도시개발사업은 별표 2에서 정하는 비율 이상의

산업시설의 설치 또는 산업부지를 확보하고 산업시설을 설치하는 경우

1의 2. 제1호의 본문 규정에 불구하고 2008.7.30. 현재 주택지 등으로 둘러싸여 산업부지의 활용이 어렵고, 주변과 연계해 개발이 불가능한 3,000㎡ 미만의 공장이적지의 경우 공동주택(아파트는 제외한다)을 건축할 수 있다(허가권자가 해당 도시계획위원회의 심의를 거치는 경우에 한한다).

2. 「건축법 시행령」 별표 1 제4호의 제2종 근린생활시설 중 단란주점

3. 「건축법 시행령」 별표 1 제15호의 숙박시설

4. 「건축법 시행령」 별표 1 제23호의 교정 및 군사시설(라목 국방·군사시설은 제외한다)

5. 「건축법 시행령」 별표 1 제27호의 관광휴게시설

[전문개정 2014.10.20.]

제36조(보전녹지지역 안에서 건축할 수 있는 건축물)

보전녹지지역 안에서는 영 별표 15 제1호의 각 목의 건축물과 영 별표 15 제2호에 따라 다음 각 호의 건축물을 건축할 수 있다.

1. 건축할 수 있는 건축물(4층 이하의 건축물에 한한다. 다만, 4층 이하의 범위 안에서 도시·군계획조례로 따로 층수를 정하는 경우에는 그 층수 이하의 건축물에 한한다)

    가. 「건축법 시행령」 별표 1 제10호의 교육연구시설 중 초등학교

    나. 「건축법 시행령」 별표 1 제18호 가목의 창고(농업·임업·축산업·수산업용만 해당한다)

    다. 「건축법 시행령」 별표 1 제23호의 교정 및 국방·군사시설

1. 「건축법 시행령」 별표 1 제1호의 단독주택(다가구주택은 제외한다)
2. 「건축법 시행령」 별표 1 제3호의 제1종 근린생활시설로 해당 용도에 쓰이는 바닥면적의 합계가 $500m^2$ 미만인 것
3. 「건축법 시행령」 별표 1 제4호의 제2종 근린생활시설 중 종교집회장
4. 「건축법 시행령」 별표 1 제5호의 문화 및 집회시설 중 전시장
5. 「건축법 시행령」 별표 1 제6호의 종교시설
6. 「건축법 시행령」 별표 1 제9호의 의료시설
7. 「건축법 시행령」 별표 1 제10호의 교육연구시설 중 학교(중학교 및 고등학교에 한한다)
8. 「건축법 시행령」 별표 1 제11호의 노유자시설
9. 「건축법 시행령」 별표 1 제19호의 위험물저장 및 처리시

설 중 액화석유가스충전소 및 고압가스충전·저장소
10. 「건축법 시행령」 별표 1 제21호의 동물 및 식물관련시설 중 다음 각 목의 건축물
　　가. 축사
　　나. 작물재배사
　　다. 종묘배양시설
　　라. 화초 및 분재 등의 온실
　　마. 식물과 관련된 나목부터 라목까지의 시설과 유사한 것
11. 「건축법 시행령」 별표 1 제26호의 묘지관련시설
12. 「건축법 시행령」 별표 1 제28호의 장례식장

제37조(생산녹지지역 안에서의 건축할 수 있는 건축물)

생산녹지지역 안에서는 영 별표 16 제1호의 각 목의 건축물과 영 별표 16 제2호에 따라 다음 각 호의 건축물을 건축할 수 있다.

> **1. 건축할 수 있는 건축물**(4층 이하의 건축물에 한한다. 다만, 4층 이하의 범위 안에서 도시·군계획조례로 따로 층수를 정하는 경우에는 그 층수 이하의 건축물에 한한다)

가. 「건축법 시행령」 별표 1 제1호의 단독주택

나. 「건축법 시행령」 별표 1 제3호의 제1종 근린생활시설

다. 「건축법 시행령」 별표 1 제10호의 교육연구시설 중 유치원·초등학교

라. 「건축법 시행령」 별표 1 제11호의 노유자시설

마. 「건축법 시행령」 별표 1 제12호의 수련시설(같은 표 제29호의 야영장시설을 포함한다)

바. 「건축법 시행령」 별표 1 제13호의 운동시설 중 운동장

사. 「건축법 시행령」 별표 1 제18호 가목의 창고(농업·임업·축산업·수산업용만 해당한다)

아. 「건축법 시행령」 별표 1 제19호의 위험물저장 및 처리시설 중 액화석유가스충전소 및 고압가스충전·저장소

자. 「건축법 시행령」 별표 1 제21호의 동물 및 식물관련시설(동호 다목 및 라목에 해당하는 것을 제외한다)

차. 「건축법 시행령」 별표 1 제23호의 교정 및 국방·군사시설

카. 「건축법 시행령」 별표 1 제24호의 방송통신시설

타. 「건축법 시행령」 별표 1 제25호의 발전시설

1. 「건축법 시행령」 별표 1 제2호의 공동주택(아파트는 제외한다)
2. 「건축법 시행령」 별표 1 제4호의 제2종 근린생활시설로 해당 용도에 쓰이는 바닥면적의 합계가 1,000m^2 미만인 것(단란주점, 안마시술소 및 고시원은 제외한다)
3. 「건축법 시행령」 별표 1 제5호의 문화 및 집회시설 중 다음 각 목의 건축물

    가. 집회장으로서 제2종 근린생활시설에 해당하지 아니

하는 것

나. 전시장

4. 「건축법 시행령」 별표 1 제7호의 판매시설(농업·임업·축산업·수산업용 판매시설에 한한다)

5. 「건축법 시행령」 별표 1 제9호의 의료시설

6. 「건축법 시행령」 별표 1 제10호의 교육연구시설 중 다음 각 목의 건축물

가. 학교(중학교·고등학교에 한한다)

나. 교육원(농업·임업·축산업·수산업과 관련된 교육시설에 한한다)

다. 직업훈련소(운전 및 정비 관련 직업훈련소는 제외한다)

7. 「건축법 시행령」 별표 1 제13호의 운동시설

8. 「건축법 시행령」 별표 1 제17호의 공장 중 도정공장·식품공장(「농어업·농어촌 및 식품산업 기본법」 제3조 제6호에 따른 농수산물을 직접 가공해 음식물을 생산하는 것으로 한정한다) 및 제1차 산업생산품 가공공장으로 다음 각 목의 어느 하나에 해당하지 아니하는 것

가. 「대기환경보전법」 제2조 제9호에 따른 특정대기유해물질을 배출하는 것

나. 「대기환경보전법」 제2조 제11호에 따른 대기오염물질배출시설에 해당하는 시설로 같은 법 시행령 별표 1에 따른 1종 사업장부터 3종 사업장까지에 해당하

는 것

다. 「수질 및 수생태계 보전에 관한 법률」 제2조 제8호에 따른 특정수질유해물질을 배출하는 것. 다만, 같은 법 제34조에 따라 폐수무방류배출시설의 설치허가를 받아 운영하는 경우는 제외한다.

라. 「수질 및 수생태계 보전에 관한 법률」 제2조 제10호에 따른 폐수배출시설에 해당하는 시설로 같은 법 시행령 별표 13에 따른 1종 사업장부터 4종 사업장까지에 해당하는 것

마. 「폐기물관리법」 제2조 제4호에 따른 지정폐기물을 배출하는 것

9. 「건축법 시행령」 별표 1 제18호의 창고시설 중 창고
10. 「건축법 시행령」 별표 1 제19호의 위험물저장 및 처리시설
11. 「건축법 시행령」 별표 1 제20호의 자동차관련시설 중 다음 각 목의 건축물

    가. 운전학원·정비학원(운전 및 정비 관련 직업훈련소는 포함한다)

    나. 「여객자동차 운수사업법」, 「화물자동차 운수사업법」 및 「건설기계관리법」에 따른 차고 및 주기장

12. 「건축법 시행령」 별표 1 제21호의 동물 및 식물관련시설 중 도축장 및 도계장

13. 「건축법 시행령」 별표 1 제22호의 자원순환관련시설
14. 「건축법 시행령」 별표 1 제26호의 묘지관련시설
15. 「건축법 시행령」 별표 1 제28호의 장례식장

제38조(자연녹지지역 안에서 건축할 수 있는 건축물)

자연녹지지역 안에서는 영 별표 17 제1호의 각 목의 건축물과 영 별표 17 제2호에 따라 다음 각 호의 건축물을 건축할 수 있다.

1. 건축할 수 있는 건축물(4층 이하의 건축물에 한한다. 다만, 4층 이하의 범위 안에서 도시·군계획조례로 따로 층수를 정하는 경우에는 그 층수 이하의 건축물에 한한다)

　가. 「건축법 시행령」 별표 1 제1호의 단독주택
　나. 「건축법 시행령」 별표 1 제3호의 제1종 근린생활시설
　다. 「건축법 시행령」 별표 1 제4호의 제2종 근린생활시설[같은 호 아목, 자목, 더목 및 러목(안마시술소만 해당한다)은 제외한다]
　라. 「건축법 시행령」 별표 1 제9호의 의료시설(종합병원·병원·치과병원·한방병원을 제외한다)
　마. 「건축법 시행령」 별표 1 제10호의 교육연구시설(직업훈련소 및 학원을 제외한다)
　바. 「건축법 시행령」 별표 1 제11호의 노유자시설
　사. 「건축법 시행령」 별표 1 제12호의 수련시설(같은 표 제29호의 야영장시설을 포함한다)

아. 「건축법 시행령」 별표 1 제13호의 운동시설
자. 「건축법 시행령」 별표 1 제18호 가목의 창고(농업·임업·축산업·수산업 용만 해당한다)
차. 「건축법 시행령」 별표 1 제21호의 동물 및 식물관련시설
카. 「건축법 시행령」 별표 1 제22호의 자원순환관련시설
타. 「건축법 시행령」 별표 1 제23호의 교정 및 국방·군사시설
파. 「건축법 시행령」 별표 1 제24호의 방송통신시설
하. 「건축법 시행령」 별표 1 제25호의 발전시설
거. 「건축법 시행령」 별표 1 제26호의 묘지관련시설
너. 「건축법 시행령」 별표 1 제27호의 관광휴게시설
더. 「건축법 시행령」 별표 1 제28호의 장례식장

1. 「건축법 시행령」 별표 1 제2호의 공동주택(아파트는 제외한다)
2. 「건축법 시행령」 별표 1 제4호의 제2종 근린생활시설 중 휴게음식점·제과점·일반음식점 및 안마시술소
3. 「건축법 시행령」 별표 1 제5호의 문화 및 집회시설
4. 「건축법 시행령」 별표 1 제6호의 종교시설
5. 「건축법 시행령」 별표 1 제7호의 판매시설 중 다음 각 목의 건축물
   가. 「농수산물 유통 및 가격안정에 관한 법률」 제2조에 따른 농수산물공판장
   나. 「농수산물 유통 및 가격안정에 관한 법률」 제68조 제

2항에 따른 농수산물직판장으로 해당 용도에 쓰이는 바닥면적의 합계가 1만㎡ 미만인 것(「농어업·농어촌 및 식품산업 기본법」 제3조 제2호에 따른 농업인·어업인 같은 법 제25조에 따른 후계농어업경영인, 같은 법 제26조에 따른 전업농어업인 또는 지방자치단체가 설치·운영하는 것에 한한다)

　다. 지식경제부장관이 관계 중앙행정기관의 장과 협의해 고시하는 대형할인점 및 중소기업공동판매시설

6. 「건축법 시행령」 별표 1 제9호의 의료시설 중 종합병원·병원·치과병원·한방병원

7. 「건축법 시행령」 별표 1 제10호의 교육연구시설 중 다음 각 목의 건축물

　가. 직업훈련소(운전 및 정비 관련 직업훈련소는 제외한다)

　나. 학원(자동차학원 및 무도학원은 제외한다)

8. 「건축법 시행령」 별표 1 제15호의 숙박시설로 「관광진흥법」에 따라 지정된 관광지 및 관광단지에 건축하는 것

9. 「건축법 시행령」 별표 1 제17호의 공장 중 지식산업센터, 도정공장·식품공장(「농어업·농어촌 및 식품산업 기본법」 제3조 제6호에 따른 농수산물을 직접 가공해 음식물을 생산하는 것으로 한정한다)으로 다음 각 목의 어느 하나에 해당하지 아니하는 것

　가. 「대기환경보전법」 제2조 제9호에 따른 특정대기유해

　　　　물질을 배출하는 것
　　나.「대기환경보전법」제2조 제11호에 따른 대기오염물질 배출시설에 해당하는 시설로 같은 법 시행령 별표 1에 따른 1종 사업장부터 3종 사업장까지에 해당하는 것
　　다.「수질 및 수생태계 보전에 관한 법률」제2조 제8호에 따른 특정수질유해물질을 배출하는 것. 다만, 같은 법 제34조에 따라 폐수무방류배출시설의 설치허가를 받아 운영하는 경우는 제외한다.
　　라.「수질 및 수생태계 보전에 관한 법률」제2조 제10호에 따른 폐수배출시설에 해당하는 시설로 같은 법 시행령 별표 13에 따른 1종 사업장부터 4종 사업장까지에 해당하는 것
　　마.「폐기물관리법」제2조 제4호에 따른 지정폐기물을 배출하는 것
10.「건축법 시행령」별표 1 제18호의 창고시설 중 창고
11.「건축법 시행령」별표 1 제19호의 위험물저장 및 처리시설(위험물제조소는 제외한다)
12.「건축법 시행령」별표 1 제20호의 자동차관련시설
13.「건축법 시행령」별표 1 제17호의 공장 중「공익사업을 위한 토지 등의 취득 및 보상에 관한 법률」에 따른 공익사업 및「도시개발법」에 따른 도시개발사업으로 인해 이전하는 레미콘공장 또는 아스콘공장

이 부분부터는 서울시 조례의 내용이 아니다. 다만, 건축 행위제한을 학습하기 위한 기본적인 자료제공 차원에서 경기도의 어느 지자체의 조례를 원용했다.

[별표 18]

보전관리지역 안에서 건축할 수 있는 건축물

(제71조 제1항 제17호 및 대통령령 제17816호 국토의 계획 및 이용에 관한 법률 시행령 부칙 제13조 제1항 관련)

1. 건축할 수 있는 건축물(4층 이하의 건축물에 한한다. 다만, 4층 이하의 범위 안에서 도시·군계획조례로 따로 층수를 정하는 경우에는 그 층수 이하의 건축물에 한한다)

    가. 「건축법 시행령」 별표 1 제1호의 단독주택

    나. 「건축법 시행령」 별표 1 제10호의 교육연구시설 중 초등학교

    다. 「건축법 시행령」 별표 1 제23호의 교정 및 국방·군사시설

2. 도시·군계획조례가 정하는 바에 따라 건축할 수 있는 건축물(4층 이하의 건축물에 한한다. 다만, 4층 이하의 범위 안에서 도시·군계획조례로 따로 층수를 정하는 경우에는 그 층수 이하의 건축물에 한한다)

    가. 「건축법 시행령」 별표 1 제3호의 제1종 근린생활시설(휴게음식점 및 제과점을 제외한다)

    나. 「건축법 시행령」 별표 1 제4호의 제2종 근린생활시설(같은 호 아목, 자목, 너목 및 더목은 제외한다)

    다. 「건축법 시행령」 별표 1 제6호의 종교시설 중 종교집회장

    라. 「건축법 시행령」 별표 1 제9호의 의료시설

    마. 「건축법 시행령」 별표 1 제10호의 교육연구시설 중 유치원·중학교·고등학교

    바. 「건축법 시행령」 별표 1 제11호의 노유자시설

    사. 「건축법 시행령」 별표 1 제18호 가목의 창고(농업·임업·축산업·수산업

용만 해당한다)
아. 「건축법 시행령」 별표 1 제19호의 위험물저장 및 처리시설
자. 「건축법 시행령」 별표 1 제21호의 동물 및 식물관련시설 중 동호 가목 및 마목 내지 아목에 해당하는 것
차. 「건축법 시행령」 별표 1 제24호의 방송통신시설
카. 「건축법 시행령」 별표 1 제25호의 발전시설
타. 「건축법 시행령」 별표 1 제26호의 묘지관련시설
파. 「건축법 시행령」 별표 1 제28호의 장례식장

[별표 19]

생산관리지역 안에서 건축할 수 있는 건축물
(제71조 제1항 제18호 관련)

1. 건축할 수 있는 건축물(4층 이하의 건축물에 한한다. 다만, 4층 이하의 범위 안에서 도시·군계획조례로 따로 층수를 정하는 경우에는 그 층수 이하의 건축물에 한한다)
가. 「건축법 시행령」 별표 1 제1호의 단독주택
나. 「건축법 시행령」 별표 1 제3호 가목, 사목(공중화장실, 대피소, 그 밖에 이와 비슷한 것만 해당한다) 및 아목에 따른 제1종 근린생활시설
다. 「건축법 시행령」 별표 1 제10호의 교육연구시설 중 초등학교
라. 「건축법 시행령」 별표 1 제13호의 운동시설 중 운동장
마. 「건축법 시행령」 별표 1 제18호 가목의 창고(농업·임업·축산업·수산업용만 해당한다)
바. 「건축법 시행령」 별표 1 제21호의 동물 및 식물관련시설 중 동호 마목 내지 아목에 해당하는 것
사. 「건축법 시행령」 별표 1 제23호의 교정 및 국방·군사시설
아. 「건축법 시행령」 별표 1 제25호의 발전시설

2. 도시·군계획조례가 정하는 바에 따라 건축할 수 있는 건축물(4층 이하의 건축물에 한한다. 다만, 4층 이하의 범위 안에서 도시·군계획조례로 따로 층수를 정하는 경우에는 그 층수 이하의 건축물에 한한다)

　가.「건축법 시행령」 별표 1 제2호의 공동주택(아파트를 제외한다)

　나.「건축법 시행령」 별표 1 제3호의 제1종 근린생활시설[같은 호 가목, 나목, 사목(공중화장실, 대피소, 그 밖에 이와 비슷한 것만 해당한다) 및 아목은 제외한다]

　다.「건축법 시행령」 별표 1 제4호의 제2종 근린생활시설(같은 호 아목, 자목, 너목 및 더목은 제외한다)

　라.「건축법 시행령」 별표 1 제7호의 판매시설(농업·임업·축산업·수산업용에 한한다)

　마.「건축법 시행령」 별표 1 제9호의 의료시설

　바.「건축법 시행령」 별표 1 제10호의 교육연구시설 중 유치원·중학교·고등학교 및 교육원(농업·임업·축산업·수산업과 관련된 교육시설에 한한다)

　사.「건축법 시행령」 별표 1 제11호의 노유자시설

　아.「건축법 시행령」 별표 1 제12호의 수련시설

　자.「건축법 시행령」 별표 1 제17호의 공장(동시행령 별표 1 제4호의 제2종 근린생활시설 중 제조소를 포함한다) 중 도정공장 및 식품공장과 읍·면 지역에 건축하는 제재업의 공장으로 다음의 어느 하나에 해당하지 아니하는 것

　　(1)「대기환경보전법」 제2조 제9호에 따른 특정대기유해물질을 배출하는 것

　　(2)「대기환경보전법」 제2조 제11호에 따른 대기오염물질배출시설에 해당하는 시설로 같은 법 시행령 별표 1에 따른 1종 사업장 내지 3종 사업장에 해당하는 것

　　(3)「수질 및 수생태계 보전에 관한 법률」 제2조 제8호에 따른 특정수질유해물질이 같은 법 시행령 제31조 제1항제 1호에 따른 기준 이상으로 배출되는 것. 다만, 동법 제34조에 따라 폐수무방류배출시설의 설치허가를 받아 운영하는 경우를 제외한다.

(4) 「수질 및 수생태계 보전에 관한 법률」 제2조 제10호에 따른 폐수배출시설에 해당하는 시설로 같은 법 시행령 별표 13에 따른 제1종 사업장부터 제4종 사업장까지 해당하는 것
차. 「건축법 시행령」 별표 1 제19호의 위험물저장 및 처리시설
카. 「건축법 시행령」 별표 1 제20호의 자동차관련시설 중 동호 사목 및 아목에 해당하는 것
타. 「건축법 시행령」 별표 1 제21호의 동물 및 식물관련시설 중 동호 가목 내지 라목에 해당하는 것
파. 「건축법 시행령」 별표 1 제22호의 자원순환관련시설
하. 「건축법 시행령」 별표 1 제24호의 방송통신시설
거. 「건축법 시행령」 별표 1 제26호의 묘지관련시설
너. 「건축법 시행령」 별표 1 제28호의 장례식장

[별표 20]
계획관리지역 안에서 건축할 수 없는 건축물(제71조 제1항 제19호 관련)

1. 건축할 수 없는 건축물
  가. 4층을 초과하는 모든 건축물
  나. 「건축법 시행령」 별표 1 제2호의 공동주택 중 아파트
  다. 「건축법 시행령」 별표 1 제3호의 제1종 근린생활시설 중 휴게음식점 및 제과점으로 국토교통부령으로 정하는 기준에 해당하는 지역에 설치하는 것
  라. 「건축법 시행령」 별표 1 제4호의 제2종 근린생활시설 중 일반음식점·휴게음식점·제과점으로 국토교통부령으로 정하는 기준에 해당하는 지역에 설치하는 것과 단란주점
  마. 「건축법 시행령」 별표 1 제7호의 판매시설(성장관리방안이 수립된 지역에 설치하는 판매시설로서 그 용도에 쓰이는 바닥면적의 합계가 3,000㎡ 미만

인 경우는 제외한다)
바. 「건축법 시행령」 별표 1 제14호의 업무시설
사. 「건축법 시행령」 별표 1 제15호의 숙박시설로 국토교통부령으로 정하는 기준에 해당하는 지역에 설치하는 것
아. 「건축법 시행령」 별표 1 제16호의 위락시설
자. 「건축법 시행령」 별표 1 제17호의 공장 중 다음의 어느 하나에 해당하는 것(「공익사업을 위한 토지 등의 취득 및 보상에 관한 법률」에 따른 공익사업 및 「도시개발법」에 따른 도시개발사업으로 해당 특별시·광역시·특별자치시·특별자치도·시 또는 군의 관할구역으로 이전하는 레미콘 또는 아스콘 공장은 제외한다)

(1) 별표 19 제2호 자목(1)부터 (4)까지에 해당하는 것. 다만, 인쇄·출판시설이나 사진처리시설로 「수질 및 수생태계 보전에 관한 법률」 제2조 제8호에 따라 배출되는 특정수질유해물질을 모두 위탁처리하는 경우는 제외한다.

(2) 화학제품제조시설(석유정제시설을 포함한다). 다만, 물·용제류 등 액체성 물질을 사용하지 않고 제품의 성분이 용해·용출되지 않는 고체성 화학제품제조시설은 제외한다.

(3) 제1차 금속·가공금속제품 및 기계장비제조시설 중 「폐기물관리법 시행령」 별표 1 제4호에 따른 폐유기용제류를 발생시키는 것

(4) 가죽 및 모피를 물 또는 화학약품을 사용해 저장하거나 가공하는 것

(5) 섬유제조시설 중 감량·정련·표백 및 염색시설

(6) 「수도권정비계획법」 제6조 제1항 제3호에 따른 자연보전권역 외의 지역 및 「환경정책기본법」 제38조에 따른 특별대책지역 외의 지역의 사업장 중 「폐기물관리법」 제25조에 따른 폐기물처리업 허가를 받은 사업장. 다만, 「폐기물관리법」 제25조 제5항 제5호부터 제7호까지의 규정에 따른 폐기물 중간·최종·종합재활용업으로 「수질 및 수생태계 보전에 관한 법률」 제2조 제8호에 따른 특정수질유해물질이 같은 법 시행령 제31조 제1항 제1호에 따른 기준 이상으로 배출되는 것 경우는 제외한다.

(7) 「수도권정비계획법」 제6조 제1항 제3호에 따른 자연보전권역 및 「환경정책기본법」 제38조에 따른 특별대책지역에 설치되는 부지면적(둘 이상의 공장을 함께 건축하거나 기존 공장부지에 접해 건축하는 경우와 둘 이상의 부지가 너비 8m 미만의 도로에 서로 접하는 경우에는 그 면적의 합계를 말한다) 1만㎡ 미만의 것. 다만, 특별시장·광역시장·특별자치시장·특별자치도지사·시장 또는 군수가 15,000㎡ 이상의 면적을 정해 공장의 건축이 가능한 지역으로 고시한 지역 안에 입지하는 경우나 자연보전권역 또는 특별대책지역에 준공되어 운영 중인 공장 또는 제조업소의 경우는 제외한다.

2. 지역 여건 등을 고려해 도시·군계획조례로 정하는 바에 따라 건축할 수 없는 건축물

　가. 4층 이하의 범위에서 도시·군계획조례로 따로 정한 층수를 초과하는 모든 건축물

　나. 「건축법 시행령」 별표 1 제2호의 공동주택(제1호 나목에 해당하는 것은 제외한다)

　다. 「건축법 시행령」 별표 1 제4호 아목, 자목, 너목 및 러목(안마시술소만 해당한다)에 따른 제2종 근린생활시설

　라. 「건축법 시행령」 별표 1 제4호의 제2종 근린생활시설 중 일반음식점·휴게음식점·제과점으로서 도시·군계획조례로 정하는 지역에 설치하는 것과 안마시술소 및 같은 호 너목에 해당하는 것

　마. 「건축법 시행령」 별표 1 제5호의 문화 및 집회시설

　바. 「건축법 시행령」 별표 1 제6호의 종교시설

　사. 「건축법 시행령」 별표 1 제8호의 운수시설

　아. 「건축법 시행령」 별표 1 제9호의 의료시설 중 종합병원·병원·치과병원 및 한방병원

　자. 「건축법 시행령」 별표 1 제10호의 교육연구시설 중 같은 호 다목부터 마목까지에 해당하는 것

　차. 「건축법 시행령」 별표 1 제13호의 운동시설(운동장은 제외한다)

　카. 「건축법 시행령」 별표 1 제15호의 숙박시설로 도시·군계획조례로 정

하는 지역에 설치하는 것
타. 「건축법 시행령」 별표 1 제17호의 공장 중 다음의 어느 하나에 해당하는 것
  (1) 「수도권정비계획법」 제6조 제1항 제3호에 따른 자연보전권역 외의 지역 및 「환경정책기본법」 제38조에 따른 특별대책지역 외의 지역에 설치되는 경우(제1호 자목에 해당하는 것은 제외한다)
  (2) 「수도권정비계획법」 제6조 제1항 제3호에 따른 자연보전권역 및 「환경정책기본법」 제38조에 따른 특별대책지역에 설치되는 것으로서 제1호 자목(7)에 해당하지 아니하는 경우
  (3) 「공익사업을 위한 토지 등의 취득 및 보상에 관한 법률」에 따른 공익사업 및 「도시개발법」에 따른 도시개발사업으로 해당 특별시·광역시·특별자치시·특별자치도·시 또는 군의 관할구역으로 이전하는 레미콘 또는 아스콘 공장
파. 「건축법 시행령」 별표 1 제18호의 창고시설(창고 중 농업·임업·축산업·수산업용으로 쓰는 것은 제외한다)
하. 「건축법 시행령」 별표 1 제19호의 위험물저장 및 처리시설
거. 「건축법 시행령」 별표 1 제20호의 자동차관련시설
너. 「건축법 시행령」 별표 1 제27호의 관광휴게시설

[별표 21]
농림지역 안에서 건축할 수 있는 건축물(제71조 제1항 제20호 관련)

1. 건축할 수 있는 건축물
   가. 「건축법 시행령」 별표 1 제1호의 단독주택으로 현저한 자연훼손을 가져오지 아니하는 범위 안에서 건축하는 농어가주택
   나. 「건축법 시행령」 별표 1 제3호 사목(공중화장실, 대피소, 그 밖에 이와 비

숫한 것만 해당한다) 및 아목에 따른 제1종 근린생활시설

다. 「건축법 시행령」 별표 1 제10호의 교육연구시설 중 초등학교

라. 「건축법 시행령」 별표 1 제18호 가목의 창고(농업·임업·축산업·수산업용만 해당한다)

마. 「건축법 시행령」 별표 1 제21호의 동물 및 식물관련시설 중 동호 마목 내지 아목에 해당하는 것

바. 「건축법 시행령」 별표 1 제25호의 발전시설

2. 도시·군계획조례가 정하는 바에 따라 건축할 수 있는 건축물

가. 「건축법 시행령」 별표 1 제3호의 제1종 근린생활시설[같은 호 나목, 사목(공중화장실, 대피소, 그 밖에 이와 비슷한 것만 해당한다) 및 아목은 제외한다]

나. 「건축법 시행령」 별표 1 제4호의 제2종 근린생활시설[같은 호 아목, 자목, 너목, 더목 및 러목(안마시술소만 해당한다)은 제외한다]

다. 「건축법 시행령」 별표 1 제5호의 문화 및 집회시설 중 동호 마목에 해당하는 것

라. 「건축법 시행령」 별표 1 제6호의 종교시설

마. 「건축법 시행령」 별표 1 제9호의 의료시설

바. 「건축법 시행령」 별표 1 제12호의 수련시설

사. 「건축법 시행령」 별표 1 제19호의 위험물저장 및 처리시설 중 액화석유가스충전소 및 고압가스충전·저장소

아. 「건축법 시행령」 별표 1 제21호의 동물 및 식물관련시설(동호 마목 내지 아목에 해당하는 것을 제외한다)

자. 「건축법 시행령」 별표 1 제22호의 자원순환관련시설

차. 「건축법 시행령」 별표 1 제23호의 교정 및 국방·군사시설

카. 「건축법 시행령」 별표 1 제24호의 방송통신시설

타. 「건축법 시행령」 별표 1 제26호의 묘지관련시설

파. 「건축법 시행령」 별표 1 제28호의 장례식장

비고 : 「국토의 계획 및 이용에 관한 법률」 제76조 제5항 제3호에 따라 농림지역 중

농업진흥지역, 보전산지 또는 초지인 경우에 건축물이나 그 밖의 시설의 용도·종류 및 규모 등의 제한에 관해서는 각각 「농지법」, 「산지관리법」 또는 「초지법」에서 정하는 바에 따른다.

[별표 22]
자연환경보전지역 안에서 건축할 수 있는 건축물
(제71조 제1항 제21호 관련)

1. 건축할 수 있는 건축물
   가. 「건축법 시행령」 별표 1 제1호의 단독주택으로 현저한 자연훼손을 가져오지 아니하는 범위 안에서 건축하는 농어가주택
   나. 「건축법 시행령」 별표 1 제10호의 교육연구시설 중 초등학교
2. 도시·군계획조례가 정하는 바에 따라 건축할 수 있는 건축물(수질오염 및 경관 훼손의 우려가 없다고 인정해 도시·군계획조례가 정하는 지역 내에서 건축하는 것에 한한다)
   가. 「건축법 시행령」 별표 1 제3호의 제1종 근린생활시설 중 같은 호 가목, 바목, 사목(지역아동센터는 제외한다) 및 아목에 해당하는 것
   나. 「건축법 시행령」 별표 1 제4호의 제2종 근린생활시설 중 종교집회장으로 지목이 종교용지인 토지에 건축하는 것
   다. 「건축법 시행령」 별표 1 제6호의 종교시설로 지목이 종교용지인 토지에 건축하는 것
   라. 「건축법 시행령」 별표 1 제21호의 동물 및 식물관련시설 중 동호 마목 내지 아목에 해당하는 것과 양어시설(양식장을 포함한다)
   마. 「건축법 시행령」 별표 1 제23호 라목의 국방·군사시설 중 관할 시장·군수 또는 구청장이 입지의 불가피성을 인정한 범위에서 건축하는 시설
   바. 「건축법 시행령」 별표 1 제25호의 발전시설
   사. 「건축법 시행령」 별표 1 제26호의 묘지관련시설

[별표 23]
자연취락지구 안에서 건축할 수 있는 건축물(제78조 관련)

1. 건축할 수 있는 건축물(4층 이하의 건축물에 한한다. 다만, 4층 이하의 범위 안에서 도시·군계획조례로 따로 층수를 정하는 경우에는 그 층수 이하의 건축물에 한한다)
   가. 「건축법 시행령」 별표 1 제1호의 단독주택
   나. 「건축법 시행령」 별표 1 제3호의 제1종 근린생활시설
   다. 「건축법 시행령」 별표 1 제4호의 제2종 근린생활시설[같은 호 아목, 자목, 더목 및 러목(안마시술소만 해당한다)은 제외한다]
   라. 「건축법 시행령」 별표 1 제13호의 운동시설
   마. 「건축법 시행령」별표 1 제18호가목의 창고(농업·임업·축산업·수산업용만해당)
   바. 「건축법 시행령」 별표 1 제21호의 동물 및 식물관련시설
   사. 「건축법 시행령」 별표 1 제23호의 교정 및 국방·군사시설
   아. 「건축법 시행령」 별표 1 제24호의 방송통신시설
   자. 「건축법 시행령」 별표 1 제25호의 발전시설
2. 도시·군계획조례가 정하는 바에 따라 건축할 수 있는 건축물(4층 이하의 건축물에 한한다. 다만, 4층 이하의 범위 안에서 도시·군계획조례로 따로 층수를 정하는 경우에는 그 층수 이하의 건축물에 한한다)
   가. 「건축법 시행령」 별표 1 제2호의 공동주택(아파트를 제외한다)
   나. 「건축법 시행령」 별표 1 제4호 아목·자목 및 러목(안마시술소만 해당한다)에 따른 제2종 근린생활시설
   다. 「건축법 시행령」 별표 1 제5호의 문화 및 집회시설
   라. 「건축법 시행령」 별표 1 제6호의 종교시설
   마. 「건축법 시행령」 별표 1 제7호의 판매시설 중 다음의 어느 하나에 해당하는 것
      (1) 「농수산물유통 및 가격안정에 관한 법률」 제2조에 따른 농수산물공판장

(2) 「농수산물유통 및 가격안정에 관한 법률」 제68조 제2항에 따른 농수산물직판장으로서 해당 용도에 쓰이는 바닥면적의 합계가 1만㎡ 미만인 것(「농어업·농어촌 및 식품산업 기본법」 제3조 제2호에 따른 농업인·어업인, 같은 법 제25조에 따른 후계농어업경영인, 같은 법 제26조에 따른 전업 농어업인 또는 지방자치단체가 설치·운영하는 것에 한한다)

바. 「건축법 시행령」 별표 1 제9호의 의료시설 중 종합병원·병원·치과병원·한방병원 및 요양병원

사. 「건축법 시행령」 별표 1 제10호의 교육연구시설

아. 「건축법 시행령」 별표 1 제11호의 노유자시설

자. 「건축법 시행령」 별표 1 제12호의 수련시설

차. 「건축법 시행령」 별표 1 제15호의 숙박시설로서 「관광진흥법」에 따라 지정된 관광지 및 관광단지에 건축하는 것

카. 「건축법 시행령」 별표 1 제17호의 공장 중 도정공장 및 식품공장과 읍·면지역에 건축하는 제재업의 공장 및 첨단업종의 공장으로 별표 19 제2호 자목(1) 내지 (4)의 어느 하나에 해당하지 아니하는 것

타. 「건축법 시행령」 별표 1 제19호의 위험물저장 및 처리시설

파. 「건축법 시행령」 별표 1 제22호의 자원순환관련시설

[별표 1의2] ⟨개정 2016. 5. 17.⟩[시행10.1]

개발행위허가기준

1. 분야별 검토사항

검토분야	허가기준

가. 공통분야	(1) 조수류·수목 등의 집단서식지가 아니고, 우량농지 등에 해당하지 아니해서 보전의 필요가 없을 것
	(2) 역사적·문화적·향토적 가치, 국방상 목적 등에 따른 원형보전의 필요가 없을 것
	(3) 토지의 형질변경 또는 토석채취의 경우에는 다음의 사항 중 필요한 사항에 대해 도시·군계획조례(특별시·광역시·특별자치시·특별자치도·시 또는 군의 도시·군계획조례를 말한다. 이하 이 표에서 같다)로 정하는 기준에 적합할 것
	  (가) 국토교통부령으로 정하는 방법에 따라 산정한 해당 토지의 경사도
	  (나) 해당 토지의 임상(林相)
	  (다) 표고, 인근 도로의 높이, 배수(排水) 등 그 밖에 필요한 사항
	(4) (3)에도 불구하고 다음의 어느 하나에 해당하는 경우에는 위해 방지, 환경오염 방지, 경관 조성, 조경 등에 관한 조치가 포함된 개발행위 내용에 대해 해당 도시계획위원회(제55조 제3항 제3호의2 각 목 외의 부분 후단 및 제57조 제4항에 따라 중앙도시계획위원회 또는 시·도도시계획위원회의 심의를 거치는 경우에는 중앙도시계획위원회 또는 시·도도시계획위원회를 말한다)의 심의를 거쳐 도시·군계획조례로 정하는 기준을 완화해 적용할 수 있다.
	  (가) 골프장, 스키장, 기존 사찰, 풍력을 이용한 발전시설 등 개발행위의 특성상 도시·군계획조례로 정하는 기준을 그대로 적용하는 것이 불합리하다고 인정되는 경우
	  (나) 지형 여건 또는 사업수행상 도시·군계획조례로 정하는 기준을 그대로 적용하는 것이 불합리하다고 인정되는 경우

나. 도시·군 관리계획	(1) 용도지역별 개발행위의 규모 및 건축제한 기준에 적합할 것 (2) 개발행위허가제한지역에 해당하지 아니할 것
다. 도시·군 계획사업	(1) 도시·군계획사업부지에 해당하지 아니할 것(제61조의 규정에 의해 허용되는 개발행위를 제외한다) (2) 개발시기와 가설시설의 설치 등이 도시·군계획사업에 지장을 초래하지 아니할 것
라. 주변 지역 과의 관계	(1) 개발행위로 건축 또는 설치하는 건축물 또는 공작물이 주변 자연경관 및 미관을 훼손하지 아니하고, 그 높이·형태·색채가 주변 건축물과 조화를 이루어야 하며, 도시·군계획으로 경관계획이 수립되어 있는 경우에는 그에 적합할 것 (2) 개발행위로 해당 지역 및 그 주변 지역에 대기오염·수질오염·토질오염·소음·진동·분진 등에 의한 환경오염·생태계파괴·위해 등이 발생할 우려가 없을 것. 다만, 환경오염·생태계파괴·위해 등의 방지가 가능해 환경오염의 방지, 위해의 방지, 조경, 녹지의 조성, 완충지대의 설치 등을 허가조건으로 붙이는 경우에는 그러하지 아니하다. (3) 개발행위로 녹지축이 절단되지 아니하고, 개발행위로 배수가 변경되어 하천·호소·습지로의 유수를 막지 아니할 것

검토분야	허가기준
마. 기반기설	(1) 주변의 교통소통에 지장을 초래하지 아니할 것 (2) 대지와 도로의 관계는 「건축법」에 적합할 것 (3) 도시·군계획조례로 정하는 건축물의 용도·규모(대지의 규모를 포함한다)·층수 또는 주택호수 등에 따른 도로의 너비 또는 교통소통에 관한 기준에 적합할 것
바. 그 밖의 사항	(1) 공유수면매립의 경우 매립목적이 도시·군계획에 적합할 것 (2) 토지의 분할 및 물건을 쌓아놓는 행위에 입목의 벌채가 수반되지 아니할 것.

2. 개발행위별 검토사항

검토분야	허가기준
가. 건축물의 건축 또는 공작물의 설치	(1) 「건축법」을 적용받는 건축물의 건축 또는 공작물의 설치에 해당하는 경우 그 건축 또는 설치의 기준에 관해서는 「건축법」의 규정과 법 및 이 영이 정하는 바에 따르고, 그 건축 또는 설치의 절차에 관해서는 「건축법」의 규정에 의할 것. 이 경우 건축물의 건축 또는 공작물의 설치를 목적으로 하는 토지의 형질변경, 토지분할 또는 토석채취에 관한 개발행위허가는 「건축법」에 의한 건축 또는 설치의 절차와 동시에 할 수 있다. (2) 도로·수도·하수도가 설치되지 아니한 지역에 대해서는 건축물의 건축(건축을 목적으로 하는 토지의 형질변경을 포함한다)을 허가하지 아니할 것. 다만, 무질서한 개발을 초래하지 아니하는 범위 안에서 도시·군계획조례가 정하는 경우에는 그러하지 아니하다.
나. 토지의 형질변경	(1) 토지의 지반이 연약한 때는 그 두께·넓이·지하수위 등의 조사와 지반의 지지력·내려앉음·솟아오름에 관한 시험을 실시해 흙바꾸기·다지기·배수 등의 방법으로 이를 개량할 것 (2) 토지의 형질변경에 수반되는 성토 및 절토에 의한 비탈면 또는 절개면에 대해서는 옹벽 또는 석축의 설치 등 도시·군계획조례가 정하는 안전조치를 할 것
다. 토석채취	지하자원의 개발을 위한 토석의 채취허가는 시가화 대상이 아닌 지역으로 인근에 피해가 없는 경우에 한하도록 하되, 구체적인 사항은 도시·군계획조례가 정하는 기준에 적합할 것. 다만, 국민경제상 중요한 광물자원의 개발을 위한 경우로 인근의 토지이용에 대한 피해가 최소한에 그치도록 하는 때는 그러하지 아니하다.

라. 토지분할	(1) 녹지지역·관리지역·농림지역 및 자연환경보전지역 안에서 관계법령에 따른 허가·인가 등을 받지 아니하고 토지를 분할하는 경우에는 다음의 요건을 모두 갖출 것 　(가)「건축법」제57조 제1항에 따른 분할제한면적(이하 이 칸에서 "분할제한면적"이라 한다) 이상으로 도시·군계획조례가 정하는 면적 이상으로 분할할 것 　(나)「소득세법 시행령」제168조의3 제1항 각 호의 어느 하나에 해당하는 지역 중 토지에 대한 투기가 성행하거나 성행할 우려가 있다고 판단되는 지역으로 국토교통부장관이 지정·고시하는 지역 안에서의 토지분할이 아닐 것. 다만, 다음의 어느 하나에 해당되는 토지의 경우는 예외로 한다. 　　1) 다른 토지와의 합병을 위해 분할하는 토지 　　2) 2006년 3월 8일 전에 토지의 소유권이 공유로 된 토지를 공유지분에 따라 분할하는 토지 　　3) 그 밖에 토지의 분할이 불가피한 경우로 국토교통부령으로 정하는 경우에 해당되는 토지 　(다) 토지분할의 목적이 건축물의 건축 또는 공작물의 설치, 토지의 형질변경인 경우 그 개발행위가 관계법령에 따라 제한되지 아니할 것 　(라) 이 법 또는 다른 법령에 따른 인가·허가 등을 받지 않거나 기반시설이 갖춰지지 않아 토지의 개발이 불가능한 토지의 분할에 관한 사항은 해당 특별시·광역시·특별자치시·특별자치도·시 또는 군의 도시·군계획조례로 정한 기준에 적합할 것 (2) 분할제한면적 미만으로 분할하는 경우에는 다음의 어느 하나에 해당할 것 　(가) 녹지지역·관리지역·농림지역 및 자연환경보전지역 안에서의 기존 묘지의 분할 　(나) 사설도로를 개설하기 위한 분할(「사도법」에 의한 사도개설허가를 받아 분할하는 경우를 제외한다) 　(다) 사설도로로 사용되고 있는 토지 중 도로의 용도가 폐지되는 부분을 인접토지와 합병하기 위해 하는 분할 　(라) 〈삭제〉 　(마) 토지 이용상 불합리한 토지경계선을 시정해 해당 토지의 효용을 증진하기 위해 분할 후 인접토지와 합필하고자 하는 경우에는 다음의 1에 해당할 것. 이 경우 허가신청인은 분할 후 합필되는 토지의 소유권 또는 공유지분을 보유하고 있거나 그 토지를 매수하기 위한 매매계약을 체결해야 한다. 　　1) 분할 후 남는 토지의 면적 및 분할된 토지와 인접토지가 합필된 후의 면적이 분할제한면적에 미달되지 아니할 것 　　2) 분할 전후의 토지면적에 증감이 없을 것 　　3) 분할하고자 하는 기존 토지의 면적이 분할제한면적에 미달되고, 분할된 토지 중 하나를 제외한 나머지 분할된 토지와 인접토지를 합필한 후의 면적이 분할제한면적에 미달되지 아니할 것 (3) 너비 5m 이하로 분할하는 경우로 토지의 합리적인 이용에 지장이 없을 것
마. 물건을 　쌓아놓는 　행위	해당 행위로 인해 위해 발생, 주변 환경오염 및 경관훼손 등의 우려가 없고, 해당 물건을 쉽게 옮길 수 있는 경우로 도시·군계획조례가 정하는 기준에 적합할 것

3. 용도지역별 검토사항

검토분야	허가기준
가. 시가화 용도	1) 토지의 이용 및 건축물의 용도·건폐율·용적률·높이 등에 대한 용도지역의 제한에 따라 개발행위허가기준을 적용하는 주거지역·상업지역 및 공업지역일 것 2) 개발을 유도하는 지역으로 기반시설의 적정성, 개발이 환경에 미치는 영향, 경관 보호·조성 및 미관훼손의 최소화를 고려할 것
나. 유보 용도	1) 법 제59조에 다른 도시계획위원회의 심의를 통해 개발행위허가기준을 강화 또는 완화해 적용할 수 있는 계획관리지역·생산관리지역 및 녹지지역 중 자연녹지지역일 것 2) 지역 특성에 따라 개발 수요에 탄력적으로 적용할 지역으로 입지 타당성, 기반시설의 적정성, 개발이 환경에 미치는 영향, 경관 보호·조성 및 미관훼손의 최소화를 고려할 것
다. 보전 용도	1) 법 제59조에 다른 도시계획위원회의 심의를 통해 개발행위허가기준을 강화해 적용할 수 있는 보전관리지역·농림지역·자연환경보전지역 및 녹지지역 중 생산녹지지역·보전녹지지역일 것 2) 개발보다 보전이 필요한 지역으로 입지 타당성, 기반시설의 적정성, 개발이 환경에 미치는 영향, 경관 보호·조성 및 미관훼손의 최소화를 고려할 것

　개발행위허가기준은 토지의 형질을 변경하고자 해당 지자체에서 개발행위허가를 받아야 할 때 알아야 하는 기본적인 지침이다. 이를 토대로 지자체의 성격에 맞게 도시계획조례를 통해서 따로 개발행위허가에 관련한 내용을 마련하고 있다. 다만, 전국 지방자치단체마다 약간씩 그 내용을 달리한다. 여기서는 국토의 계획 및 이용에 관한 법률에서 정하는 기준 내용을 올린 것이다.

　기준 내용을 살펴보면 개발행위허가를 검토할 때 도로는 건축법의 요건에 맞아야 한다는 점을 확인할 수 있다. 그렇다면 우리는 개발행위허가를 받는 단계부터 도로에 관한 판단을 해야 할 필요가 있다. 그중에서도 건축법에서 정하는 도로에 관한 요건을 먼저 알아두어야 한다.

앞 장에서 도로에 관한 내용을 설명했으므로 이 장에서는 생략하고, 추가로 건축법에 관한 내용을 기술해보기로 한다. 건축법에서는 대지가 접하는 도로 요건을 따로 정하고 있다. 이에 관련한 내용이 바로 건축선이다. 대지의 전면에 접하는 도로가 건축법에서 정하는 최소 폭에 못 미칠 경우 대지 뒤로 물러나야 한다.

건축선의 지정

도로와 접한 부분에 건축물을 건축할 수 있는 선[이하 "건축선(建築線)"이라 한다]은 대지와 도로의 경계선으로 한다. 다만, 제2조 제1항 제11호에 따른 소요 너비(4m)에 못 미치는 너비의 도로인 경우 그 중심선으로부터 그 소요 너비의 2분의 1의 수평거리만큼 물러난 선을 건축선으로 한다. 그 도로의 반대쪽에 경사지, 하천, 철도, 선로부지, 그 밖에 이와 유사한 것이 있다면 경사지 등이 있는 쪽의 도로경계선에서 소요 너비에 해당하는 수평거리의 선을 건축선으로 하며, 도로의 모퉁이에서는 대통령령으로 정하는 선을 건축선으로 한다.

쉽게 말해 대지가 접하고 있는 도로의 폭이 건축법에서 정하는 기준 소요 너비인 4m에 못 미치면 최소 4m를 확보해야 한다는 의미다. 확보하는 방법으로는 대지가 필요한 폭만큼

도로로 내주는 것인데, 후퇴하는 결과를 초래할 수도 있다. 이럴 경우 도로의 맞은편에도 건축이 가능한 또 다른 대지가 있다면 서로 같이 후퇴하는 방식을 적용한다. 예를 들면 대지에 접한 도로의 폭이 3m일 경우 대지에 50cm의 건축후퇴선이 생기게 되는 것이다.

이 외에도 특별자치시장·특별자치도지사 또는 시장·군수·구청장은 시가지 안에서 건축물의 위치나 환경을 정비하는 데 필요하다고 인정하면 도시지역의 경우 4m 이하의 범위에서 건축선을 따로 지정할 수 있다. 단, 사전에 반드시 고시해야 한다. 대표적인 예로 미관지구에 해당하는 토지는 대부분의 지자체에서 건축선을 3m 후퇴하라고 정하고 있다.

다음으로는 많은 분이 기본적으로는 알고 있다고 생각하는 건폐율과 용적률이다. 건폐율과 용적률의 산정에서 가장 중요한 용어는 대지면적으로, 토지대장상의 면적과 대지면적이 차이가 날 수 있음을 알아야 한다. 앞에서 설명한 건축선의 지정에서 최소한의 소요 너비에 미치지 못하는 도로와 접하고 있는 대지라면 건축후퇴선이 발생한다. 이때 건축후퇴선에 해당하는 면적은 대지면적에서 제외된다. 즉, 도로의 폭이 4m에 미치지 못하는 대지에 건축할 경우 대장상의 토지면적에서 건축후퇴선에 해당하는 면적을 공제한 나머지 면적을 기준으로 건폐율과 용적률을 산정한다. 그래서 건축법에서는 건폐율 용적률을 설명할 때 토지면적이라는 용어를 사용하지 않고, 대지면적이라는 용어를 사용하는 것이다.

> **제55조**(건축물의 건폐율) 대지면적에 대한 건축면적(대지에 건축물이 둘 이상 있는 경우에는 이들 건축면적의 합계로 한다)의 비율(이하 "건폐율"이라 한다)의 최대한도는 「국토의 계획 및 이용에 관한 법률」 제77조에 따른 건폐율의 기준에 따른다. 다만, 이 법에서 기준을 완화하거나 강화해 적용하도록 규정한 경우에는 그에 따른다.
>
> **제56조**(건축물의 용적률) 대지면적에 대한 연면적(대지에 건축물이 둘 이상 있는 경우에는 이들 연면적의 합계로 한다)의 비율(이하 "용적률"이라 한다)의 최대한도는 「국토의 계획 및 이용에 관한 법률」 제78조에 따른 용적률의 기준에 따른다. 다만, 이 법에서 기준을 완화하거나 강화해 적용하도록 규정한 경우에는 그에 따른다.

다음은 대지에 건축물을 신축할 경우 건축선과 인접대지경계선에서 이격해야 하는 거리에 관한 내용을 담은 별표다. 이것은 지자체 조례로 따로 정하고 있으므로 해당 지자체에서 조례로 정한 기준을 적용해야 한다. 이곳에서는 서울시의 기준을 따로 올려놓았으니 참고하시기 바란다.

[별표 2]

대지의 공지기준(제80조의2 관련)

1. 건축선으로부터 건축물까지 띄어야 하는 거리

대상 건축물	건축조례에서 정하는 건축기준
가. 해당 용도로 쓰는 바닥면적의 합계가 500㎡ 이상인 공장(전용공업지역, 일반공업지역 또는 「산업입지 및 개발에 관한 법률」에 따른 산업단지에 건축하는 공장은 제외한다)으로서 건축조례로 정하는 건축물	· 준공업지역 : 1.5m 이상 6m 이하 · 준공업지역 외의 지역 : 3m 이상 6m 이하
나. 해당 용도로 쓰는 바닥면적의 합계가 500㎡ 이상인 창고(전용공업지역, 일반공업지역 또는 「산업입지 및 개발에 관한 법률」에 따른 산업단지에 건축하는 창고는 제외한다)로서 건축조례로 정하는 건축물	· 준공업지역 : 1.5m 이상 6m 이하 · 준공업지역 외의 지역 : 3m 이상 6m 이하
다. 해당 용도로 쓰는 바닥면적의 합계가 1,000㎡ 이상인 판매시설, 숙박시설(일반숙박시설은 제외한다), 문화 및 집회시설(전시장 및 동·식물원은 제외한다), 종교시설	· 3m 이상 6m 이하
라. 다중이 이용하는 건축물로서 건축조례로 정하는 건축물	· 3m 이상 6m 이하
마. 공동주택	· 아파트 : 2m 이상 6m 이하 · 연립주택 : 2m 이상 5m 이하 · 다세대주택 : 1m 이상 4m 이하
바. 그 밖에 건축조례로 정하는 건축물	· 1m 이상 6m 이하(한옥의 경우에는 처마선 2m 이하, 외벽선 1m 이상 2m 이하)

2. 인접대지경계선으로부터 건축물까지 띄어야 하는 거리

대상 건축물	건축조례에서 정하는 건축기준
가. 전용주거지역에 건축하는 건축물(공동주택은 제외한다)	· 1m 이상 6m 이하(한옥의 경우에는 처마선 2m 이하, 외벽선 1m 이상 2m 이하)

대상 건축물	건축물의 각 부분까지 띄어야 할 거리
나. 해당 용도로 쓰는 바닥면적의 합계가 500㎡ 이상인 공장(전용공업지역, 일반공업지역 또는 「산업입지 및 개발에 관한 법률」에 따른 산업단지에 건축하는 공장은 제외한다)으로서 건축조례로 정하는 건축물	· 준공업지역 : 1m 이상 6m 이하 · 준공업지역 외의 지역 : 1.5m 이상 6m 이하
다. 상업지역이 아닌 지역에 건축하는 건축물로서 해당 용도로 쓰는 바닥면적의 합계가 1,000㎡ 이상인 판매시설, 숙박시설(일반숙박시설은 제외한다), 문화 및 집회시설(전시장 및 동·식물원은 제외한다), 종교시설	· 1.5m 이상 6m 이하
라. 다중이 이용하는 건축물(상업지역에 건축하는 건축물로서 스프링클러나 그 밖에 이와 비슷한 자동식 소화설비를 설치한 건축물은 제외한다)로서 건축조례로 정하는 건축물	· 1.5m 이상 6m 이하
마. 공동주택(상업지역에 건축하는 공동주택으로서 스프링클러나 그 밖에 이와 비슷한 자동식 소화설비를 설치한 공동주택은 제외한다)	· 아파트 : 2m 이상 6m 이하 · 연립주택 : 1.5m 이상 5m 이하 · 다세대주택 : 0.5m 이상 4m 이하
바. 그 밖에 건축조례로 정하는 건축물	· 0.5m 이상 6m 이하(한옥의 경우에는 처마선 2m 이하, 외벽선 1m 이상 2m 이하)

비고 : 제1호 가목 및 제2호 나목에 해당하는 건축물 중 법 제11조에 따른 허가를 받거나 법 제14조에 따라 신고하고, 2009년 7월 1일부터 2015년 6월 30일까지 법 제21조에 따른 착공신고를 하는 건축물은 건축조례로 정하는 건축기준을 2분의 1로 완화해 적용한다.

[서울시 조례]

[별표 4] 〈개정 2015.1.2.〉

대지안의 공지기준(제30조 관련)

1. 건축선으로부터 건축물까지 띄어야 하는 거리

대상 건축물		건축물의 각 부분까지 띄어야 할 거리
용도	해당 용도로 사용되는 바닥면적의 합계	
가. 공장, 창고. 다만, 전용공업지역 및 일반공업지역 또는 「산업입지 및 개발에 관한 법률」에 따른 산업단지에서 건축하는 경우 제외	· 500㎡ 이상	· 준공업지역 : 1.5m 이상 · 준공업지역 외의 지역 : 3m 이상

대상 건축물		건축물의 각 부분까지 띄어야 할 거리
나. 판매시설, 숙박시설(여관 및 여인숙 제외), 의료시설, 운동시설 및 관광휴게시설	· 1,000㎡ 이상	· 3m 이상
	※ 2007년 5월 29일 이후 건축된 건축물의 의료시설로의 용도변경은 지방 건축위원회 심의를 거쳐 적용하지 않을 수 있다.	
다. 문화 및 집회시설(전시장 및 동·식물원 제외), 종교시설, 장례식장	· 1,000㎡ 이상	· 3m 이상
	· 1,000㎡ 이상	· 1m 이상
라. 운수시설, 자동차관련시설(주차장, 운전학원 및 정비학원 제외), 위험물저장 및 처리시설. 다만, 전용공업지역 및 일반공업지역 또는 「산업입지 및 개발에 관한 법률」에 따른 산업단지에서 건축하는 경우 제외	· 500㎡ 이상	· 준공업지역 : 1m 이상 · 준공업지역 외의 지역 : 1.5m 이상
마. 공동주택		· 아파트 : 3m 이상. 단, 30세대 미만인 도시형생활주택(원룸형)은 2m 이상 · 연립주택 : 2m 이상 · 다세대주택 : 1m 이상

2. 인접대지경계선으로부터 건축물까지 띄어야 하는 거리

대상 건축물		건축물의 각 부분까지 띄어야 할 거리
용도	해당 용도로 사용되는 바닥면적의 합계	
가. 전용주거지역에 건축하는 건축물(공동주택 제외)		· 1m 이상
나. 공장, 자동차관련시설(운전학원 및 정비학원 제외), 위험물저장 및 처리시설. 다만, 전용공업지역 및 일반공업지역 또는 「산업입지 및 개발에 관한 법률」에 따른 산업단지에서 건축하는 경우 제외	· 500㎡ 이상	· 준공업지역 : 1m 이상 · 준공업지역 외의 지역 : 1.5m 이상
다. 판매시설, 숙박시설(여관 및 여인숙 제외), 문화 및 집회시설(전시장 및 동·식물원 제외) 및 종교시설, 장례식장. 다만, 상업지역에서 건축하는 경우 제외	· 1,000㎡ 이상	· 1.5m 이상
	· 1,000㎡ 미만	· 1m 이상

라. 공동주택 다만, 상업지역에서 건축하는 경우 제외	· 아파트 : 3m 이상. 단, 30세대 미만인 도시형 생활주택(원룸형)은 2m 이상 · 연립주택 : 1.5m 이상 · 다세대주택 : 1m 이상

 지금까지는 건축물의 수평적인 이격거리에 관한 내용이었다면, 다음에서 설명해드리는 것은 건축물의 입체적인 이격거리, 즉 일조권에 의한 건축물의 높이 제한에 관한 내용이다. 흔히 주택가의 길거리를 걷다 보면 4층 건물 부분에서 건축면적이 줄어드는 모습을 볼 수 있을 것이다. 건축법에서 정하는 일조권 제한에 따른 규제로 건축면적이 줄어들었기 때문이다. 이러한 건축면적에 관한 제한을 모르면 단순히 용적률을 기준으로 지을 수 있는 건축물의 지상 연면적을 산출해 사업성을 분석하게 된다. 그럴 경우 사업수지가 상당히 양호하게 나오는 오류가 발생하므로 심각한 실수를 범할 수 있다. 특히 초보자에게 많이 발생하는 일이기에 각별한 주의가 필요하다.

 제61조(일조 등의 확보를 위한 건축물의 높이 제한)

 ① 전용주거지역과 일반주거지역 안에서 건축하는 건축물의 높이는 일조(日照) 등의 확보를 위해 정북방향(正北方向)의 인접대지경계선으로부터의 거리에 따라 대통령령으로 정하는 높이 이하로 해야 한다. 다음의 내용을 살펴보면 1개 층 건축물의 높이를 3m라고 가정할 경우, 3층을 초과하는 4층부터

는 일조권 확보를 위한 규제로 건축물의 높이 제한을 받을 수 있다. 4층부터는 바닥면적이 줄어들기 시작한다는 것이며, 5층에서는 그 줄어드는 면적이 더욱더 커진다는 의미다.

> **제86조(일조 등의 확보를 위한 건축물의 높이 제한)**
> ① 전용주거지역이나 일반주거지역에서 건축물을 건축하는 경우에는 법 제61조 제1항에 따라 건축물의 각 부분을 정북(正北) 방향으로의 인접대지경계선으로부터 다음 각 호의 범위에서 건축조례로 정하는 거리 이상을 띄워 건축해야 한다. 〈개정 2015.7.6.〉
> 1. 높이 9m 이하인 부분 : 인접대지경계선으로부터 1.5m 이상
> 2. 높이 9m를 초과하는 부분 : 인접대지경계선으로부터 해당 건축물 각 부분 높이의 2분의 1 이상
> ② 다음 각 호의 어느 하나에 해당하는 경우에는 제1항을 적용하지 아니한다. 〈신설 2015.7.6.〉
> 1. 다음 각 목의 어느 하나에 해당하는 구역 안의 너비 20m 이상의 도로(등)에 접한 대지 상호 간에 건축하는 건축물의 경우
>   가. 지구단위계획구역, 경관지구 및 미관지구
>   나. 중점경관관리구역
>   다. 특별가로구역
>   라. 도시미관 향상을 위해 허가권자가 지정·공고하는 구역
> 2. (생략)
> 3. 건축물의 정북 방향의 인접대지가 전용주거지역이나 일반주거지역이 아닌 용도지역에 해당하는 경우

> **제86조(일조 등의 확보를 위한 건축물의 높이 제한)**
> ⑥ 제1항부터 제4항까지를 적용할 때 건축물을 건축하려는 대지와 다른 대지 사이에 다음 각 호의 시설 또는 부지가 있는 경우에는 그 반대편의 대지경계선(공동주택은 인접대지경계선과 그 반대편 대지경계선의 중심선)을 인접대지경계선으로 한다. 〈개정 2015.7.6.〉
> 1. 공원(「도시공원 및 녹지 등에 관한 법률」 제2조 제3호에 따른 도시공원 중 지방건축위원회의 심의를 거쳐 허가권자가 공원의 일조 등을 확보할 필요가 있다고 인정하는 공원은 제외한다), 도로, 철도, 하천, 광장, 공공공지, 녹지, 유수지, 자동차 전용도로, 유원지

2. 다음 각 목에 해당하는 대지
   가. 너비(대지경계선에서 가장 가까운 거리를 말한다)가 2m 이하인 대지
   나. 면적이 제80조 각 호에 따른 분할제한 기준 이하인 대지
3. 제1호 및 제2호 외에 건축이 허용되지 아니하는 공지

다음은 건축물의 면적이나 높이 등을 산정할 때 법에서 정해두고 있는 내용이다.

제84조(면적·높이 및 층수의 산정)

건축물의 대지면적, 연면적, 바닥면적, 높이, 처마, 천장, 바닥 및 층수의 산정방법은 대통령령으로 정한다.

제119조(면적 등의 산정방법)
① 법 제84조에 따라 건축물의 면적·높이 및 층수 등은 다음 각 호의 방법에 따라 산정한다. 〈개정 2015.4.24.〉
  1. 대지면적 : 대지의 수평투영면적으로 한다. 다만, 다음 각 목의 어느 하나에 해당하는 면적은 제외한다.
     가. 법 제46조 제1항 단서에 따라 대지에 건축선이 정해진 경우 : 그 건축선과 도로 사이의 대지면적
     나. 대지에 도시·군계획시설인 도로·공원 등이 있는 경우 : 그 도시·군계획시설에 포함되는 대지(「국토의 계획 및 이용에 관한 법률」 제47조 제7항에 따라 건축물 또는 공작물을 설치하는 도시·군계획시설의 부지는 제외한다)면적
  2. 건축면적 : 건축물의 외벽(외벽이 없는 경우에는 외곽 부분의 기둥을 말한다. 이하 이 호에서 같다)의 중심선으로 둘러싸인 부분의 수평투영면적으로 한다. 다만, 다음 각 목의 어느 하나에 해당하는 경우에는 해당 각 목에서 정하는 기준에 따라 산정한다.
     가. 처마, 차양, 부연(附椽), 그 밖에 이와 비슷한 것으로 그 외벽의 중심선으로부터 수평거리 1m 이상 돌출된 부분이 있는 건축물의 건축면적은 그 돌출된 끝부분으로부터 다음의 구분에 따른 수평거리를 후퇴한 선으로 둘러싸인 부분의 수평투영면적으로 한다.

1) 「전통사찰의 보존 및 지원에 관한 법률」 제2조 제1호에 따른 전통사찰 : 4m 이하의 범위에서 외벽의 중심선까지의 거리
2) 가축에게 사료 등을 투여하는 부위의 상부에 한쪽 끝은 고정되고 다른 쪽 끝은 지지가 되지 아니한 구조로 된 돌출차양이 설치된 축사 : 3m 이하의 범위에서 외벽의 중심선까지의 거리
3) 한옥 : 2m 이하의 범위에서 외벽의 중심선까지의 거리
4) 그 밖의 건축물 : 1m

나. (생략)

다. 다음의 경우에는 건축면적에 산입하지 아니한다.
1) 지표면으로부터 1m 이하에 있는 부분(창고 중 물품을 입출고하기 위해 차량을 접안시키는 부분의 경우에는 지표면으로부터 1.5m 이하에 있는 부분)
2) (생략)

3. 바닥면적 : 건축물의 각 층 또는 그 일부로서 벽, 기둥, 그 밖에 이와 비슷한 구획의 중심선으로 둘러싸인 부분의 수평투영면적으로 한다. 다만, 다음 각 목의 어느 하나에 해당하는 경우에는 각 목에서 정하는 바에 따른다.

가. 벽·기둥의 구획이 없는 건축물은 그 지붕 끝부분으로부터 수평거리 1m를 후퇴한 선으로 둘러싸인 수평투영면적으로 한다.

나. 주택의 발코니 등 건축물의 노대나 그 밖에 이와 비슷한 것(이하 "노대등"이라 한다)의 바닥은 난간 등의 설치 여부에 관계없이 노대등의 면적(외벽의 중심선으로부터 노대 등의 끝부분까지의 면적을 말한다)에서 노대등이 접한 가장 긴 외벽에 접한 길이에 1.5m를 곱한 값을 뺀 면적을 바닥면적에 산입한다.

다. 필로티나 그 밖에 이와 비슷한 구조(벽면적의 2분의 1 이상이 그 층의 바닥면에서 위층 바닥 아래 면까지 공간으로 된 것만 해당한다)는 그 부분이 공중의 통행이나 차량의 통행 또는 주차에 전용되는 경우와 공동주택의 경우에는 바닥면적에 산입하지 아니한다.

라. (이하 생략)

4. 연면적 : 하나의 건축물 각 층의 바닥면적의 합계로 하되, 용적률을 산정할 때는 다음 각 목에 해당하는 면적은 제외한다.
가. 지하층의 면적
나. 지상층의 주차용(해당 건축물의 부속용도인 경우만 해당한다)으로 쓰는 면적
다. (생략)

5. 건축물의 높이 : 지표면으로부터 그 건축물의 상단까지의 높이[건축물의 1층 전체에 필로티(건축물을 사용하기 위한 경비실·계단실·승강기실, 그 밖에 이와 비슷한 것을 포함한다)가 설치되어 있는 경우에는 법 제60조 및 법 제61조 제2항을 적용할 때 필로티의 층고를 제외한 높이]로 한다.

건축면적은 건폐율산정 시 사용/바닥면적은 건축물대장이나 등기부에 기재되는 권리면적

흔히 접하는 경매 물건 중에서 위반건축물이라고 표기된 건축물이 있다. 위반건축물은 해소가 가능한지 아니면 해소가 불가능한지, 그리고 해소가 불가능하다면 그에 대한 법률적인 처벌규정은 어떠한지 미리 안다면 입찰하는 데 두려움이 사라질 것이다.

해소가 가능한 위반건축물일지라도 투자 측면에서 판단할 때 이를 해소하지 않고 그대로 안고 가는 것이 좋을 수도 있으므로 위반건축물이 경매로 나왔을 때 크게 신경을 쓰지 않고 입찰해도 된다. 아이러니한 점은 최근 위반건축물의 조치에 관한 내용이 개정되었는데, 자세히 살펴보면 경매나 매매 등으로 소유권이 달라질 경우 위반건축물에 부과되는 이행강제금이 감면된다고 해서 오히려 반가운 소식이 아닐 수 없다.

제80조(이행강제금)

① 허가권자는 시정명령을 받은 후 시정기간 내에 시정명령을 이행하지 아니한 건축주 등에 대해서는 그 시정명령의 이행에 필요한 상당한 이행기한을 정해 그 기한까지 시정명령을 이행하지 아니하면 다음 각 호의 이행강제금을 부과한다. 다만, 연면적(공동주택은 세대 면적을 기준으로 한다)이 $85m^2$ 이하인 주거용 건축물과 제2호 중 주거용 건축물로 대통령령으로서 정하는 경우에는 다음 각 호의 어느 하나에 해당하는 금액

의 2분의 1 범위에서 해당 지방자치단체의 조례로 정하는 금액을 부과한다.〈개정 2015.8.11.〉

　1. 건축물이 제55조와 제56조에 따른 건폐율이나 용적률을 초과해 건축된 경우 또는 허가를 받지 아니하거나 신고를 하지 아니하고 건축된 경우에는「지방세법」에 따라 해당 건축물에 적용되는 $1m^2$의 시가표준액의 100분의 50에 해당하는 금액에 위반면적을 곱한 금액 이하의 범위에서 위반내용에 따라 대통령령으로 정하는 비율을 곱한 금액

　2. 건축물이 제1호 외의 위반건축물에 해당하는 경우에는「지방세법」에 따라 그 건축물에 적용되는 시가표준액에 해당하는 금액의 100분의 10의 범위에서 위반내용에 따라 대통령령으로 정하는 금액

　② 허가권자는 영리목적을 위한 위반이나 상습적 위반 등 대통령령으로 정하는 경우에 제1항에 따른 금액을 100분의 50의 범위에서 가중할 수 있다.〈신설 2015.8.11.〉

　③ 허가권자는 제1항 및 제2항에 따른 이행강제금을 부과하기 전에 제1항 및 제2항에 따른 이행강제금을 부과·징수한다는 뜻을 미리 문서로 계고(戒告)해야 한다.〈개정 2015.8.11.〉

　④ 허가권자는 제1항 및 제2항에 따른 이행강제금을 부과하는 경우 금액, 부과 사유, 납부기한, 수납기관, 이의제기 방법 및 이의제기 기관 등을 구체적으로 밝힌 문서로 해야 한

다. 〈개정 2015.8.11.〉

　⑤ 허가권자는 최초의 시정명령이 있었던 날을 기준으로 1년에 2회 이내의 범위에서 해당 지방자치단체의 조례로 정하는 횟수만큼 그 시정명령이 이행될 때까지 반복해서 제1항 및 제2항에 따른 이행강제금을 부과·징수할 수 있다. 다만, 제1항 각 호 외의 부분 단서에 해당하면 총 부과 횟수가 5회를 넘지 아니하는 범위에서 해당 지방자치단체의 조례로 부과 횟수를 따로 정할 수 있다. 〈개정 2015.8.11.〉

　⑥ 허가권자는 제79조 제1항에 따라 시정명령을 받은 자가 이를 이행하면 새로운 이행강제금의 부과를 즉시 중지하되, 이미 부과된 이행강제금은 징수해야 한다. 〈개정 2015.8.11.〉

　⑦ 허가권자는 제4항에 따라 이행강제금 부과처분을 받은 자가 이행강제금을 납부기한까지 내지 아니하면 「지방세외수입금의 징수 등에 관한 법률」에 따라 징수한다.

〈개정 2013.8.6., 2015.8.11.[시행일 : 2016.2.12.] 제80조〉

제80조의2(이행강제금 부과에 관한 특례)

　① 허가권자는 제80조에 따른 이행강제금을 다음 각 호에서 정하는 바에 따라 감경할 수 있다. 다만, 지방자치단체의 조례로 정하는 기간까지 위반내용을 시정하지 아니한 경우는 제외한다.

　1. 축사 등 농업용·어업용 시설로 500m^2(「수도권정비계획법」

제2조 제1호에 따른 수도권 외의 지역에서는 1,000㎡) 이하인 경우는 5분의 1을 감경

2. 그 밖에 위반동기, 위반범위 및 위반시기 등을 고려해 대통령령으로 정하는 경우(제80조 제2항에 해당하는 경우는 제외한다)에는 2분의 1 범위에서 대통령령으로 정하는 비율을 감경

제115조의4(이행강제금의 감경)
① 법 제80조의2 제1항 제2호에서 "대통령령으로 정하는 경우"란 다음 각 호의 어느 하나에 해당하는 경우를 말한다. 다만, 법 제80조 제1항 각 호 외의 부분 단서에 해당하는 경우는 제외한다.
1. 위반행위 후 소유권이 변경된 경우
2. 임차인이 있어 현실적으로 임대기간 중 위반내용을 시정하기 어려운 경우(법 제79조 제1항에 따른 최초의 시정명령 전에 이미 임대차계약을 체결한 경우로서 해당 계약이 종료되거나 갱신되는 경우는 제외한다) 등 상황의 특수성이 인정되는 경우
3. 위반면적이 30㎡ 이하인 경우(별표 1 제1호부터 제4호까지의 규정에 따른 건축물로 한정하며, 「집합건물의 소유 및 관리에 관한 법률」의 적용을 받는 집합건축물은 제외한다)
4. 「집합건물의 소유 및 관리에 관한 법률」의 적용을 받는 집합건축물의 구분소유자가 위반한 면적이 5㎡ 이하인 경우(별표 1 제2호부터 제4호까지의 규정에 따른 건축물로 한정한다)
5. 법 제22조에 따른 사용승인 당시 존재하던 위반사항으로서 사용승인 이후 확인된 경우
6. 법률 제12516호 가축분뇨의 관리 및 이용에 관한 법률 일부개정법률 부칙 제9조에 따라 같은 조 제1항 각 호에 따른 기간 내에 「가축분뇨의 관리 및 이용에 관한 법률」 제11조에 따른 허가 또는 변경허가를 받거나 신고 또는 변경신고를 하려는 배출시설(처리시설을 포함한다)의 경우
7. 그 밖에 위반행위의 정도와 위반 동기 및 공중에 미치는 영향 등을 고려해 감경이 필요한 경우로서 건축조례로 정하는 경우

> ② 법 제80조의2 제1항 제2호에서 "대통령령으로 정하는 비율"이란 다음 각 호의 구분에 따른 비율을 말한다.
> 1. 제1항 제1호부터 제6호까지의 경우 : 100분의 50
> 2. 제1항 제7호의 경우 : 건축조례로 정하는 비율

② 허가권자는 법률 제4381호 건축법 개정법률의 시행일(1992년 6월 1일을 말한다) 이전에 이 법 또는 이 법에 따른 명령이나 처분을 위반한 주거용 건축물에 관해서는 대통령령으로 정하는 바에 따라 제80조에 따른 이행강제금을 감경할 수 있다.
[본조신설 2015.8.11. (시행일 : 2016.2.12.) 제80조의2]

> ③ 법 제80조의2 제2항에 따른 이행강제금의 감경비율은 다음 각 호와 같다.
> 1. 연면적 85㎡ 이하 주거용 건축물의 경우 : 100분의 80
> 2. 연면적 85㎡ 초과 주거용 건축물의 경우 : 100분의 60
> [본조신설 2016.2.11.]

상기 내용을 보면 주거용 건축물일 경우 국가의 정책적인 측면을 고려해서인지 이행강제금의 완화규정이 신설된 것을 확인할 수 있다. 주거용 경매 물건을 검토하는 데 메리트가 될 수 있는 요인이 아닐 수 없다.

아무리 건축법적으로 뛰어난 조건을 갖춘 토지일지라도 주차장을 설치하기 어려운 토지라면 무용지물이나 마찬가지다.

그러한 측면에서 판단한다면 건축법의 기본적인 핵심내용 못지않게 주차장법에서 정하고 있는 주차대수 산정 또는 주차위치에 관한 설계기법을 기본적으로 알아두어야 할 필요가 있다.

필자는 초기에 주차설계가 필요한 경매 물건을 접했을 경우 잘 아는 건축설계사에게 수시로 가설계를 의뢰했다. 그러나 그것도 한두 번이지 10번을 넘게 부탁하다 보면 상대방이 어떤 기분인지 금방 느낄 수 있었다. 미안한 마음에서 최소한의 경비를 지급하기는 했지만, 가설계를 의뢰할 때마다 비용을 지출한다는 것도 여의치 않았다. 그때그때 즉시 회신을 받을 수 있는 것이 아닌 탓에 답답하기 그지없었다. 결국 관련 법문과 지자체 조례를 연구하는 시간과 그에 관한 오류검색을 할 기회를 얻을 수 있었는데, 그 결과 이제는 조금 편안한 마음으로 대략적인 가설계를 할 수 있게 되었다.

독자분들도 그리 어렵지 않은 이 분야를 조금만 더 공부한다면 토지 경매 투자에서 훨씬 뛰어난 경쟁력을 확보하게 될 것이다. 그런 의미에서 아주 간단하고 기초적인 부분만 요약해서 원용해보겠다.

주차장의 설비기준 등

특별시·광역시·특별자치도·시·군 또는 자치구는 해당 지역의 주차장 실태 등을 고려해 필요하다고 인정하는 경우에는 주차장의 구조·설비기준 등에 필요한 사항을 해당 지방자치단체의 조례로 달리 정할 수 있으므로 해당 법률의 기본적인 내용을 이해했다면 바로 지자체 주차장조례를 찾아서 그 설비기준을 검색해봐야 한다.

아래의 내용은 법률에서 정하고 있는 내용을 원용해보았다.

[별표 1]
부설주차장의 설치대상 시설물 종류 및 설치기준(제6조 제1항 관련)

시설물	설치기준
1. 위락시설	· 시설면적 100㎡당 1대(시설면적/100㎡)
2. 문화 및 집회시설(관람장은 제외한다), 종교시설, 판매시설, 운수시설, 의료시설(정신병원·요양병원 및 격리병원은 제외한다), 운동시설(골프장·골프연습장 및 옥외 수영장은 제외한다), 업무시설(외국공관 및 오피스텔은 제외한다), 방송통신시설 중 방송국, 장례식장	· 시설면적 150㎡당 1대(시설면적/150㎡)
3. 제1종 근린생활시설[「건축법 시행령」 별표 1 제3호 바목 및 사목(공중화장실, 대피소, 지역아동센터는 제외한다)은 제외한다], 제2종 근린생활시설, 숙박시설	· 시설면적 200㎡당 1대(시설면적/200㎡)
4. 단독주택(다가구주택은 제외한다)	· 시설면적 50㎡ 초과 150㎡ 이하 : 1대 · 시설면적 150㎡ 초과 : 1대에 150㎡를 초과하는 100㎡당 1대를 더한 대수[1+(시설면적-150㎡)/100㎡]
5. 다가구주택, 공동주택(기숙사는 제외한다), 업무시설 중 오피스텔	·「주택건설기준 등에 관한 규정」 제27조 제1항에 따라 산정된 주차대수. 이 경우 다가구주택 및 오피스텔의 전용면적은 공동주택의 전용면적 산정방법을 따른다.
6. 골프장, 골프연습장, 옥외 수영장, 관람장	· 골프장 : 1홀당 10대(홀의 수×10) · 골프연습장 : 1타석당 1대(타석의 수×1) · 옥외 수영장 : 정원 15명당 1대(정원/15명) · 관람장 : 정원 100명당 1대(정원/100명)

7. 수련시설, 공장(아파트형은 제외한다), 발전시설	· 시설면적 350㎡당 1대(시설면적/350㎡)
8. 창고시설	· 시설면적 400㎡당 1대(시설면적/400㎡)
9. 학생용 기숙사	· 시설면적 400㎡당 1대(시설면적/400㎡)
10. 그 밖의 건축물	· 시설면적 300㎡당 1대(시설면적/300㎡)

비고
1. 시설물의 종류는 다른 법령에 특별한 규정이 없으면 「건축법 시행령」 별표 1에 따르되, 다음 각 목의 어느 하나에 해당하는 시설물을 건축하거나 설치하려는 경우에는 부설주차장을 설치하지 않을 수 있다.
   가~바(생략)
   사. 「건축법 시행령」 제6조 제1항 제4호에 따른 전통한옥 밀집지역 안에 있는 전통한옥
2. 시설물의 시설면적은 공용면적을 포함한 바닥면적의 합계를 말하되, 하나의 부지 안에 둘 이상의 시설물이 있는 경우에는 각 시설물의 시설면적을 합한 면적을 시설면적으로 하며, 시설물 안의 주차를 위한 시설의 바닥면적은 그 시설물의 시설면적에서 제외한다.
3. 시설물의 소유자는 부설주차장(해당 시설물의 부지에 설치하는 부설주차장은 제외한다)의 부지(「공간정보의 구축 및 관리 등에 관한 법률」 제67조 제1항에 따른 주차장지목만을 말한다)의 소유권을 취득해, 이를 주차장전용으로 제공해야 한다. 다만, 주차전용 건축물에 부설주차장을 설치하는 경우에는 그 건축물의 소유권을 취득해야 한다.
4. 용도가 다른 시설물이 복합된 시설물에 설치해야 하는 부설주차장의 주차대수는 용도가 다른 시설물별 설치기준에 따라 산정(위 표 제5호의 시설물은 주차대수의 산정대상에서 제외하되, 비고 제8호에서 정한 기준을 적용해 산정된 주차대수는 따로 합산한다)한 소수점 이하 첫째 자리까지의 주차대수를 합해 산정한다. 다만, 단독주택(다가구주택은 제외한다. 이하 이 호에서 같다)의 용도로 사용되는 시설의 면적이 50㎡ 이하인 경우 단독주택의 용도로 사용되는 시설의 면적에 대한 부설주차장의 주차대수는 단독주택의 용도로 사용되는 시설의 면적을 100㎡로 나눈 대수로 한다.
   예) 근생고시원 상층의 단독주택은 50 이하일 경우 100으로 나눈 수를 합산해 주차대수 계산
5. 증축의 경우(생략)
6. 설치기준(위 표 제5호에 따른 설치기준은 제외한다. 이하 이 호에서 같다)에 따라 주차대수를 산정할 때 소수점 이하의 수(시설물을 증축하는 경우 먼저 증축하는 부분에 대해 설치기준을 적용해 산정한 수가 0.5 미만일 때는 그 수와 나중에 증축하는 부분들에 대해 설치기준을 적용해 산정한 수를 합산한 수의 소수점 이하의 수. 이 경우 합산한 수가 0.5 미만일 때는 0.5 이상이 될 때까지 합산해야 한다)가 0.5 이상인 경우에는 이를 1로 본다. 다만, 해당 시설물 전체에 대해 설치기준(시설물을 설치한 후 법령·조례의 개정 등으로 설치기준 또는 설치제한기준이 변경된 경우에는 변경된 설치기준 또는 설치제한기준을 말한다)을 적용해 산정한 총주차대수가 1대 미만인 경우에는 주차대수를 0으로 본다.
7. 용도 변경되는 부분은 설치기준을 적용해 산정한 주차대수가 1대 미만인 경우에는 주

차대수를 0으로 본다. 다만, 용도 변경되는 부분에 대해 설치기준을 적용해 산정한 주차대수의 합(2회 이상 나누어 용도 변경하는 경우를 포함한다)이 1대 이상인 경우에는 그러하지 아니하다.
8. 단독주택 및 공동주택 중 「주택건설기준 등에 관한 규정」이 적용되는 주택에 대해서는 같은 규정에 따른 기준을 적용한다.
9. (생략)
10. 「장애인·노인·임산부 등의 편의증진 보장에 관한 법률 시행령」 제4조 또는 「교통약자의 이동편의 증진법 시행령」 제12조에 따라 장애인전용 주차구역을 설치해야 하는 시설물에는 부설주차장 설치기준에 따른 부설주차장 주차대수의 2%부터 4%까지의 범위에서 장애인의 주차수요를 고려해 지방자치단체의 조례로 정하는 비율 이상을 장애인 전용 주차구획으로 구분·설치해야 한다. 다만, 부설주차장의 설치기준에 따른 부설주차장의 주차대수가 10대 미만인 경우에는 그러하지 아니하다.
11. (생략)

주차장의 주차구획

주차장의 주차단위구획은 다음과 같다. 우리가 일반적으로 차량을 주차할 경우 주차장의 흰색 선끼리의 간격을 표시해 놓은 표다.

1. 평행주차형식의 경우

구분	너비	길이
경형	1.7m 이상	4.5m 이상
일반형	2.0m 이상	6.0m 이상
보도와 차도의 구분이 없는 주거지역의 도로	2.0m 이상	5.0m 이상
이륜자동차 전용	1.0m 이상	2.3m 이상

2. 평행주차형식 외의 경우

구분	너비	길이
경형	2.0m 이상	3.6m 이상
일반형	2.3m 이상	5.0m 이상
확장형	2.5m 이상	5.1m 이상
장애인 전용	3.3m 이상	5.0m 이상
이륜자동차 전용	1.0m 이상	2.3m 이상

부설주차장의 구조·설비기준

부설주차장의 총주차대수 규모가 8대 이하인 자주식주차장(지평식 및 건축물식 중 필로티 구조만 해당한다)의 구조 및 설비기준은 다음 각 호에 따른다.

1. 차로의 너비는 2.5m 이상으로 한다. 다만, 주차단위구획과 접해 있는 차로의 너비는 주차형식에 따라 다음 표에 따른 기준 이상으로 해야 한다.

주차형식	차로의 너비
평행주차	3.0m
직각주차	6.0m
60도 대향주차	4.0m
45도 대향주차	3.5m
교차주차	3.5m

2. 보도와 차도의 구분이 없는 너비 12m 미만의 도로에 접해 있는 부설주차장은 그 도로를 차로로 해서 주차단위구획을 배치할 수 있다. 이 경우 차로의 너비는 도로를 포함해 6m 이상(평행주차형식인 경우에는 도로를 포함해 4m 이상)으로 하고, 도로의 포함 범위는 중앙선까지로 한다. 중앙선이 없는 경우에는 도로 반대쪽 경계선까지로 한다.

3. 보도와 차도의 구분이 있는 12m 이상의 도로에 접해 있고, 주차대수가 5대 이하인 부설주차장은 그 주차장의 이용에 지장이 없는 경우만 그 도로를 차로로 해서 직각주차형식으로 주차단위구획을 배치할 수 있다.

4. 주차대수 5대 이하의 주차단위구획은 차로를 기준으로 세로로 2대까지 접해 배치할 수 있다.

5. 출입구의 너비는 3m 이상으로 한다. 다만, 막다른 도로에 접해 있는 부설주차장으로서 시장·군수 또는 구청장이 차량의 소통에 지장이 없다고 인정하는 경우에는 2.5m 이상으로 할 수 있다.

6. 보행인의 통행로가 필요한 경우에는 시설물과 주차단위구획 사이에 0.5m 이상의 거리를 두어야 한다.

[서울시 조례 별표]
[별표 2]

부설주차장의 설치대상 시설물 종류 및 설치기준(제20조 제1항 관련)

시설물	설치기준
1. 위락시설	시설면적 67㎡당 1대
2. 문화 및 집회시설(관람장을 제외한다), 종교시설, 판매시설, 운수시설, 의료시설(정신병원·요양병원 및 격리병원을 제외한다), 운동시설(골프장·골프연습장 및 옥외 수영장을 제외한다), 업무시설(외국공관 및 오피스텔을 제외한다), 방송통신시설중 방송국, 장례식장	시설면적 100㎡당 1대
2-1. 업무시설(외국공관 및 오피스텔을 제외한다)	일반업무시설 : 시설면적 100㎡당 1대 공공업무시설 : 시설면적 200㎡당 1대
3. 제1종근린생활시설(제3호 바목 및 사목을 제외한다), 제2종 근린생활시설, 숙박시설	시설면적 134㎡당 1대
4. 단독주택(다가구주택을 제외한다)	시설면적 50㎡ 초과 150㎡ 이하 : 1대 시설면적 150㎡ 초과 : 1대에 150㎡를 초과하는 100㎡당 1대를 더한 대수[1+(시설면적-150㎡)/100㎡]
5. 다가구주택, 공동주택(외국공관 안의 주택 등의 시설물 및 기숙사를 제외한다) 및 업무시설 중 오피스텔	「주택건설기준 등에 관한 규정」 제27조 제1항에 따라 산정된 주차대수(다가구주택, 오피스텔의 전용면적은 공동주택 전용면적 산정방법을 따른다)로 하되, 주차대수가 세대당 1대에 미달되는 경우에는 세대당(오피스텔에서 호실별로 구분되는 경우에는 호실당) 1대(전용면적이 30㎡ 이하인 경우에는 0.5대, 60㎡ 이하인 경우 0.8대) 이상으로 한다. 다만, 주택법 시행령 제3조 규정에 의한 도시형 생활주택 원룸형은 「주택건설기준 등에 관한 규정」 제27조의 규정에서 정하는 바에 따른다.
6. 골프장, 골프연습장, 옥외 수영장, 관람장	골프장 : 1홀당 10대 골프연습장 : 1타석당 1대 옥외 수영장 : 정원 15인당 1대 관람장 : 정원 100인당 1대
7. 수련시설, 공장(아파트형 제외), 발전시설	시설면적 233㎡당 1대
8. 창고시설	시설면적 267㎡당 1대
9. 그 밖의 건축물	· 대학생기숙사 : 시설면적 400㎡당 1대 · 대학생기숙사를 제외한 그 밖의 건축물 : 시설면적 200㎡ 당 1대

주택건설기준 등에 관한 규정

제27조(주차장)

① 다음 각 호의 어느 하나에 해당하는 주택은 해당 호에서 정하는 기준(소수점 이하의 끝수는 이를 1대로 본다) 이상의 주차장을 설치해야 한다.

1. 주택단지에는 주택의 전용면적의 합계를 기준으로 다음 표에서 정하는 면적당 대수의 비율로 산정한 주차대수 이상의 주차장을 설치하되, 세대당 주차대수가 1대(세대당 전용면적이 $60m^2$ 이하인 경우에는 0.7대) 이상이 되도록 해야 한다.

주택규모별 (전용면적 : ㎡)	주차장 설치기준(대/㎡)			
	가. 특별시	나. 광역시·특별 자치시 및 수도권 내의 시지역	다. 가목 및 나목 외의 시지역과 수 도권 내의 군지역	라. 그 밖의 지역
85 이하	1/75	1/85	1/95	1/110
85 초과	1/65	1/70	1/75	1/85

2. 「주택법 시행령」 제3조 제1항 제2호에 따른 원룸형 주택은 제1호에도 불구하고 세대당 주차대수가 0.6대(세대당 전용면적이 $30m^2$ 미만인 경우에는 0.5대) 이상이 되도록 주차장을 설치해야 한다. 다만, 지역별 차량보유율 등을 고려해서 설치기

준의 2분의 1 범위에서 특별시·광역시·특별자치시·특별자치도·시 또는 군의 조례로 강화하거나 완화해 정할 수 있다.

　이상과 같은 내용을 골자로 주차장 가설계를 하는 데 참조할 수 있을 것이다. 사례를 통해서 주차장 가설계를 하는 방법은 책자로 서술하기에는 아직 필자의 능력과 노하우가 부족해 강의를 통해 들을 기회를 얻기를 간절히 바란다.

제 3 강

건축물의 종류 분석과
지목 투자의 비밀

    부동산을 통해서 가치를 판단하고 수익을 내고자 하는 분이라면 다음 장에 기술해놓은 용도별 건축물의 종류에 관한 기본적인 지식을 무조건 갖추고 있어야 한다. 대한민국의 건축법에서 정하고 있는 건축물의 종류를 어떤 기준으로 분류해놓았는지 파악하지 못하면 토지 경매를 이해하는 데 한 발자국도 앞으로 나아갈 수 없다.

    독자분들은 건축법에서 말하는 단독주택과 공동주택을 제대로 구분할 수 있는가? 필자가 생각하기에는 많은 분이 이 개념을 제대로 이해하지 못하는 것 같다. 예를 들어 5층 건물이면서 15세대가 입주해 따로따로 사는 소위 빌라처럼 되어 있는 건축물을 보고 단독주택인지 공동주택인지조차도 구분할 수 없다면 투자 현장에서 치명적인 실수를 저지르게 된다.

더욱이 다세대주택 2층에 상가가 입주해 있는 호실이 경매로 나왔음에도 실상은 주거용으로 사용하고 있을 경우 주택으로 용도변경이 가능할 것으로 생각하는 분이 부지기수로 많은 점을 감안할 때, 반드시 이 장에서 첨부한 용도별 건축물의 종류 개념을 제대로 이해해야 한다. 이 개념을 제대로 이해한다면 용도변경이 불가능하다는 사실을 자연스럽게 알 수 있을 것이다.

똑같은 슈퍼마켓인데도 어떤 점포는 제1종 근린생활시설이고, 어떤 경우에는 판매시설이 된다. 똑같은 제과점이나 휴게음식점도 어떤 경우에는 1종 근린생활시설이고, 면적이 클 경우에는 2종 근린생활시설이 된다. 탁구장이나 체육도장도 면적에 따라 1종 근린생활시설이 되기도 하고, 운동시설이 되기도 한다.

2종 근린생활시설에 포함되는 DVD방도 일정 면적을 초과할 시 문화집회시설이 되고, 종교집회장과 종교시설도 그 종류를 서로 달리하고 있다. 자동차 영업소도 면적이 넓어지면 업무시설이 되고, PC방도 대형 PC방은 판매시설이 된다.

상가에서 많이 볼 수 있는 학원도 면적기준에 따라서 2종 근린생활시설이 되기도 하고, 교육연구시설이 되기도 한다. 단란주점과 위락시설도 마찬가지다. 이러한 면적기준으로 건축물의 종류를 달리하는 이유는 국토의 계획 및 이용에 관한 법률에서 정하고 있는 토지의 용도지역별로 입점이 가능한 건축물이나 입점이 불가능한 업종을 달리 정해두었기 때문이다. 말하자면 같은 학원인데도 면적에 따라서 어떤 용도지역에는 입점이 안 되고, 어떤 용도지역에는 입점이 되는 현상이 발생할 수 있다.

부동산의 행위제한과 관련된 내용을 담고 있는 모든 개별법에서는 아래 건축물의 종류를 기준으로 설명하므로 토지나 상가 경매를 염두에 두고 있는 분들이라면 무조건 기본적으로 이해해야 한다.

[별표 1] 〈개정 2016.7.19.〉

용도별 건축물의 종류(제3조의5 관련)

1. 단독주택[단독주택의 형태를 갖춘 가정어린이집·공동생활가정·지역아동센터·노인복지시설(노인복지주택은 제외한다)을 포함한다]

   가. 단독주택

   나. 다중주택 : 다음의 요건을 모두 갖춘 주택을 말한다.
   1) 학생 또는 직장인 등 여러 사람이 장기간 거주할 수 있는 구조로 되어 있는 것
   2) 독립된 주거의 형태를 갖추지 아니한 것(실별로 욕실은 설치할 수 있으나, 취사시설은 설치하지 아니한 것을 말한다. 이하 같다)
   3) 연면적이 330㎡ 이하이고 층수가 3층 이하인 것

   다. 다가구주택 : 다음의 요건을 모두 갖춘 주택으로 공동주택에 해당하지 아니하는 것을 말한다.
   1) 주택으로 쓰는 층수(지하층은 제외한다)가 3개 층 이하일 것. 다만, 1층의 바닥면적 2분의 1 이상을 필로티 구조로 해서 주차장으로 사

용하고 나머지 부분을 주택 외의 용도로 쓰는 경우에는 해당 층을 주택의 층수에서 제외한다.
2) 1개 동의 주택으로 쓰이는 바닥면적(부설 주차장 면적은 제외한다. 이하 같다)의 합계가 660㎡ 이하일 것
3) 19세대 이하가 거주할 수 있을 것
라. 공관(公館)

2. 공동주택[공동주택의 형태를 갖춘 가정어린이집·공동생활가정·지역아동센터·노인복지시설(노인복지주택은 제외한다) 및 「주택법 시행령」 제3조 제1항에 따른 원룸형 주택을 포함한다]. 다만, 가목이나 나목에서 층수를 산정할 때 1층 전부를 필로티 구조로 해서 주차장으로 사용하는 경우에는 필로티 부분을 층수에서 제외하고, 다목에서 층수를 산정할 때 1층의 바닥면적 2분의 1 이상을 필로티 구조로 해서 주차장으로 사용하고 나머지 부분을 주택 외의 용도로 쓰는 경우에는 해당 층을 주택의 층수에서 제외하며, 가목부터 라목까지의 규정에서 층수를 산정할 때 지하층을 주택의 층수에서 제외한다.
가. 아파트 : 주택으로 쓰는 층수가 5개 층 이상인 주택
나. 연립주택 : 주택으로 쓰는 1개 동의 바닥면적(2개 이상의 동을 지하주차장으로 연결하는 경우에는 각각의 동으로 본다) 합계가 660㎡를 초과하고, 층수가 4개 층 이하인 주택
다. 다세대주택 : 주택으로 쓰는 1개 동의 바닥면적 합계가 660㎡ 이하이고, 층수가 4개 층 이하인 주택(2개 이상의 동을 지하주차장으로 연결하는 경우에는 각각의 동으로 본다)
라. 기숙사 : 학교 또는 공장 등의 학생 또는 종업원 등을 위해 쓰는 것으로 1개 동의 공동취사시설 이용 세대수가 전체의 50% 이상인 것(「교육기본법」 제27조 제2항에 따른 학생복지주택을 포함한다)

3. 제1종 근린생활시설
가. 식품·잡화·의류·완구·서적·건축자재·의약품·의료기기 등 일용품을 판매하는 소매점으로 같은 건축물(하나의 대지에 2개 동 이상의 건축물이

있는 경우에는 이를 같은 건축물로 본다. 이하 같다)에 해당 용도로 쓰는 바닥면적의 합계가 1,000㎡ 미만인 것

나. 휴게음식점·제과점 등 음료·차(茶)·음식·빵·떡·과자 등을 조리하거나 제조해 판매하는 시설(제4호 너목 또는 제17호에 해당하는 것은 제외한다)로 같은 건축물에 해당 용도로 쓰는 바닥면적의 합계가 300㎡ 미만인 것

다. 이용원·미용원·목욕장·세탁소 등 사람의 위생관리나 의류 등을 세탁·수선하는 시설(세탁소의 경우 공장에 부설되는 것과 「대기환경보전법」, 「수질 및 수생태계 보전에 관한 법률」 또는 「소음·진동관리법」에 따른 배출시설의 설치허가 또는 신고의 대상인 것은 제외한다)

라. 의원·치과의원·한의원·침술원·접골원(接骨院)·조산원·안마원·산후조리원 등 주민의 진료·치료 등을 위한 시설

마. 탁구장·체육도장으로 같은 건축물에 해당 용도로 쓰는 바닥면적의 합계가 500㎡ 미만인 것

바. 지역자치센터·파출소·지구대·소방서·우체국·방송국·보건소·공공도서관·건강보험공단사무소 등 공공업무시설로 같은 건축물에 해당 용도로 쓰는 바닥면적의 합계가 1,000㎡ 미만인 것

사. 마을회관·마을공동작업소·마을공동구판장·공중화장실·대피소·지역아동센터(단독주택과 공동주택에 해당하는 것은 제외한다) 등 주민이 공동으로 이용하는 시설

아. 변전소·도시가스배관시설·통신용시설(해당 용도로 쓰는 바닥면적의 합계가 1,000㎡ 미만인 것에 한정한다)·정수장·양수장 등 주민의 생활에 필요한 에너지공급·통신서비스 제공이나 급수·배수와 관련된 시설

4. 제2종 근린생활시설

가. 공연장(극장·영화관·연예장·음악당·서커스장·비디오물감상실·비디오물소극장, 그 밖에 이와 비슷한 것을 말한다. 이하 같다)으로 같은 건축물에 해당 용도로 쓰는 바닥면적의 합계가 500㎡ 미만인 것

나. 종교집회장[교회·성당·사찰·기도원·수도원·수녀원·제실(祭室)·사당·그

밖에 이와 비슷한 것을 말한다. 이하 같다]으로서 같은 건축물에 해당 용도로 쓰는 바닥면적의 합계가 500㎡ 미만인 것
다. 자동차영업소로 같은 건축물에 해당 용도로 쓰는 바닥면적의 합계가 1,000㎡ 미만인 것
라. 서점(제1종 근린생활시설에 해당하지 않는 것)
마. 총포판매소
바. 사진관, 표구점
사. 청소년게임제공업소·복합유통게임제공업소·인터넷컴퓨터게임시설제공업소, 그 밖에 이와 비슷한 게임관련시설로 같은 건축물에 해당 용도로 쓰는 바닥면적의 합계가 500㎡ 미만인 것
아. 휴게음식점·제과점 등 음료·차(茶)·음식·빵·떡·과자 등을 조리하거나 제조해 판매하는 시설(너목 또는 제17호에 해당하는 것은 제외한다)로 같은 건축물에 해당 용도로 쓰는 바닥면적의 합계가 300㎡ 이상인 것
자. 일반음식점
차. 장의사·동물병원·동물미용실, 그 밖에 이와 유사한 것
카. 학원(자동차학원·무도학원 및 정보통신기술을 활용해 원격으로 교습하는 것은 제외한다), 교습소(자동차교습·무도교습 및 정보통신기술을 활용해 원격으로 교습하는 것은 제외한다), 직업훈련소(운전·정비 관련 직업훈련소는 제외한다)로 같은 건축물에 해당 용도로 쓰는 바닥면적의 합계가 500㎡ 미만인 것
타. 독서실, 기원
파. 테니스장·체력단련장·에어로빅장·볼링장·당구장·실내낚시터·골프연습장·놀이형시설(「관광진흥법」에 따른 기타유원시설업의 시설을 말한다. 이하 같다) 등 주민의 체육 활동을 위한 시설(제3호 마목의 시설은 제외한다)로 같은 건축물에 해당 용도로 쓰는 바닥면적의 합계가 500㎡ 미만인 것
하. 금융업소·사무소·부동산중개사무소·결혼상담소 등 소개업소·출판사 등 일반업무시설로 같은 건축물에 해당 용도로 쓰는 바닥면적의 합계가 500㎡ 미만인 것

거. 다중생활시설(「다중이용업소의 안전관리에 관한 특별법」에 따른 다중이용업 중 고시원업의 시설로 국토교통부장관이 고시하는 기준에 적합한 것을 말한다. 이하 같다)로 같은 건축물에 해당 용도로 쓰는 바닥면적의 합계가 500㎡ 미만인 것

너. 제조업소, 수리점 등 물품의 제조·가공·수리 등을 위한 시설로 같은 건축물에 해당 용도로 쓰는 바닥면적의 합계가 500㎡ 미만이고, 다음 요건 중 어느 하나에 해당하는 것

   1) 「대기환경보전법」, 「수질 및 수생태계 보전에 관한 법률」 또는 「소음·진동관리법」에 따른 배출시설의 설치허가 또는 신고의 대상이 아닌 것

   2) 「대기환경보전법」, 「수질 및 수생태계 보전에 관한 법률」 또는 「소음·진동관리법」에 따른 배출시설의 설치허가 또는 신고의 대상 시설이나 귀금속·장신구 및 관련 제품 제조시설로 발생되는 폐수를 전량 위탁 처리하는 것

더. 단란주점으로 같은 건축물에 해당 용도로 쓰는 바닥면적의 합계가 150㎡ 미만인 것

러. 안마시술소, 노래연습장

5. 문화 및 집회시설

  가. 공연장으로 제2종 근린생활시설에 해당하지 아니하는 것

  나. 집회장[예식장·공회당·회의장·마권(馬券)장외발매소·마권전화투표소, 그 밖에 이와 비슷한 것을 말한다]으로 제2종 근린생활시설에 해당하지 아니하는 것

  다. 관람장(경마장·경륜장·경정장·자동차 경기장, 그 밖에 이와 비슷한 것과 체육관 및 운동장으로 관람석의 바닥면적의 합계가 1,000㎡ 이상인 것을 말한다)

  라. 전시장(박물관·미술관·과학관·문화관·체험관·기념관·산업전시장·박람회장, 그 밖에 이와 비슷한 것을 말한다)

  마. 동·식물원(동물원·식물원·수족관, 그 밖에 이와 비슷한 것을 말한다)

6. 종교시설
    가. 종교집회장으로 제2종 근린생활시설에 해당하지 아니하는 것
    나. 종교집회장(제2종 근린생활시설에 해당하지 아니하는 것을 말한다)에 설치하는 봉안당(奉安堂)

7. 판매시설
    가. 도매시장(「농수산물유통 및 가격안정에 관한 법률」에 따른 농수산물 도매시장·농수산물공판장, 그 밖에 이와 비슷한 것을 말하며, 그 안에 있는 근린생활시설을 포함한다)
    나. 소매시장(「유통산업발전법」 제2조 제3호에 따른 대규모 점포, 그 밖에 이와 비슷한 것을 말하며, 그 안에 있는 근린생활시설을 포함한다)
    다. 상점(그 안에 있는 근린생활시설을 포함한다)으로 다음의 요건 중 어느 하나에 해당하는 것
        1) 제3호 가목에 해당하는 용도(서점은 제외한다)로 제1종 근린생활시설에 해당하지 아니하는 것
        2) 「게임산업진흥에 관한 법률」 제2조 제6호의2 가목에 따른 청소년게임제공업의 시설, 같은 호 나목에 따른 일반게임제공업의 시설, 같은 조 제7호에 따른 인터넷컴퓨터게임시설 제공업의 시설 및 같은 조 제8호에 따른 복합유통게임제공업의 시설로 제2종 근린생활시설에 해당하지 아니하는 것

8. 운수시설
    가. 여객자동차터미널
    나. 철도시설
    다. 공항시설
    라. 항만시설
    마. 삭제 〈2009.7.16.〉

9. 의료시설
    가. 병원(종합병원·병원·치과병원·한방병원·정신병원 및 요양병원을 말한다)

나. 격리병원(전염병원, 마약진료소, 그 밖에 이와 비슷한 것을 말한다)

10. 교육연구시설(제2종 근린생활시설에 해당하는 것은 제외한다)

    가. 학교(유치원·초등학교·중학교·고등학교·전문대학·대학·대학교, 그 밖에 이에 따르는 각종 학교를 말한다)

    나. 교육원(연수원, 그 밖에 이와 비슷한 것을 포함한다)

    다. 직업훈련소(운전 및 정비 관련 직업훈련소는 제외한다)

    라. 학원(자동차학원·무도학원 및 정보통신기술을 활용해 원격으로 교습하는 것은 제외한다)

    마. 연구소(연구소에 따르는 시험소와 계측계량소를 포함한다)

    바. 도서관

11. 노유자시설

    가. 아동관련시설(어린이집, 아동복지시설, 그 밖에 이와 비슷한 것으로 단독주택·공동주택 및 제1종 근린생활시설에 해당하지 아니하는 것을 말한다)

    나. 노인복지시설(단독주택·공동주택에 해당하지 아니하는 것을 말한다)

    다. 그 밖에 다른 용도로 분류되지 아니한 사회복지시설 및 근로복지시설

12. 수련시설

    가. 생활권 수련시설(「청소년활동진흥법」에 따른 청소년수련관, 청소년문화의집, 청소년특화시설, 그 밖에 이와 비슷한 것을 말한다)

    나. 자연권 수련시설(「청소년활동진흥법」에 따른 청소년수련원, 청소년야영장, 그 밖에 이와 비슷한 것을 말한다)

    다. 「청소년활동진흥법」에 따른 유스호스텔

    라. 「관광진흥법」에 따른 야영장 시설로 제29호에 해당하지 아니하는 시설

13. 운동시설

    가. 탁구장·체육도장·테니스장·체력단련장·에어로빅장·볼링장·당구장·실내낚시터·골프연습장·놀이형시설, 그 밖에 이와 비슷한 것으로 제1종 근린생활시설 및 제2종 근린생활시설에 해당하지 아니하

는 것

나. 체육관으로 관람석이 없거나 관람석의 바닥면적이 1,000㎡ 미만인 것

다. 운동장(육상장·구기장·볼링장·수영장·스케이트장·롤러스케이트장·승마장·사격장·궁도장·골프장 등과 이에 딸린 건축물을 말한다)으로 관람석이 없거나 관람석의 바닥면적이 1,000㎡ 미만인 것

14. 업무시설

가. 공공업무시설 : 국가 또는 지방자치단체의 청사와 외국공관의 건축물로 제1종 근린생활시설에 해당하지 아니하는 것

나. 일반업무시설 : 다음 요건을 갖춘 업무시설을 말한다.
1) 금융업소·사무소·결혼상담소 등 소개업소, 출판사·신문사, 그 밖에 이와 비슷한 것으로서 제2종 근린생활시설에 해당하지 않는 것
2) 오피스텔(업무를 주로 하며, 분양하거나 임대하는 구획 중 일부 구획에서 숙식을 할 수 있도록 한 건축물로서 국토교통부장관이 고시하는 기준에 적합한 것을 말한다)

15. 숙박시설

가. 일반숙박시설 및 생활숙박시설

나. 관광숙박시설(관광호텔·수상관광호텔·한국전통호텔·가족호텔·호스텔·소형호텔·의료관광호텔 및 휴양 콘도미니엄)

다. 다중생활시설(제2종 근린생활시설에 해당하지 아니하는 것을 말한다)

라. 그 밖에 가목부터 다목까지의 시설과 비슷한 것

16. 위락시설

가. 단란주점으로 제2종 근린생활시설에 해당하지 아니하는 것

나. 유흥주점이나 그 밖에 이와 비슷한 것

다. 「관광진흥법」에 따른 유원시설업의 시설, 그 밖에 이와 비슷한 시설 (제2종 근린생활시설과 운동시설에 해당하는 것은 제외한다)

라. 삭제〈2010.2.18.〉

마. 무도장, 무도학원
　　　바. 카지노영업소

17. 공장
물품의 제조·가공[염색·도장(塗裝)·표백·재봉·건조·인쇄 등을 포함한다] 또는 수리에 계속적으로 이용되는 건축물로 제1종 근린생활시설·제2종 근린생활시설·위험물저장 및 처리시설·자동차관련시설·자원순환관련시설 등으로 따로 분류되지 아니한 것

18. 창고시설(위험물저장 및 처리 시설 또는 그 부속용도에 해당하는 것은 제외한다)
　　　가. 창고(물품저장시설로 「물류정책기본법」에 따른 일반창고와 냉장 및 냉동
　　　　　창고를 포함한다)
　　　나. 하역장
　　　다. 「물류시설의 개발 및 운영에 관한 법률」에 따른 물류터미널
　　　라. 집배송 시설

19. 위험물저장 및 처리시설
「위험물안전관리법」·「석유 및 석유대체연료 사업법」·「도시가스사업법」·「고압가스 안전관리법」·「액화석유가스의 안전관리 및 사업법」·「총포·도검·화약류 등 단속법」·「유해화학물질 관리법」 등에 따라 설치 또는 영업의 허가를 받아야 하는 건축물로서 다음 각 목의 어느 하나에 해당하는 것. 다만, 자가난방·자가발전, 그 밖에 이와 비슷한 목적으로 쓰는 저장시설은 제외한다.
　　　가. 주유소(기계식 세차설비를 포함한다) 및 석유판매소
　　　나. 액화석유가스충전소·판매소·저장소(기계식 세차설비를 포함한다)
　　　다. 위험물제조소·저장소·취급소
　　　라. 액화가스취급소·판매소
　　　마. 유독물 보관·저장·판매시설
　　　바. 고압가스충전소·판매소·저장소
　　　사. 도료류판매소

아. 도시가스제조시설

자. 화약류저장소

차. 그 밖에 가목부터 자목까지의 시설과 비슷한 것

20. 자동차관련시설(건설기계관련시설을 포함한다)

    가. 주차장

    나. 세차장

    다. 폐차장

    라. 검사장

    마. 매매장

    바. 정비공장

    사. 운전학원 및 정비학원(운전 및 정비 관련 직업훈련시설을 포함한다)

    아. 「여객자동차 운수사업법」, 「화물자동차 운수사업법」 및 「건설기계관리법」에 따른 차고 및 주기장(駐機場)

21. 동물 및 식물관련시설

    가. 축사(양잠·양봉·양어시설 및 부화장 등을 포함한다)

    나. 가축시설[가축용운동시설·인공수정센터·관리사(管理舍)·가축용창고·가축시장·동물검역소·실험동물사육시설, 그 밖에 이와 비슷한 것을 말한다]

    다. 도축장

    라. 도계장

    마. 작물재배사

    바. 종묘배양시설

    사. 화초 및 분재 등의 온실

    아. 식물과 관련된 마목부터 사목까지의 시설과 비슷한 것(동·식물원은 제외한다)

22. 자원순환관련시설

    가. 하수 등 처리시설

    나. 고물상

다. 폐기물재활용시설
라. 폐기물처분시설
마. 폐기물감량화시설

23. 교정 및 군사시설(제1종 근린생활시설에 해당하는 것은 제외한다)
  가. 교정시설(보호감호소, 구치소 및 교도소를 말한다)
  나. 갱생보호시설, 그 밖에 범죄자의 갱생·보육·교육·보건 등의 용도로 쓰는 시설
  다. 소년원 및 소년분류심사원
  라. 국방·군사시설

24. 방송통신시설(제1종 근린생활시설에 해당하는 것은 제외한다)
  가. 방송국(방송프로그램 제작시설 및 송신·수신·중계시설을 포함한다)
  나. 전신전화국
  다. 촬영소
  라. 통신용 시설
  마. 그 밖에 가목부터 라목까지의 시설과 비슷한 것

25. 발전시설
발전소(집단에너지 공급시설을 포함한다)로 사용되는 건축물로 제1종 근린생활시설에 해당하지 아니하는 것

26. 묘지관련시설
  가. 화장시설
  나. 봉안당(종교시설에 해당하는 것은 제외한다)
  다. 묘지와 자연장지에 부수되는 건축물

27. 관광휴게시설
  가. 야외음악당
  나. 야외극장
  다. 어린이회관

라. 관망탑
　　마. 휴게소
　　바. 공원·유원지 또는 관광지에 부수되는 시설

28. 장례식장[의료시설의 부수시설(「의료법」 제36조 제1호에 따른 의료기관의 종류에 따른 시설을 말한다)에 해당하는 것은 제외한다]

29. 야영장 시설
「관광진흥법」에 따른 야영장 시설로서 관리동·화장실·샤워실·대피소·취사시설 등의 용도로 쓰는 바닥면적의 합계가 300㎡ 미만인 것

비고
1. 제3호 및 제4호에서 "해당 용도로 쓰는 바닥면적"이란 부설 주차장 면적을 제외한 실(實) 사용면적에 공용부분 면적(복도, 계단, 화장실 등의 면적을 말한다)을 비례 배분한 면적을 합한 면적을 말한다.
2. 비고 제1호에 따라 "해당 용도로 쓰는 바닥면적"을 산정할 때 건축물의 내부를 여러 개의 부분으로 구분해 독립한 건축물로 사용하는 경우에는 그 구분된 면적 단위로 바닥면적을 산정한다. 다만, 다음 각 목에 해당하는 경우에는 각 목에서 정한 기준에 따른다.
　　가. 제4호 너목에 해당하는 건축물의 경우에는 내부가 여러 개의 부분으로 구분되어 있더라도 해당 용도로 쓰는 바닥면적을 모두 합산해 산정한다.
　　나. 동일인이 둘 이상의 구분된 건축물을 같은 세부 용도로 사용하는 경우에는 연접되어 있지 않더라도 이를 모두 합산해 산정한다.
　　다. 구분 소유자(임차인을 포함한다)가 다른 경우에도 구분된 건축물을 같은 세부 용도로 연계해 함께 사용하는 경우(통로, 창고 등을 공동으로 활용하는 경우 또는 명칭의 일부를 동일하게 사용해서 홍보하거나 관리하는 경우 등을 말한다)에는 연접되어 있지 않더라도 연계해 함께 사용하는 바닥면적을 모두 합산해 산정한다.
3. 「청소년 보호법」 제2조 제5호 가목 8) 및 9)에 따라 여성가족부장관이

고시하는 청소년 출입·고용금지업의 영업을 위한 시설은 제1종 근린생활시설 및 제2종 근린생활시설에서 제외한다.
4. 국토교통부장관은 별표 1 각 호의 용도별 건축물의 종류에 관한 구체적인 범위를 정해 고시할 수 있다.

공간정보의 구축 및 관리 등에 관한 법률

지목의 구분

지목의 구성요소들을 살펴보면 참으로 간단하다. 법률적인 얘기를 하자는 것은 아니고, 국가가 토지의 사용 상태를 토대로 토지의 성격을 표현해두고자 하는 수단으로 지목을 사용한 것 같다. 구성요소에는 원래부터 고유한 토지라고 할 수 있는 원형지목과 이 원형지목을 다른 용도로 바꿈으로써 새로운 지목으로 변경된 개발지목이 있다. 이 지목은 말 그대로 토지의 성격을 표시해둔 것에 불과하므로 지목을 토대로 어떤 개발행위가 가능하다고 판단해서는 안 된다는 말씀을 드리고 싶다.

일반적으로 많은 분이 잘못 알고 있는 점이 잡종지에는 어떤 건물이라도 지을 수 있다고 생각하는 것이다. 천만의 말씀이다. 잡종지가 아니라 잡종지의 할아버지뻘에 해당하는 지목일지라도 건축물을 지을 수 있다는 생각은 버려야 한다.

토지에 지을 수 있는 건축물의 종류는 국토의 계획 및 이용에 관한 법률에서 정하는 용도지역·용도지구·용도구역, 그리고 각 지자체 조례에서 정하는 내용과 개별법에서 별도로 제한하는 내용에 따라서 정해진다. 결코 지목에 따라서 판단할 수 없다.

지목의 오해1

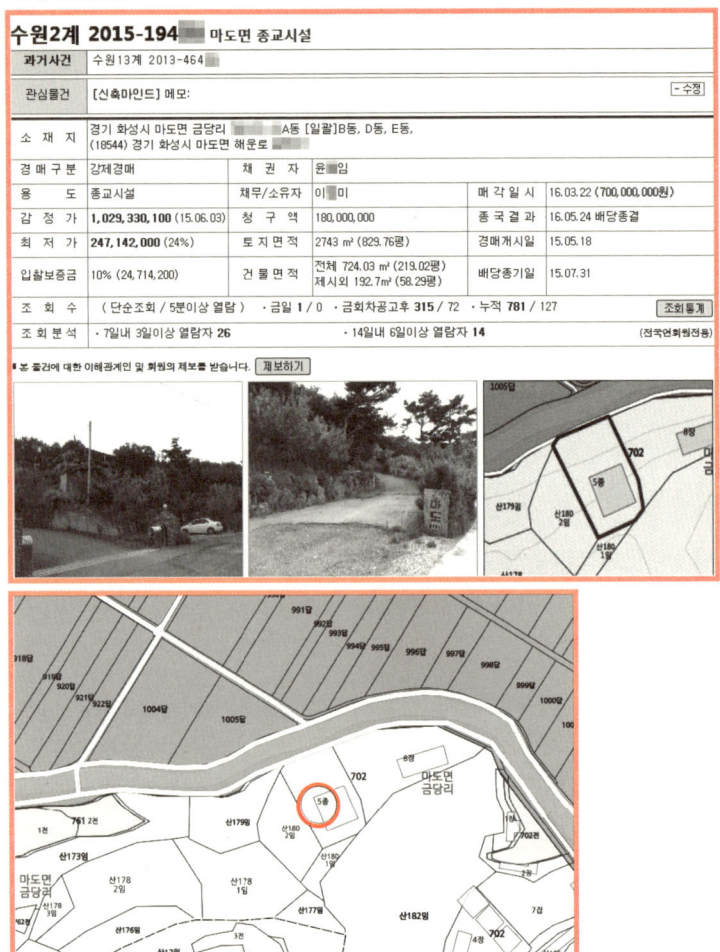

지목이 대지일지라도 건축법의 요건에 적합하지 않은 도로와 접했다면 건축물을 짓지 못할 수도 있다. 원형지목의 경우 건축허가를 득하기 전에 미리 형질변경이라고 하는 개발행위 허가 과정을 거쳐야 하는데, 지목이 농지라면 농지전용허가 또한 필요하다. 지목이 임야라면 산지전용허가를 받아야 한다.

　첨부한 사례의 경우를 살펴보자. 사진을 보면 굿당으로 사용되고 있는 종교용지다. 이 건축물이 필요 없다면 교회는 지을 수 있겠는가? 당연하다. 그러나 종료시설이 아닌 다른 용도의 건축물을 과연 지을 수 있겠는가?

　가끔 필자에게 낡은 교회물건이 경매로 나왔는데 헐고 주택을 지을 수 있는지 물어보는 독자들이 있다. 지목에 관한 편견이나 오해 때문에 그러한 질문을 하는 것이다. 이 책을 읽으신 독자분들께서도 혹시 그렇게 생각하셨다면 부디 오해를 풀기 바란다.

지목의 오해2

지목의 오해3

소재지	경기도 화성시 마도면 금당리 일반		
지목	종교용지 ❓	면적	2,743 m²
개별공시지가 (m²당)	54,500원 (2016/01)		
지역지구등 지정여부	「국토의 계획 및 이용에 관한 법률」에 따른 지역·지구등	생산관리지역	
	다른 법령 등에 따른 지역·지구등	성장관리권역<수도권정비계획법>	
	「토지이용규제 기본법 시행령」 제9조제4항 각 호에 해당되는 사항	<추가기재> 하천구역은 재난안전과 방재부서(031-369-2461) 확인 바랍니다.	

확인도면

(도면: 1005답, 농림지역, 산179임, 산180-2임, 산178-1임, 산180-1임, 생산관리지역, 702-8전, 산182임)

 마지막으로 예를 들고자 하는 것은 부동산 중개업소를 운영하는 분들조차 쉽게 생각하는 공장용지다. 지목이 공장용지로 되었다면 공장을 지을 수 있다고 생각해 중개하는데, 천만의 말씀이다.

 대한민국에 공장의 종류가 얼마나 많은가. 공장 수만큼이나 공장의 사업내용 및 공정과정이 다르고, 그에 따라 발생하는 오폐수나 대기오염 등에서도 차이가 날 수 있다. 그러한 사정을 고려하지 않고 지목이 공장이라고 해서 모든 공장을 지을 수 있다는 생각은 하루빨리 고치는 편이 좋다.

1. 전

물을 상시로 이용하지 않고 곡물·원예작물(과수류는 제외한다)·약초·뽕나무·닥나무·묘목·관상수 등의 식물을 주로 재배하는 토지와 식용(食用)으로 죽순을 재배하는 토지

2. 답

물을 상시로 직접 이용해 벼·연(蓮)·미나리·왕골 등의 식물을 주로 재배하는 토지

3. 과수원

사과·배·밤·호두·귤나무 등 과수류를 집단으로 재배하는 토지와 이에 접속된 저장고 등 부속시설물의 부지. 다만, 주거용 건축물의 부지는 "대"로 한다.

4. 목장용지

다음 각 목의 토지. 다만, 주거용 건축물의 부지는 "대"로 한다.

가. 축산업 및 낙농업을 하기 위해 초지를 조성한 토지

나. 「축산법」 제2조 제1호에 따른 가축을 사육하는 축사 등의 부지

다. 가목 및 나목의 토지와 접속된 부속시설물의 부지

5. 임야

산림 및 원야(原野)를 이루고 있는 수림지(樹林地)·죽림지·암석지·자갈땅·모래땅·습지·황무지 등의 토지

6. 광천지

지하에서 온수·약수·석유류 등이 용출되는 용출구(湧出口)와 그 유지(維持)에 사용되는 부지. 다만, 온수·약수·석유류 등을 일정한 장소로 운송하는 송수관·송유관 및 저장시설의 부지는 제외한다.

7. 염전

바닷물을 끌어들여 소금을 채취하기 위해 조성된 토지와 이에 접속된 제염장(製鹽場) 등 부속시설물의 부지. 다만, 천일제염 방식으로 하지 아니하고 동력으로 바닷물을 끌어들여 소금을 제조하는 공장시설물의 부지는 제외한다.

8. 대

가. 영구적 건축물 중 주거·사무실·점포와 박물관·극장·미술관 등 문화시설과 이에 접속된 정원 및 부속시설물의 부지

나. 「국토의 계획 및 이용에 관한 법률」 등 관계 법령에 따른 택지조성공사가 준공된 토지

9. 공장용지

가. 제조업을 하는 공장시설물의 부지

나. 「산업집적활성화 및 공장설립에 관한 법률」 등 관계 법령에 따른 공장부지 조성공사가 준공된 토지

다. 가목 및 나목의 토지와 같은 구역에 있는 의료시설 등 부속시설물의 부지

10. 학교용지

학교의 교사(校舍)와 이에 접속된 체육장 등 부속시설물의 부지

11. 주차장

자동차 등의 주차에 필요한 독립적인 시설을 갖춘 부지와 주차전용 건축물 및 이에 접속된 부속시설물의 부지. 다만, 다음 각 목의 어느 하나에 해당하는 시설의 부지는 제외한다.

가. 「주차장법」 제2조 제1호 가목 및 다목에 따른 노상주차장 및 부설주차장(「주차장법」 제19조 제4항에 따라 시설물의 부지 인근에 설치된 부설주차장은 제외한다)

나. 자동차 등의 판매 목적으로 설치된 물류장 및 야외전시장

12. 주유소용지

다음 각 목의 토지. 다만, 자동차·선박·기차 등의 제작 또는 정비공장 안에 설치된 급유·송유시설 등의 부지는 제외한다.

　가. 석유·석유제품 또는 액화석유가스 등의 판매를 위해 일정한 설비를 갖춘 시설물의 부지

　나. 저유소(貯油所) 및 원유저장소의 부지와 이에 접속된 부속시설물의 부지

13. 창고용지

물건 등을 보관하거나 저장하기 위해 독립적으로 설치된 보관시설물의 부지와 이에 접속된 부속시설물의 부지

14. 도로

다음 각 목의 토지. 다만, 아파트·공장 등 단일 용도의 일정한 단지 안에 설치된 통로 등은 제외한다.

　가. 일반 공중(公衆)의 교통운수를 위해 보행이나 차량운행에 필요한 일정한 설비 또는 형태를 갖춰 이용되는 토지

　나. 「도로법」 등 관계 법령에 따라 도로로 개설된 토지

　다. 고속도로의 휴게소 부지

　라. 2필지 이상에 진입하는 통로로 이용되는 토지

15. 철도용지

교통운수를 위해 일정한 궤도 등의 설비와 형태를 갖춰 이용되는 토지와 이에 접속된 역사(驛舍)·차고·발전시설 및 공작창(工作廠) 등 부속시설물의 부지

16. 제방

조수·자연유수(自然流水)·모래·바람 등을 막기 위해 설치된 방조제·방수제·방사제·방파제 등의 부지

17. 하천

자연의 유수(流水)가 있거나 있을 것으로 예상하는 토지

18. 구거

용수(用水) 또는 배수(排水)를 위해 일정한 형태를 갖춘 인공적인 수로·둑 및 그 부속시설물의 부지와 자연의 유수(流水)가 있거나 있을 것으로 예상하는 소규모 수로부지

19. 유지(溜池)

물이 고이거나 상시적으로 물을 저장하고 있는 댐·저수지·소류지(沼溜地)·호수·연못 등의 토지와 연·왕골 등이 자생하는 배수가 잘되지 아니하는 토지

20. 양어장

육상에 인공으로 조성된 수산생물의 번식 또는 양식을 위한 시설을 갖춘 부지와 이에 접속된 부속시설물의 부지

21. 수도용지

물을 정수해 공급하기 위한 취수·저수·도수(導水)·정수·송수 및 배수시설의 부지 및 이에 접속된 부속시설물의 부지

22. 공원

일반 공중의 보건·휴양 및 정서생활에 이용하기 위한 시설을 갖춘 토지로 「국토의 계획 및 이용에 관한 법률」에 따라 공원 또는 녹지로 결정·고시된 토지

23. 체육용지

국민의 건강증진 등을 위한 체육활동에 적합한 시설과 형태를 갖춘 종합운동장·실내체육관·야구장·골프장·스키장·승마장·경륜장 등 체육시설의 토지와 이에 접속된 부속시설물의 부지. 다만, 체육시설로의 영속성과 독립성이 미흡한 정구장·골프연습장·실내수영장 및 체육도장, 유수(流水)를 이용한 요트장 및 카누장, 산림 안의 야영장 등의 토지는 제외한다.

24. 유원지

일반 공중의 위락·휴양 등에 적합한 시설물을 종합적으로 갖춘 수영장·유선장(遊船場)·낚시터·어린이놀이터·동물원·식물원·민속촌·경마장 등의 토지와 이에 접속된 부속시설물의 부지. 다만, 이들 시설과의 거리 등으로 보아 독립적인 것으로 인정되는 숙식시설 및 유기장(遊技場)의 부지와 하천·구거 또는 유지[공유(公有)인 것으로 한정한다]로 분류되는 것은 제외한다.

25. 종교용지

일반 공중의 종교의식을 위해 예배·법요·설교·제사 등을 하기 위한 교회·사찰·향교 등 건축물의 부지와 이에 접속된 부속시설물의 부지

26. 사적지

문화재로 지정된 역사적인 유적·고적·기념물 등을 보존하기 위해 구획된 토지. 다만, 학교용지·공원·종교용지 등 다른 지목으로 된 토지에 있는 유적·고적·기념물 등을 보호하기 위해 구획된 토지는 제외한다.

27. 묘지

사람의 시체나 유골이 매장된 토지, 「도시공원 및 녹지 등

에 관한 법률」에 따른 묘지공원으로 결정·고시된 토지 및 「장사 등에 관한 법률」 제2조 제9호에 따른 봉안시설과 이에 접속된 부속시설물의 부지. 다만, 묘지의 관리를 위한 건축물의 부지는 "대"로 한다.

28. 잡종지

다음 각 목의 토지. 다만, 원상회복을 조건으로 돌을 캐내는 곳 또는 흙을 파내는 곳으로 허가된 토지는 제외한다.
가. 갈대밭, 실외에 물건을 쌓아두는 곳, 돌을 캐내는 곳, 흙을 파내는 곳, 야외시장, 비행장, 공동우물
나. 영구적 건축물 중 변전소·송신소·수신소·송유시설·도축장·자동차운전학원·쓰레기 및 오물처리장 등의 부지
다. 다른 지목에 속하지 않는 토지

제 4 강

도로는 부동산 투자의 생명이자 샘물

1. 도로만 알아도 절반의 성공

　도시 토지 경매든 비도시 토지 경매든 도로의 확보와 확인은 아무리 강조해도 지나치지 않는다. 도로에 관한 내용을 담고 있는 법규는 도로법 건축법뿐만이 아니라 여러 가지의 법에 골고루 실려 있다.

　토지에 관해 논하기에 앞서 가장 먼저 염두에 두어야 하는 사항이 바로 진입로, 즉 도로다. 도로가 없다면 그 토지는 절반은 죽어 있는 토지나 마찬가지기 때문이다. 물론 민법에서도 주위토지통행권 등에 관한 내용을 담고 있기도 하다. 하지만 진입도로가 없는 토지를 통행권이 있다는 이유로 무턱대고 임의대로 도로를 개설해 통행한다는 것도 그리 녹록지 않다. 그것은 어디까지나 민법에서 얘기하는 통행권일 뿐이다.

경매 투자자로서는 최소한의 건축허가가 필요하므로 주위토지통행권은 현실적으로 큰 도움이 되기에는 한계가 있다.

반면 두 눈으로 땅을 바라보면서 멀쩡히 차량이 진입할 수 있는 진입로가 있는데도 그것이 개발행위허가를 받기 어려운 땅일 수도 있다는 점은 토지 경매를 하고자 하는 이들에게는 다소 혼란스러울 수 있다. 내 눈에 보이는 이 도로가 법적인 효력을 가지고 있는 도로인지 아니면 무늬만 도로인지, 혹은 법적인 효력을 가지고 있다면 어느 정도까지의 효력이 발생하는 도로인지 등의 판단은 토지의 기초적인 가치를 판단하는 데 가장 중요한 사항이 될 수 있다.

이 책에서 우선 얘기하고자 하는 법정도로는 건축법에서 표현하고 있는 보행 및 자동차 통행이 가능한 너비 4m 이상의 요건을 기본적으로 갖춰야 한다는 사실을 염두에 두어야 한다. 필자도 건축법에서의 내용처럼 폭이 4m 이상의 도로가 토지와 접해 있어야 최소한의 기본은 갖춘 토지라고 생각한다. 그러나 무엇을 하든지 상관없이 폭 4m를 절대적으로 생각할 필요는 없다. 경우에 따라서 정식적인 도로가 아닌 단순 현황도로만으로도 지역에 따라서 도로의 법적효력을 인정받을 수 있기 때문이다.

거듭 말씀드리지만, 토지 위에 어떤 행위를 하기 위한 허가를 고려한다면 토지의 용도지역·용도구역 등 각종 규제사항을 따지기 이전에 가장 먼저 도로의 적합성 여부를 반드시 판단해야 한다. 이 판단이 사실은 절반 이상이라고 봐도 무방하다.

　법정도로든 현황도로든 가장 중요시해야 하는 사항이 바로 건축법의 도로 요건과 그에 따라 위임해놓은 지자체의 현황도로 요건이다. 그 내용은 뒤에 따로 첨부해두었으니 두고두고 그 의미를 곱씹을 필요가 있다.

　인허가에 필요한 도로가 없는 땅을 맹지라고 하는데, 진입로의 확보가 불가능한 토지의 경우 대규모 수용이라든지 특별한 개발호재가 있는 등의 상황이 아니라면 투자를 피하는 것이 현명하다. 그러나 맹지도 진입도로를 확보하기 위해 도로부지로 제공해줄 수 있는 토지 주인으로부터 토지사용승낙서를 받아서 허가서류에 첨부하는 방식을 쓸 경우 새로이 도로를 개설할 수 있다. 이렇게 개설되어 한 번 지정·공고된 도로는 누구라도 사용할 수 있으며, 막아서도 안 되는 것이 원칙이다. 다음은 건축법에 나오는 도로와 관련된 내용으로, 유심히 살펴보는 것이 좋다.

제2조 1항 11의 내용을 살펴보면
"도로"란 보행과 자동차 통행이 가능한 너비 4m 이상의 도로(지형적으로 자동차 통행이 불가능한 경우와 막다른 도로의 경우에는 대통령령으로 정하는 구조와 너비의 도로)로 다음의 어느 하나에 해당하는 도로나 그 예정도로를 말한다.
가. 「국토의 계획 및 이용에 관한 법률」·「도로법」·「사도법」, 그 밖의 관계 법령에 따라 신설 또는 변경에 관한 고시가 된 도로
나. 건축허가 또는 신고 시에 특별시장·광역시장·도지사·특별자치도지사 또는 시장·군수·구청장이 위치를 지정해 공고한 도로로 분류되어 있으며 위의 기재내용 중에서 "대통령령으로 정하는 구조와 너비의 도로"의 의미는
 1. 특별자치도지사 또는 시장·군수·구청장이 지형적 조건으로 차량 통행을 위한 도로의 설치가 곤란하다고 인정해 그 위치를 지정·공고하는 구간의 너비 3m 이상(길이가 10m 미만인 막다른 도로인 경우에는 너비 2m 이상)인 도로와
 2. 그에 해당하지 아니하는 막다른 도로로 그 도로의 너비가 그 길이에 따라 정하는 기준 이상인 도로를 뜻한다.
  10m 미만 : 2m
  10m 이상 35m 미만 : 3m
  35m 이상 : 6m(도시지역이 아닌 읍·면지역은 4m)

참고가 될 만한 내용을 올리니 자세히 읽어보시면 도로를 통해 경매 투자를 하고자 하는 분들에게 큰 도움이 될 것이다.

골목길 소송, 도로 경매의 모든 것

1. 서설
최근 공매·경매·매매 등으로 지목이 도로이거나 도로로 사용 중인 땅을 취득해 돈을 벌고자 하는 분들이 많다. 그러나 도로 투자는 고수익을 가져다 주기도 하지만 매우 위험한 투자이기도 하다. 단지 싸다는 이유만으로 제대로 된 권리분석도 없이 도로 투자를 하는 것은 위험한 일이다. 따라서 여기서는 도로 또는 소위 골목길 투자 여부 결정방법, 기존 도로부지 소유자 해결방안을 살펴보고자 한다.

2. 신규 투자자 주의사항

도로법 제3조는 "도로를 구성하는 부지, 옹벽, 그 밖의 물건에 대해는 사권(私權)을 행사할 수 없다. 다만, 소유권을 이전하거나 저당권을 설정하는 것은 그러하지 아니하다"고 규정하고 있다. 따라서 공매·경매·매매 등으로 지목이 도로이거나 도로로 사용 중인 땅을 사려고 하는 자는 ① 먼저 사려고 하는 목적을 명확히 하고, ② 도로 투자는 매우 위험하므로 철저히 분석해 어떤 위험이 있는지를 알아야 하며, ③ 전문가의 상담을 받는 것이 좋다.

통상 도로를 사는 이유는 ① 행정청으로부터 보상을 받아 차액에 대한 수익을 노리거나, ② 지료를 받을 목적으로 매수하는 것이다. 그런데 우선 그 어떤 땅이든 내 토지를 보상해달라고 행정청에 요구할 경우 행정청이 이에 응해 보상해줄 의무는 없으므로(행정청이 스스로 나서서 보상하는 것은 당연히 가능함) 만일 행정청이 돈이 없다면서 보상해주지 않으면 투자금이 묶이는 결과가 초래된다.

가끔 경매 학원에서 지목이 대지이고, 10년 이상 도시계획시설도로로 묶인 토지에 대해 '매수청구'가 가능하다면서 투자를 권유한다. 매수청구는 소위 재량행위로 행정청이 응하지 않으면 결국 매수청구거부처분취소소송을 해야 하는데, 승소가 쉽지 않다. 또한 도시계획도로라면 2020. 7. 1.까지 보상이 되지 않으면 실효된다. 도로는 실효되어도 쓸모 있는 땅이 거의 없다. 만일 실효되어도 쓸모가 있다면 이는 투자할 만하다. 따라서 실효나 보상을 노리고 투자할 경우 돈이 묶일 위험이 너무도 크다. 확실히 보상이 예정된 도로만 낙찰받는 것이 좋다. 예를 들어 한국토지주택공사가 시행하는 사업·산업단지개발사업·사업성이 좋은 재개발사업 등을 말한다.

부당이득금(지료) 청구를 목적으로 취득하는 것은 더 위험이 크다. 즉, 그 이전 소유자 중 단 1명이라도 '배타적 사용수익권을 포기'했다면 행정청을 상대로 지료청구도 불가능하다. 그래서 도로 투자는 위험한 투자이기도 하다.

결론적으로 도로를 낙찰받고자 하는 자는 ① 도로지정폐지소송에서 승소하거나 실효될 경우 쓸모가 있는 땅인지, ② 매수청구나 손실보상이 가능한지, ③ 지료청구가 가능한지를 검토해야 한다. ④ 나아가 기타 목적, 즉 재개발사업에서 분양권을 받을 목적(서울시 조례에 따르면 90㎡ 이상이면 분양권을 받는다) 등 확실한 투자 목적을 가지고 낙찰받아야 한다. 막연히 싸니까 경험 삼아 투자해보라는 주변 권유에 덜컥 낙찰받으면, 보상도 못 받고, 지료도 못 받고, 그저 돈이 묶일 가능성도 있으므로 주의해야 한다.

사실상 2가구 외에는 달리 이용하는 사람들이 없는 통행로라고 하더라도 이는 일반교통방해죄에서 정하고 있는 육로에 해당한다. 따라서 도로는 2인 이상의 불특정 다수가 통행하면 막지도 못한다. 이를 임의로 막으면 교통방해죄로 처벌받는다(형법 제185조).

3. 골목길 소송의 모든 것

도로를 낙찰받은 자는 주변 토지 소유자에게 매수를 권하거나 행정청에게 매수를 요청한다. 다행히 매수해주면 좋겠지만, 대부분은 매수요구를 거절한다. 이 경우 도로(골목길) 소유자는 부당이득반환청구소송을 하게 된다. 그러나 이 소송은 거의 90% 패소한다. 이하에서는 그 이유를 알아보고자 한다.

가. 피고가 누구인가?

대법원은 도로관리청으로서 점유와 사실상의 지배 주체로서의 점유를 인정하고 있으므로 도로부지가 일반인에게 제공되어 일반인이 자유롭게 사용하고 있거나 행정청이 사용하고 있다면 그 점유는 인정된다. 지방자치단체의 점유 사실을 인정할 것인지 여부와 관련해 대법원 판례의 주류는 "도로법 등에 의한 도로설정행위가 없더라도 국가나 지방자치단체가 기존의 사실상 도로에 대해 확장, 도로포장 또는 하수도설치 등 도로의 개축 또는 유지 보수공사를 시행해 일반 공중의 교통에 공용한 때 그 도로는 국가나 지방자치단체의 사실상 지배하에 있는 것으로 보아 사실상 지배 주체로서의 점유를 인정할 수 있다"고 일관되게 판시하고 있다. 즉, 부당이득반환청구소송의 피고는 행정청이 포장 등을 한 후에 일반 공중이 이용 중에 있으면 도로(골목길) 주변 토지 소유자가 아니라, 기초지방자치단체인 것이다. 이 점을 오해하지 말기를 권고한다.

나. 배타적 사용수익권 포기이론

대법원은 "토지의 원소유자가 토지의 일부를 도로부지로 무상 제공함으로써 이에 대한 독점적이고 배타적인 사용수익권을 포기하고 주민들이 그 토지를 무상으로 통행하게 된 이후에 그 토지의 소유권을 경매·매매·대물변제 등으로 특정 승계한 자는 그와 같은 사용·수익의 제한이라는 부담이 있다는 사정을 용인하거나, 적어도 그러한 사정이 있음을 알고서 그 토지의 소유권을 취득했다고 보는 것이 타당하므로 도로로 제공된 토지 부분에 대해 독점적이고 배타적인 사용수익권을 행사할 수 없다. 따라서 지방자치단체가 그 토지의 일부를 도로로 점유·관리하고 있다 하더라도 어떠한 손해가 생긴다고 할 수 없으며, 지방자치단체도 아무런 이익을 얻은 바가 없으므로 이를 전제로 부당이득반환청구를 할 수 없다"고 판시하고 있다(대법원 1998. 5. 8. 선고 97다52844 판결 등 다수). 이처럼 도로의 그 이전 소유자 중 누구라도 배타적인 사용수익권을 포기했다고 인정되면, 부당이득반환청구 소송은 패소하게 된다.

다. 취득시효

도로를 낙찰받은 자가 부당이득반환청구소송을 하면 가끔 지방자치단체가 취득시효로 인해 거꾸로 소유권을 내놓으라는 소송을 당하기도 한다. 대법원 전원합의체 판결로 기존에 행정청이 인정받던 자주점유 추정이 깨졌다(대법원 1997. 8. 31. 선고 95다28625 판결). 그 결과 현재 행정청의 취득시효 주장에 대해서 대수롭지 않게 여기는 분들이 많다. 하지만 '무단 점유한 것이 입증'된 경우, 즉, 국가가 도로부지 편입에 따른 아무런 권원취득절차를 밟지 않았음이 '밝혀진' 경우에만 자주점유 추정이 깨진다는 점을 유의해야 한다. 적법한 점유권원 취득여부가 '불분명한 상태'에 있다면 자주점유의 추정이 유지된다.

따라서 국가, 지자체는 최소한의 보상흔적(주변 토지 등의 보상자료)을 제시하거나, 6·25 전쟁 등으로 토지대장 등 지적공부가 멸실되었다면 국가나 지방자치단체의 자주점유의 추정이 번복되지 않을 수 있다. 또한 자주점유를 여러 면에서 계속 주장하고 있다. 이 점을 주의해야 한다. 투자금을 고스란히 날리는 것은 물론, 소송비용까지 물어주어야 하는 끔찍한 사태에 이를 가능성도 크다. 부당이득반환청구소송 중에 피고가 보상흔적을 입증하면 즉시 소취하를 고려해야 한다.

4. 기존 도로 소유자 대응방안

기존 도로 소유자는 ① 도로지정 폐지신청 또는 건축허가를 신청하는 방법, ② 2020.7.1.자 실효를 기다리는 방법, ③ 매수청구를 하는 방법(지목이 "대"인 토지만 해당), ④ 손실보상을 받는 방법(행정청이 스스로 보상을 하는 경우에만 해당), ⑤ 일반인이 통행하고 있다면 행정청을 상대로 부당이득반환청구소송을 하는 방법이 있다. 그러나 행정청이 협조해주지 않으면 소용없는 답답한 해결방법이다. 앞에서 본 것과 같이 도로지정폐지입안제안거부처분취소소송, 매수청구거부처분취소소송에서 승소하면 그나마 다행이다. 지목이 도로이거나 도로로 사용 중이면 재산세는 면제된다. 답답한 분들은 또 다른 권리분석 실패자를 기대하며 다시 경매에 넣기도 한다.

5. 돈 되는 도로

공매나 경매로 나온 도로의 감정평가서를 살펴보면 인근 토지가격의 3분의 1로 감정가격(33%)이 매겨진다. 이것이 몇 번 유찰되면 2분의 1 가격에도 살 수 있다. 예를 들어 인근 토지가격이 1억 원이라면 경매 감정가격은 통상 3,300만 원이고, 1,500만 원에 낙찰받을 수 있다는 얘기다. 그 이후 보상을 받거나 지료청구를 할 때 운이 좋아 인근 토지가격의 100%를 인정받으면, 1억 원을 받을 수도 있으므로 사람들이 도로 경매에 뛰어드는 것이다. 또한 낙찰받은 도로에 대해서는 보상이 실시된다. 낙찰받은 도로가 공도부지·예정공도부지·지목은 도로이나 미사용중인 토지·미불 도로용지·지목은 도로이나 통행제한이 가능한 토지는 정상적으로 보상받으므로 엄청난 수익을 올릴 수도 있다.

전원주택 부지 낙찰 후 진입도로를 사라는데?

1. 진입도로 제외 전원주택부지 낙찰

최근 이런 질문을 받았다. "얼마 전 대지 230평을 경매로 시가보다 조금 낮게 매입했는데, 전원주택단지를 조성했던 전 소유주가 대지의 도로지분을 빼고 나머지 대지만 은행에 근저당을 설정해 도로를 뺀 대지만 경락받게 되었습니다. 경매 절차 종료 후 전 소유주는 대지 입구 다리에 흰색 페인트로 '다리와 도로는 사도이니 통행을 금지함'이라고 써놓았습니다. 전 소유주는 매입요구 도로지분 공시지가가 평당 19만 원인데, 평당 100만 원이 시가이니 시가로 매입하라고 제시했습니다. 도로지분을 매입하지 않고 통행료로 해결하는 방안은 없는지, 도로지분을 꼭 매입할 필요가 있는지 궁금합니다."

2. 배타적 사용수익권 포기이론

가. 임료청구 불가

대법원은 도로에 대해서는 매우 독특한 판례법을 형성해왔다. 바로 배타적 사용수익권 포기이론이다. 간단히 말해, 소유자라도 해당 토지에 대한 독점적이고 배타적인 사용수익권(이하 '사용수익권'이라고 한다)을 포기한 적이 있다면, 비록 소유자라고 하더라도 도로부지를 배타적으로 사용·수익하지는 못한다. 따라서 소유자가 사용수익권을 포기했다면 지방자치단체나 다른 인접 토지 소유자가 이를 점유한다고 해서 토지 소유자에게 어떠한 손실이 발생한다고 볼 수 없다. 따라서 손실 발생을 전제로 하는 임료상당의 부당이득반환청구는 허용되지 않는다.

특히 전원주택단지의 경우 대법원이 아예 이러한 배타적 사용수익권 포기이론을 당연시하고 있다. 즉, 대법원은 "택지를 조성한 후 분할해서 분양하는 사업을 하는 경우 그 택지를 맹지로 분양하기로 약정했다는 등의 특별한 사정이 없다면, 분양계약에 명시적인 약정이 없더라도 분양사업자로서는 수분양 택지에서의 주택 건축 및 수분양자의 통행이 가능하도록 조성·분양된 택지들의 현황에 적합하도록 인접 부지에 건축법 등 관계 법령의 기준에 맞는 도로를 개설해 제공하고, 수분양자에 대해 도로를 이용할 수 있는 권한을 부여하는 것을 전제로 해 분양계약이 이루어졌다고 추정하는 것이 거래상 관념에 부합되며 분양계약 당사자의 의사에도 합치된다"고 판시하고 있다(대법원 2014. 3. 27. 선고 2011다107184 판결).

이 사안에서 전 소유자는 비록 도로를 소유하고 있다 하더라도 배타적 사용수익권을 포기한 것이므로 다른 인접 토지 소유자의 도로 사용에 대해 임료를 청구할 권리가 없다.

나. 통행제한 가능 여부

도로법 제3조에 따르면 도로는 사권행사가 제한된다. 따라서 법의 적용을 받는 토지에 대해서는 사유지라 하더라도 그 통행을 함부로 제한할 수 없다. 또한 함부로 도로를 막으면 형법 제185조에 의해 일반교통방해죄로 형사처벌을 받는다(10년 이하의 징역 또는 1,500만 원 이하의 벌금). 즉, 도로는 특별한 사정이 없는 한 막지 못하는 것이다. 특히 배타적 사용수익권을 포기한 도로를 막으면 상당한 벌금을 내야 하고, 때에 따라서는 징역형을 받을 수도 있다.

다. 건축허가에 동의를 받아야 하는지 여부

인접 토지 소유자는 건축허가를 받는 데 동의를 받을 필요도 없다. 왜냐하면 이 도로는 이미 건축법상 도로이기 때문이다.

3. 결론

이 사안의 경우 낙찰자는 전 소유자에게 별도로 토지를 매입할 필요가 없다. 전 소유자는 임료를 청구할 수도, 통행을 제한할 수도 없다.

4. 기타 전원주택 부지 매수자가 꼭 알아야 할 사항

전원주택을 매입하려는 사람들이 꼭 알아야 법리가 있다. 전원주택을 매입하려는 사람은 진입도로 문제가 어떻게 되어 있는지를 살펴봐야 한다. 가장 좋은 것은 관청에 기부채납이 완료되어 관청소유로 도로가 등기되어 있는 부지를 매입하는 것이다. 그러나 관청이 관리문제로 기부채납을 잘 받아주지 않는 경향이 있다. 따라서 매도자 명의로 진입도로가 되어 있다면 매매계약서에 반드시 진입도로 문제에 대해 '수분양 택지에서의 주택 건축 및 수분양자의 통행이 가능하도록 조성·분양된 택지들의 현황에 적합하게 인접 부지에 건축법 등 관계 법령의 기준에 맞는 도로를 개설해 제공하고 수분양자에 대해 도로를 이용할 수 있는 권한을 부여하는 것이 조건'이라는 특약을 설정한다. 아울러 '매도자는 향후 영원히 배타적인 사용수익권을 포기하고, 그 어떠한 권리주장도 하지 않을 것이며, 만일 이를 어길 경우 매매대금의 2배에 해당하는 금액을 위약벌(위약금이 아니다)로 지급하기로 한다'는 특약을 설정할 것을 권한다.

또한 전원주택부지에 다른 사람이 건축허가를 받은 적이 있는지도 확인해야 한다. 대지 소유자와 그 대지 위에 주택에 대한 건축허가권자가 다를 경우 복잡한 문제가 생길 수 있다. 만일 대지만 경매가 나왔는데, 대지 소유자와 건축허가권자가 다르다면 후일 대지를 낙찰받더라도 그 대지 위의 건축허가권자로부터 허가권을 양수하지 못하면 아무것도 못한다. 법적으로 양수받으려면 매우 피곤하다. 이러한 대지는 낙찰을 피하는 것이 좋다.

(법무법인 강○ 김○유 변호사)

2. 현황도로의 법적 판단과 분석

다양한 현장 사례 중 기본적인 내용 정도만 전달할 수밖에 없음을 말씀드리고 싶다. 일반적으로 접할 수 있는 현황도로에 관한 법률적인 판단과 분석은 간단하다. 그 답은 자자체 조례에 있다. 현황도로의 경우 각 지자체에서 정한 건축조례의 내용을 읽어보면 누구라도 금방 이해할 수 있을 것이다.

[용인시조례]

제30조(도로의 지정)

1. 복개된 하천·제방·공원 내 도로·도랑·철도부지, 그 밖의 국유지
2. 주민이 사용하고 있는 통로를 이용해 신축허가(신고)가 된 경우

[과천시조례]

제26조(도로지정)

1. 주민이 통로로 사용하고 있는 경우 관계부서와 협의 후 이상이 없는 국(시)유지상의 복개된 하천 또는 구거, 제방
2. 주민들이 사용하고 있는 통로로 동 통로를 이용해 건축허가(신고)된 사실이 있는 포장된 도로 3. 국가 또는 지방자치단체가 직접 시행하거나 지원에 따라 주민공동사업으로 개설해 사용하고 있는 사실상의 도로

[안양시조례]

제29조(도로의 지정)

1. 복개된 하천·구거부지
2. 공원 내 도로의 경우
3. 마을정비 등 공공사업으로 설치되어 공중의 통행로로 사용 중인 마을 진입로
4. 불특정 다수인이 이용하고 있는 사실상의 도로로 그 부분을 이용해 건축허가를 한 사실이 있는 통행로의 경우

[양평군조례]

제24조(도로의 지정)

1. 주민들이 통로로 사용하고 있는 제방 및 복개된 하천·구거(단, 관계 법령에 규제가 없는 경우에 한함)(개정 2014. 12. 29.)
2. 주민들이 사용하고 있는 통로로 같은 통로를 이용해 건축물이 건축 된 경우 또는 건축허가(신고)된 사실이 있는 경우
3. 관계 법령에 따라 통행로 허가를 득한 부지

4. 주민이 사용하고 있는 통로로 토지 소재지의 주민대표(이장, 반장, 새마을 지도자를 포함한 10명 이상의 주민)가 인정하는 도로
5. 기 개설된 사실상의 농로 및 임도(단, 관계 법령에 규제가 없는 경우에 한함)

[당진시조례]
제33조(도로의 지정)
1. 국가 또는 시에서 직접 시행하거나 지원에 따라 주민 공동사업 등으로 개설되어 사용하고 있는 경우
2. 주민이 통로로 사용하고 있는 복개된 하천·제방·구거·철도·농로·공원 내 도로, 그 밖에 이와 유사한 국·공유지3. 현재 주민이 사용하고 있는 통로를 이용해 건축물의 진입로로 사용하는 도로 〈신설 2013.12.31.〉

해당 지자체에서 조례로 설명하는 현황도로를 이해해야 다음과 같은 사례가 경매 물건으로 나왔을 때 도로에 관한 궁금증을 가지지 않고 분석할 수 있다.

현황도로1

지목	종교용지 ?		면적	2,743 m²
개별공시지가 (m²당)	54,500원 (2016/01)			
지역지구등 지정여부	「국토의 계획 및 이용에 관한 법률」에 따른 지역·지구등	생산관리지역		
	다른 법령 등에 따른 지역·지구등	성장관리권역<수도권정비계획법>		
「토지이용규제 기본법 시행령」 제9조제4항 각 호에 해당되는 사항		<추가기재> 하천구역은 재난안전과 방재부서(031-369-████) 확인 바랍니다.		

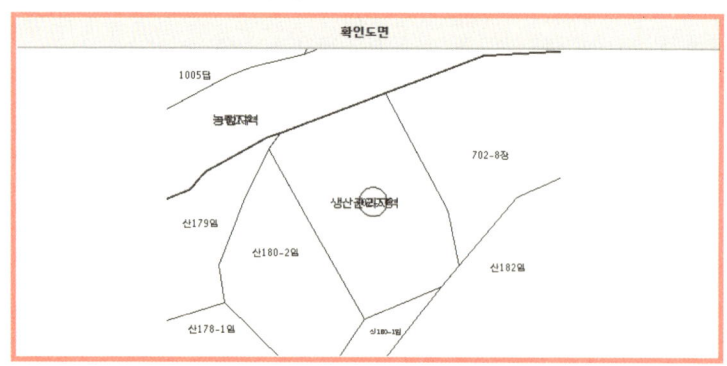

현황도로2

　지목에 관해 설명해드릴 때 올렸던 사례를 다시 한 번 살펴보자. 이 토지의 지적도를 보면 도로는 온데간데없음에도 멀쩡하게 도로가 포장되어 있다. 이러한 경우 도로의 소유자는 누구이고, 그 도로를 사용하고자 한다면 그것이 가능할 것인가에 관한 궁금증이 누구라도 생기게 된다. 그 해답은 앞서 얘기해드린 조례에 있다.

도로의 정의

제2조 ① 건축법에서 사용하는 용어의 뜻은 다음과 같다.

11. "도로"란 보행과 자동차 통행이 가능한 너비 4m 이상의 도로(지형적으로 자동차 통행이 불가능한 경우와 막다른 도로의 경우에는 대통령령으로 정하는 구조와 너비의 도로)로 다음 각 목의 어느 하나에 해당하는 도로나 그 예정도로를 말한다.

  가. 「국토의 계획 및 이용에 관한 법률」·「도로법」·「사도법」, 그 밖의 관계 법령에 따라 신설 또는 변경에 관한 고시가 된 도로

  나. 건축허가 또는 신고 시에 특별시장·광역시장·특별자치시장·도지사·특별자치도지사(이하 "시·도지사"라 한다) 또는 시장·군수·구청장(자치구의 구청장을 말한다. 이하 같다)이 위치를 지정해 공고한 도로

주옥과 같은 도로에 관한 정의다. 건축법에 의한 건축물은 위에서 설명한 이러한 도로에 접해 있어야 한다.

제45조 도로의 지정·폐지 또는 변경

① 허가권자는 제2조 제1항 제11호 나목에 따라 도로의 위치를 지정·공고하려면 국토교통부령으로 정하는 바에 따라 그 도로에 대한 이해관계인의 동의를 받아야 한다. 다만, 다음 각 호의 어느 하나에 해당하면 이해관계인의 동의를 받지 아니하고 건축위원회의 심의를 거쳐 도로를 지정할 수 있다.

1. 허가권자가 이해관계인이 해외에 거주하는 등의 사유로 이해관계인의 동의를 받기가 곤란하다고 인정하는 경우
2. 주민이 오랫동안 통행로로 이용하고 있는 사실상의 통로로 해당 지방자치단체의 조례로 정하는 것인 경우

② 허가권자는 제1항에 따라 지정한 도로를 폐지하거나 변경하려면 그 도로에 대한 이해관계인의 동의를 받아야 한다. 그 도로에 편입된 토지의 소유자, 건축주 등이 허가권자에게 제1항에 따라 지정된 도로의 폐지나 변경을 신청하는 경우에도 또한 같다.

이 정도의 법규내용만 이해할 수 있어도 도로 부분의 기본적인 시각을 갖추게 된다. 앞서 설명해드린 현황도로와 관련된 부분의 법적인 해석을 정해놓은 내용이다. 다음에서 설명해드리는 도로에 관한 관계법령은 토지 경매에 입문하는 경우라면 도로의 종류 정도만 알고 있어도 충분하다.

도로법 제10조에서 얘기하고 있는 도로의 종류에 관한 부분이다.

1. 고속국도(고속국도의 지선 포함)
2. 일반국도(일반국도의 지선 포함)
3. 특별시도·광역시도
4. 지방도
5. 시도
6. 군도
7. 구도

〈도로의 구조·시설기준에 관한 규칙에 의한 분류〉에 도로의 용어를 다양하게 표시해둔 탓에 혼란스러울 것에 대비해 표만 올려두기로 한다.

일반도로(지방지역 소재)	도로의 종류
주간선도로	국도
보조간선도로	국도 또는 지방도
집산도로	지방도 또는 군도
국지도로	군도

농어촌도로정비법에 따라서 분류하고 있는 도로는 다음과 같다.

1. 면도 : 「도로법」 제10조 제6호에 따른 군도(郡道) 및 그 상위 등급의 도로(이하 "군도 이상의 도로"라 한다)와 연결되는 읍·면 지역의 기간(基幹)도로
2. 이도 : 군도 이상의 도로 및 면도와 갈라져 마을 간이나 주요 산업단지 등과 연결되는 도로
3. 농도 : 경작지 등과 연결되어 농어민의 생산활동에 직접 공용되는 도로

국토의 계획 및 이용에 관한 법률에도 도로의 종류를 다양하게 표기해두었다는 점을 알 수 있다. 경매 투자자에게는 별 의미 없는 도로다.

가. 일반도로
나. 자동차전용도로
다. 보행자전용도로
라. 자전거전용도로
마. 고가도로
바. 지하도로

그러나 국토의 계획 및 이용에 관한 법률에 의해 따로 정하고 있는 도시·군계획시설의 결정·구조 및 설치기준에 관한 규칙의 내용을 살펴보면 경매 투자를 하고자 하는 이들이 자주

접하는 도로의 명칭을 확인할 수 있다.

가. 광로

　(1) 1류 : 폭 70m 이상인 도로

　(2) 2류 : 폭 50m 이상 70m 미만인 도로

　(3) 3류 : 폭 40m 이상 50m 미만인 도로

나. 대로

　(1) 1류 : 폭 35m 이상 40m 미만인 도로

　(2) 2류 : 폭 30m 이상 35m 미만인 도로

　(3) 3류 : 폭 25m 이상 30m 미만인 도로

다. 중로

　(1) 1류 : 폭 20m 이상 25m 미만인 도로

　(2) 2류 : 폭 15m 이상 20m 미만인 도로

　(3) 3류 : 폭 12m 이상 15m 미만인 도로

라. 소로

　(1) 1류 : 폭 10m 이상 12m 미만인 도로

　(2) 2류 : 폭 8m 이상 10m 미만인 도로

　(3) 3류 : 폭 8m 미만인 도로

마지막으로 사도법이다. 사람들이 얘기하는 사도라는 내용의 도로와 사도법에서 얘기하는 사도와는 전혀 다른 개념이라는 것만 말씀드리고 싶다. 고급수준에 해당하는 도로에 관한 내용이라서 이 장에서 따로 설명하지는 않겠다. 규모가 제법 큰 토지개발을 하는 필자 같은 경우가 아니라면 사실상 경매 투자자가 사도법상의 사도를 만날 일은 거의 없다.

대부분 개인 소유로 되어 있는 도로를 사도라고 부르는 경우가 많은데, 사도법상의 사도가 아니라 건축법에 의한 사도라고 표현하는 것이 맞다. 정확한 용어를 사용함으로써 투자의 실패를 미연에 방지할 수 있기를 바라본다.

사도법

제2조(정의)

이 법에서 "사도"란 다음 각 호의 도로가 아닌 것으로서 그 도로에 연결되는 길을 말한다. 다만, 제3호 및 제4호의 도로는 「도로법」 제50조에 따라 시도(市道) 또는 군도(郡道) 이상에 적용되는 도로 구조를 갖춘 도로에 한정한다.

1. 「도로법」 제2조 제1호에 따른 도로
2. 「도로법」의 준용을 받는 도로
3. 「농어촌도로 정비법」 제2조 제1항에 따른 농어촌도로
4. 「농어촌정비법」에 따라 설치된 도로

제3조(적용 제외) 이 법은 다음 각 호의 도로에는 적용하지 아니한다.

1. 다른 법률에 따라 설치하는 도로
2. 공원·광구·공장·주택단지, 그 밖에 동일한 시설 안에 설치하는 도로

제9조(통행의 제한 또는 금지)

① 사도개설자는 그 사도에서 일반인의 통행을 제한하거나 금지할 수 없다.

제10조(사용료 징수)
사도개설자는 그 사도를 이용하는 자로부터 사용료를 받을 수 있다. 이 경우 대통령령으로 정하는 바에 따라 미리 시장·군수·구청장의 허가를 받아야 한다.

[공익사업을 위한 토지 등의 취득 및 보상에 관한 법률 시행규칙]

제26조(도로 및 구거부지의 평가)
"사실상의 사도"라 함은 「사도법」에 의한 사도 외의 도로(「국토의 계획 및 이용에 관한 법률」에 따라 도시·군관리계획에 의해 도로로 결정된 후부터 도로로 사용되고 있는 것을 제외한다)로 다음 각 호의 1에 해당하는 도로를 말한다.
1. 도로개설당시의 토지 소유자가 자기 토지의 편익을 위해 스스로 설치한 도로
2. 토지 소유자가 그 의사에 의해 타인의 통행을 제한할 수 없는 도로
3. 「건축법」 제45조에 따라 건축허가권자가 그 위치를 지정·공고한 도로
4. 도로개설당시의 토지 소유자가 대지 또는 공장용지 등을 조성하기 위해 설치한 도로

제 5 강
농지와
임야

쉽게 배워보는 농지와 임야

경매 투자자로서 농지의 의미를 정확하게 알아야 하는 이유는 간단하다. 농지 위에 어떤 건축물이나 구조물 등이 있을 경우 경매 정보지에서 얘기하는 내용만으로 농지취득자격증명을 발급받을 수 있을지 없을지 판단이 잘 서지 않기 때문이다. 이때 농지 자체의 개념을 정확히 익힌다면 농지취득자격증명의 발급에 관한 판단을 더 쉽게 할 수 있다. 예를 들어 축사가 있는 농지가 경매로 나왔는데 지목이 여전히 농지라면 이 축사를 철거해야 하는지, 아니면 현황대로 소유권을 이전받을 수 있는지에 관한 판단을 용이하게 할 수 있다.

또한 지목을 가리지 않고 3년 이상 경작했다면 농지에 해당할 수 있다는 점도 잊지 말아야 할 것이다. 재촌자경 등의 농지양도로 인한 세금은 별도로 설명할 기회를 만들 예정이다.

1. "농지"란 다음 각 목의 어느 하나에 해당하는 토지를 말한다.

가. 전·답, 과수원, 그 밖에 법적 지목(地目)을 불문하고 실제로 농작물 경작지 또는 다년생식물 재배지로 이용되는 토지. 다만, 「초지법」에 따라 조성된 초지 등 대통령령으로 정하는 토지는 제외한다.

> 다년생식물 재배지의 의미는 다음의 어느 하나에 해당하는 식물의 재배지를 말한다.
>
> 1. 목초·종묘·인삼·약초·잔디 및 조림용 묘목
> 2. 과수·뽕나무·유실수, 그 밖의 생육기간이 2년 이상인 식물
> 3. 조경 또는 관상용 수목과 그 묘목(조경목적으로 식재한 것을 제외한다)

나. 가목의 토지의 개량시설과 가목의 토지에 설치하는 농축산물생산시설로서 대통령령으로 정하는 시설의 부지

> 1. 토지의 개량시설로서 다음 각 목의 어느 하나에 해당하는 시설
>   가. 유지(溜池), 양·배수시설, 수로, 농로, 제방
>   나. 그 밖에 농지의 보전이나 이용에 필요한 시설로 농림축산식품부령으로 정하는 시설
>   ☞ 위와 같은 개량시설이 있는 토지도 농지의 범위에 포함된다는 의미로 알아두어야 한다.

2. 토지에 설치하는 농축산물생산시설로 농작물 경작지 또는 제1항 각 호의 다년생식물의 재배지에 설치한 다음 각 목의 어느 하나에 해당하는 시설
☞ 이와 같은 생산시설이 지상에 있을 시 농지로 판단할 것인지, 다른 용도의 토지로 판단할 것인지를 알 수 있어야 한다.
가. 고정식온실·버섯재배사 및 비닐하우스와 농림축산식품부령으로 정하는 그 부속시설
나. 축사·곤충사육사와 농림축산식품부령으로 정하는 그 부속시설
다. 간이퇴비장
라. 농막·간이저온저장고 및 간이액비저장조 중 농림축산식품부령으로 정하는 시설

2. "농업인"이란 농업에 종사하는 개인으로서 대통령령으로 정하는 자를 말한다. 농지 투자에서 투자자가 농업인인지 농업인이 아닌지에 따라 투자 메리트가 다르게 나타난다. 어떤 이는 허가조차 받지 못하는가 하면, 어떤 이는 농업인이라는 이유로 쉽게 허가받을 수 있다. 여기에 농지보전부담금까지도 감면받을 수 있다면 농업인이라는 것이 얼마나 고마운 일인가.

1. 1,000㎡ 이상의 농지에서 농작물 또는 다년생식물을 경작 또는 재배하거나 1년 중 90일 이상 농업에 종사하는 자
2. 농지에 330㎡ 이상의 고정식온실·버섯재배사·비닐하우스, 그 밖의 농림축산식품부령으로 정하는 농업생산에 필요한 시설을 설치해 농작물 또는 다년생식물을 경작 또는 재배하는 자
3. 대가축 2두, 중가축 10두, 소가축 100두, 가금 1,000수 또는 꿀벌 10군 이상을 사육하거나 1년 중 120일 이상 축산업에 종사하는 자
4. 농업경영을 통한 농산물의 연간 판매액이 120만 원 이상인 자

3. "농업법인"이란 「농어업경영체 육성 및 지원에 관한 법률」 제16조에 따라 설립된 영농조합법인과 같은 법 제19조에 따라 설립되고 업무집행권을 가진 자 중 3분의 1 이상이 농업인인 농업회사법인을 말한다. 때로는 농업법인을 활용할 수 있다면 상당한 투자 효과를 누릴 수 있으나, 지속적인 사후관리를 계속해야 한다는 것이 고단한 일이 될 수도 있다. 그래서 큰 이익을 낼 수 있는 것이 아니라면 썩 권하고 싶지는 않다.

「농어업경영체 육성 및 지원에 관한 법률」

제16조(영농조합법인 및 영어조합법인의 설립)
① 협업적 농업경영을 통해 생산성을 높이고 농산물의 출하·유통·가공·수출 및 농어촌 관광휴양사업 등을 공동으로 하려는 농업인 또는 「농업·농촌 및 식품산업 기본법」 제3조 제4호에 따른 농업 관련 생산자단체(이하 "농업생산자단체"라 한다)는 5인 이상을 조합원으로 해서 영농조합법인을 설립할 수 있다.
③ 영농조합법인 및 영어조합법인은 법인으로 하며, 그 주된 사무소의 소재지에서 설립등기를 함으로써 성립한다.
[시행일 : 2015.12.23.] 제16조

제19조(농업회사법인 및 어업회사법인의 설립 등)
① 농업의 경영이나 농산물의 유통·가공·판매를 기업적으로 하려는 자나 농업인의 농작업을 대행하거나 농어촌 관광휴양사업을 하려는 자는 대통령령으로 정하는 바에 따라 농업회사법인(農業會社法人)을 설립할 수 있다. 〈개정 2015.1.6.〉
② 농업회사법인을 설립할 수 있는 자는 농업인과 농업생산자단체로 하되, 농업인이나 농업생산자단체가 아닌 자도 대통령령으로 정하는 비율 또는 금액의 범위에서 농업회사법인에 출자할 수 있다.

4. "농업경영"이란 농업인이나 농업법인이 자기의 계산과 책임으로 농업을 영위하는 것을 말한다.

5. "자경(自耕)"이란 농업인이 그 소유 농지에서 농작물 경작 또는 다년생식물 재배에 상시 종사하거나 농작업(農作業)의 2분의 1 이상을 자기의 노동력으로 경작 또는 재배하는 것과 농업법인이 그 소유 농지에서 농작물을 경작하거나 다년생식물을 재배하는 것을 말한다.

> **규칙 제4조(상시종사의 범위)**
> 「농지법」(이하 "법"이라 한다) 제2조 제5호에 따른 상시종사는 다음 각 호의 어느 하나에 해당하는 경우로 한다.
> 1. 농업인이 그 노동력의 2분의 1 이상으로 농작물을 경작하거나 다년생식물을 재배하는 경우
> 2. 제1호에 준하는 경우로 시장(구를 두지 아니한 시의 시장을 말하며, 도농복합형태의 시에서는 농지의 소재지가 동지역인 경우만을 말한다)·구청장(도농복합형태의 시의 구에서는 농지의 소재지가 동지역인 경우만을 말한다)·읍장 또는 면장(이하 "시·구·읍·면장"이라 한다)이 인정하는 경우

6. "위탁경영"이란 농지 소유자가 타인에게 일정한 보수를 지급하기로 약정하고 농작업의 전부 또는 일부를 위탁해서 행하는 농업경영을 말한다.

7. "농지의 전용"이란 농지를 농작물의 경작이나 다년생식물의 재배 등 농업생산 또는 농지개량 외의 용도로 사용하는

것을 말한다.

8. 농지를 취득하는 데 필요한 농지취득자격증명의 발급에 관한 내용을 올려보겠다.

> **[농지취득자격증명의 발급]**
>
> 시·구·읍·면의 장은 농지취득자격증명의 발급신청을 받은 때는 그 신청을 받은 날로부터 4일(법 제8조 제2항 단서에 따라 농업경영계획서를 작성하지 아니하고 농지취득자격증명의 발급신청을 할 수 있는 경우에는 2일) 이내에 다음 각 호의 요건에 적합한지를 확인해, 이에 적합한 경우에는 신청인에게 농지취득자격증명을 발급해야 한다.
>
> 1. 법률에 따른 취득요건에 적합할 것(생략)
> 2. 농업인이 아닌 개인이 주말·체험영농에 이용하고자 농지를 취득하는 경우에는 신청 당시 소유하고 있는 농지의 면적에 취득하려는 농지의 면적을 합한 면적이 농지의 소유상한 이내일 것(1,000㎡)
> 3. 신청인의 농업경영능력 등을 참작할 때 실현가능하다고 인정될 것
> 4. 신청인이 소유농지의 전부를 타인에게 임대 또는 사용대(使用貸)하거나 농작업의 전부를 위탁해 경영하고 있지 아니할 것. 다만, 법 제6조 제2항 제3호 또는 제9호에 따라 농지를 취득하는 경우에는 그러하지 아니하다.
> 5. 신청 당시 농업경영을 하지 아니하는 자가 자기의 농업경영에 이용하고자 농지를 취득하는 경우에는 해당 농지의 취득 후 농업경영에 이용하려는 농지의 총면적이 다음 각 목의 어느 하나에 해당할 것
>   가. 고정식온실·버섯재배사·비닐하우스·축사, 그 밖의 농업생산에 필요한 시설로서 농림축산식품부령으로 정하는 시설이 설치되어 있거나 설치하려는 농지의 경우 : 330㎡ 이상
>   나. 곤충사육사가 설치되어 있거나 곤충사육사를 설치하려는 농지의 경우 : 165㎡ 이상
>   다. 가목 및 나목 외의 농지의 경우 : 1,000㎡ 이상
>
> 농지취득자격증명 발급에 관한 세부적인 업무지침은 뒤편에 따로 첨부했으니 참고하시면 되겠다.

9. 농지의 임대차 또는 사용대차

취득하고 난 후 농지를 임대하는 것에 관한 상담을 많이 받는다. 그러나 농지법에서는 농지의 임대를 모든 농지가 다 가능하도록 한 것이 아니라, 임대가 가능한 대상의 농지를 법으로 따로 정해두었다. 다소 현실과 동떨어진 내용이라는 사실을 부인하지 않겠다. 농지의 경매 낙찰 시 사전에 검토해야 하는 법률적인 내용과 관련된 사항이다.

> **제24조(임대차·사용대차 계약방법과 확인)**
> ① 임대차계약(농업경영을 하려는 자에게 임대하는 경우만을 말한다. 이하 이 절에서 같다)과 사용대차계약(농업경영을 하려는 자에게 사용하는 경우만을 말한다)은 서면계약을 원칙으로 한다.
> ② 제1항에 따른 임대차계약은 그 등기가 없는 경우에도 임차인이 농지소재지를 관할하는 시·구·읍·면의 장의 확인을 받고, 해당 농지를 인도받은 경우에는 그다음 날부터 제삼자에 대해 효력이 생긴다.
> ③ 시·구·읍·면의 장은 농지임대차계약 확인대장을 갖춰 두고, 임대차계약 증서를 소지한 임대인 또는 임차인의 확인 신청이 있는 때는 농림축산식품부령으로 정하는 바에 따라 임대차계약을 확인한 후 대장에 그 내용을 기록해야 한다.
>
> **제24조의2(임대차기간)**
> ① 제23조 제1항 제8호를 제외한 임대차기간은 3년 이상으로 해야 한다. 〈개정 2015.7.20.〉
> ② 임대차기간을 정하지 아니하거나 3년보다 짧은 경우에는 3년으로 약정된 것으로 본다.
> ③ 제1항에도 불구하고 임대인은 질병, 징집 등 대통령령으로 정하는 불가

피한 사유가 있는 경우에는 임대차기간을 3년 미만으로 정할 수 있다. 이 경우 임차인은 3년 미만으로 정한 기간이 유효함을 주장할 수 있다.
④ 제1항부터 제3항까지의 규정은 임대차계약을 연장 또는 갱신하거나 재계약을 체결하는 경우 그 임대차기간에 대해도 동일하게 적용한다.

제25조(묵시의 갱신)
임대인이 임대차기간이 끝나기 3개월 전까지 임차인에게 임대차계약을 갱신하지 아니한다는 뜻이나, 임대차계약 조건을 변경한다는 뜻을 통지하지 아니하면 그 임대차기간이 끝난 때 이전의 임대차계약과 같은 조건으로 다시 임대차계약을 한 것으로 본다.

제26조(임대인의 지위 승계)
임대 농지의 양수인(讓受人)은 이 법에 따른 임대인의 지위를 승계한 것으로 본다.

제26조의2(강행규정)
이 법에 위반된 약정으로서 임차인에게 불리한 것은 그 효력이 없다.

농지법에서는 농업진흥지역의 농지에 관한 내용을 담고 있다. 농업진흥지역이 아닌 농지를 흔히들 일반농지라고 얘기하는데, 농지전용허가를 받아서 건축물을 지을 때 국토의 계획 및 이용에 관한 법률에서 정하는 용도지역·용도지구 등의 행위제한을 적용한다.

농업진흥지역은 다시 농업진흥구역과 농업보호구역으로 나뉜다. 경매 투자자의 입장에서는 농업진흥구역의 농지가 해제되지 않는 한 투자 가치가 그리 높지 않다고 봄이 타당하다. 일반인이 지을 수 있는 건축물은 거의 없으며, 농업인 자격이나 농업법인을 갖춘 경우 농업인 주택 또는 1차 산업용 건축물이나 가공공장 등의 설치가 제한적으로 가능하기 때문이다.

제28조(농업진흥지역의 지정)
① 시·도지사는 농지를 효율적으로 이용하고 보전하기 위해 농업진흥지역을 지정한다.
② 제1항에 따른 농업진흥지역은 다음 각 호의 용도구역으로 구분해 지정할 수 있다.
  1. 농업진흥구역 : 농업의 진흥을 도모해야 하는 다음 각 목의 어느 하나에 해당하는 지역으로서 농림축산식품부장관이 정하는 규모로 농지가 집단화되어 농업 목적으로 이용할 필요가 있는 지역
    가. 농지조성사업 또는 농업기반정비사업이 시행되었거나 시행 중인 지역으로 농업용으로 이용하고 있거나 이용할 토지가 집단화되어 있는 지역
    나. 가목에 해당하는 지역 외의 지역으로 농업용으로 이용하고 있는 토지가 집단화되어 있는 지역
  2. 농업보호구역 : 농업진흥구역의 용수원 확보, 수질 보전 등 농업 환경을 보호하기 위해 필요한 지역

제29조(농업진흥지역의 지정 대상)
제28조에 따른 농업진흥지역 지정은 「국토의 계획 및 이용에 관한 법률」에 따른 녹지지역·관리지역·농림지역 및 자연환경보전지역을 대상으로 한다. 다만, 특별시의 녹지지역은 제외한다.

그러나 농업보호구역의 농지라면 다르다. 근린생활시설이나 일반단독주택도 건축할 수 있기 때문이다. 아래와 같은 내용으로 법규에는 표기해놓았는데, 자세히 살펴봐야만 단독주택이나 근생이 가능하다는 사실을 확인할 수 있다.

1. 「농어촌정비법」 제2조 제16호 나목에 따른 관광농원사업으로 설치하는 시설로 그 부지가 2만㎡ 미만인 것
2. 「농어촌정비법」 제2조 제16호 다목에 따른 주말농원사업으로 설치하는 시설로 그 부지가 3,000㎡ 미만인 것
3. 태양에너지 발전설비
4. 다음 각 목에 해당하는 시설로 그 부지가 1,000㎡ 미만인 것
   가. 「건축법 시행령」 별표 1 제1호 가목에 해당하는 시설
   나. 「건축법 시행령」 별표 1 제3호 가목·라목부터 바목까지 및 사목(공중화장실 및 대피소는 제외한다)에 해당하는 시설
   다. 「건축법 시행령」 별표 1 제4호 가목·나목·라목부터 사목까지, 차목부터 타목까지, 파목(골프연습장은 제외한다) 및 하목에 해당하는 시설
5. 「건축법 시행령」 별표 1 제3호 사목(공중화장실, 대피소, 그 밖에 이와 비슷한 것만 해당한다) 및 아목(변전소 및 도시가스배관시설은 제외한다)에 해당하는 시설로 그 부지가 3,000㎡ 미만인 것

농업진흥지역의 농지가 아니더라도 다음의 내용에 의해 농지를 일반인이 대규모로 전용할 수 없도록 제한한다는 사실을 확인할 수 있다.

제37조(농지전용허가 등의 제한)

① 농림축산식품부장관은 제34조 제1항에 따른 농지전용허가를 결정할 경우 다음 각 호의 어느 하나에 해당하는 시설의 부지로 사용하려는 농지는 전용을 허가할 수 없다. 다만, 「국토의 계획 및 이용에 관한 법률」에 따른 도시지역·계획관리지역 및 개발진흥지구에 있는 농지는 다음 각 호의 어느 하나에 해당하는 시설의 부지로 사용하더라도 전용을 허가할 수 있다.

1. 「대기환경보전법」 제2조 제9호에 따른 대기오염배출시설로 대통령령으로 정하는 시설
2. 「수질 및 수생태계 보전에 관한 법률」 제2조 제10호에 따른 폐수배출시설로 대통령령으로 정하는 시설
3. 농업의 진흥이나 농지의 보전을 해칠 우려가 있는 시설로 대통령령으로 정하는 다음의 시설

　가. 「건축법 시행령」 별표 1
　　제2호 가목,
　　제3호 나목,
　　제4호 아목·자목·너목(이 영 제29조 제2항 제1호 및 제29조 제7항 제3호·제4호의 시설은 제외한다)·더목,
　　제5호, 제8호, 제10호 다목·라목·바목,
　　제14호,
　　제15호(「제주특별자치도 설치 및 국제자유도시 조성을 위한 특별법」 제174조 제1항에 따른 1,000㎡ 이하의 휴양펜션업 시설을 제외한다),
　　제16호,
　　제20호 나목부터 바목까지 및 제27호에 해당하는 시설

　나. 「건축법 시행령」 별표 1
　　제1호, 제3호 가목·다목부터 바목까지 및 사목(지역아동센터만 해당한다), 제4호 가목부터 사목까지, 차목부터 거목까지 및 러목, 제6호, 제11호, 제12호, 제13호, 제19호, 제20호 가목·사목·아목 및 제26호에 해당하는 시설로 그 부지로 사용하려는 농지의 면적이 1,000㎡를 초과하는 것

다. 「건축법 시행령」 별표 1 제2호 나목 및 다목에 해당하는 시설로 그 부지로 사용하려는 농지의 면적이 15,000㎡를 초과하는 것
라. 「건축법 시행령」 별표 1
제7호 가목·나목, 제17호, 제18호에 해당하는 시설 및 「농어촌정비법」 제2조 제16호 나목에 따른 관광농원사업의 시설로 그 부지로 사용하려는 농지의 면적이 3만㎡를 초과하는 것
마. 제1호부터 제4호까지의 규정에 해당되지 아니하는 시설로, 그 부지로 전용하려는 농지의 면적이 1만㎡를 초과하는 것. 다만, 그 시설이 법 제32조 제1항 제3호부터 제8호까지의 규정에 따라 농업진흥구역에 설치할 수 있는 시설, 도시·군계획시설, 「농어촌정비법」 제101조에 따른 마을정비구역으로 지정된 구역에 설치하는 시설, 「도로법」 제2조 제2호에 따른 도로부속물 중 고속국도관리청이 설치하는 고속국도의 도로부속물 시설, 「자연공원법」 제2조 제10호에 따른 공원시설 및 「체육시설의 설치·이용에 관한 법률」 제3조에 따른 골프장에 해당되는 경우를 제외한다.
바. 그 밖에 해당 지역의 농지규모·농지보전상황 등 농업여건을 감안해 시(특별시 및 광역시를 포함한다)·군의 조례로 정하는 농업의 진흥이나 농지의 보전을 저해하는 시설

* 전용제한면적을 적용하는 데 해당 시설을 설치하는 자가 동시 또는 수차에 걸쳐 그 시설이나 그 시설과 같은 종류의 시설의 부지로 사용하고자 연접해 농지를 전용하는 경우에는 그 전용하려는 농지의 면적과 그 농지전용허가신청일 이전 5년간 연접해 전용한 농지면적을 합산한 면적을 해당 시설의 부지면적으로 본다.

지금까지 농지를 다른 용도로 전용할 수 있는 내용에 관해 설명해드렸다. 하지만 이러한 전용을 허가받을 때 허가신청

자는 농지보전부담금을 납부해야만 허가증을 수령할 수 있다. 그에 관한 내용을 살펴보겠다. 중요하지 않은 내용은 생략했다.

제38조(농지보전부담금)

① 농지보전부담금을 납부해야 하는 자
   1. 제34조 제1항에 따라 농지전용허가를 받는 자
   2. 제34조 제2항 제1호에 따라 농지전용협의를 거친 지역 예정지 또는 시설 예정지에 있는 농지(같은 호 단서에 따라 협의 대상에서 제외되는 농지를 포함한다)를 전용하려는 자
   2의2. 제34조 제2항 제1호의2에 따라 농지전용에 관한 협의를 거친 구역 예정지에 있는 농지를 전용하려는 자
   3. 제34조 제2항 제2호에 따라 농지전용협의를 거친 농지를 전용하려는 자
   4. 다른 법률에 따라 농지전용허가가 의제되는 협의를 거친 농지를 전용하려는 자
   5. 제35조나 제43조에 따라 농지전용신고를 하고 농지를 전용하려는 자

④ 농지를 전용하려는 자는 제1항 또는 제2항에 따른 농지보전부담금의 전부 또는 일부를 농지전용허가·농지전용신고(다른 법률에 따라 농지전용허가 또는 농지전용신고가 의제되는 인가·허가·승인 등을 포함한다) 전까지 납부해야 한다.

⑤ 농지관리기금을 운용·관리하는 자는 다음 각 호의 어느 하나에 해당하면 대통령령으로 정하는 바에 따라 그에 해당하는 농지보전부담금을 환급해야 한다.
   1. 농지보전부담금을 낸 자의 허가가 제39조에 따라 취소된 경우
   2. 농지보전부담금을 낸 자의 사업계획이 변경된 경우
   2의2. 제4항에 따라 농지보전부담금을 납부하고 허가를 받지 못한 경우
   3. 그 밖에 이에 준하는 사유로 전용하려는 농지의 면적이 당초보다 줄어든 경우

⑥ 농림축산식품부장관은 다음 각 호의 어느 하나에 해당하면 대통령령으로 정하는 바에 따라 농지보전부담금을 감면할 수 있다.
  1. 국가나 지방자치단체가 공용 목적이나 공공용 목적으로 농지를 전용하는 경우
  2. 대통령령으로 정하는 중요 산업시설을 설치하기 위해 농지를 전용하는 경우
  3. 제35조 제1항 각 호에 따른 시설이나 그 밖에 대통령령으로 정하는 시설을 설치하기 위해 농지를 전용하는 경우
⑦ 농지보전부담금은 「부동산 가격공시 및 감정평가에 관한 법률」에 따른 해당 농지의 개별공시지가의 범위에서 대통령령으로 정하는 부과기준을 적용해 산정한 금액으로 한다.

[농지보전부담금의 부과기준]
① 농지보전부담금의 ㎡당 금액은 「부동산 가격공시 및 감정평가에 관한 법률」에 따른 해당 농지의 개별공시지가의 100분의 30으로 한다.
② 제1항에 따라 산정한 농지보전부담금의 ㎡당 금액이 농림축산식품부령으로 정하는 금액을 초과하는 경우에는 농림축산식품부령으로 정하는 금액을 농지보전부담금의 ㎡당 금액으로 한다.

[농지보전부담금의 ㎡당 상한 금액]
"농림축산식품부령으로 정하는 금액"이란 각각 ㎡당 50,000원을 말한다.

마지막으로 농지를 소유해 영농하게 되면 농지원부를 신청할 수 있다. 농지원부는 농지가 있는 소재지가 아니라, 소유자가 거주하고 있는 주소지의 관할 시군구청에 신청한다.

제49조(농지원부의 작성과 비치)
① 시·구·읍·면의 장은 농지 소유 실태와 농지 이용 실태를 파악해, 이를 효율적으로 이용하고 관리하기 위해 대통령령으로 정하는 바에 따라 농지원부를 작성해두어야 한다.

제50조(농지원부의 열람 또는 등본 등의 교부)
① 시·구·읍·면의 장은 농지원부의 열람신청 또는 등본 교부신청을 받으면 농림축산식품부령으로 정하는 바에 따라 농지원부를 열람하게 하거나 그 등본을 내주어야 한다.
② 시·구·읍·면의 장은 자경(自耕)하고 있는 농업인 또는 농업법인이 신청하면 농림축산식품부령으로 정하는 바에 따라 자경증명을 발급해야 한다.

농지취득자격증명 발급심사요령은 그 내용이 다소 많아 필요 없는 내용은 삭제하고 올려두었다. 농지취득자격증명을 발급하는 담당자의 업무처리 지침서이므로 이 내용을 알게 된다면 농취증 발급에 상당한 도움이 될 수 있을 것이다.

농지취득자격증명 발급심사요령
[시행 2015.8.17]

농림축산식품부(농지과), 044-201-1736

제1장 총칙

제1조(목적)

제2조(정의) 이 요령에서 사용하는 용어의 정의는 다음과 같다.
① "농지"란 다음 각 호의 어느 하나에 해당하는 토지를 말한다.
1. 전·답, 과수원, 그 밖에 법적 지목(地目)을 불문하고 실제로 농작물 경작지 또는 다년생식물 재배지로 이용되는 토지
2. 제1호의 토지의 개량시설(유지, 양·배수시설, 수로, 농로, 제방, 토양의 침식이나 재해로 인한 농작물의 피해를 방지하기 위해 설치한 계단·흙막이·방풍림, 그 밖에 이에 따르는 시설을 말한다)의 부지
3. 농작물 경작지 또는 제2항 각 호의 다년생식물 재배지로 이용되고 있는 토지에 설치한 다음 각 목의 시설 부지
   가. 고정식온실·버섯재배사·비닐하우스와 그 부속시설
   나. 축사 또는 곤충사육사와 그 부속시설
   다. 농막·간이저온저장고·간이퇴비장 또는 간이액비저장조
② "다년생식물 재배지"란 (생략)
③ "농업인"이란 다음 각 호의 어느 하나에 해당하는 개인을 말한다.
1. 1,000m^2 이상의 농지에서 농작물 또는 다년생식물을 경작 또는 재배하거나 1년 중 90일 이상 농업에 종사하는 자
   * 90일 이상 농업에 종사하는 자란 농업경영주와 1년 중 90일 이상 농업경영이나 농지 경작활동의 피고용인으로 종사한다는 계약을 체결하고 노동력을 제공하고 있는 자
2. 농지에 330m^2 이상의 고정식온실·버섯재배사·비닐하우스, 기타 농업생산에 필요한 시설을 설치해 농작물 또는 다년생

식물을 경작 또는 재배하는 자
④ "농업법인"이란 (생략)
⑤ "농업경영"이란 (생략)
⑥ "주말·체험영농"이란 농업인이 아닌 개인이 주말 등을 이용해 취미 또는 여가활동으로 농작물을 경작하거나 다년생식물을 재배하는 것을 말한다.

제2장 농지취득자격증명발급대상
제3조(농지취득자격증명 발급대상)
① 농지의 소유권을 취득하고자 하는 자는 법 제8조 제1항 및 제4항에 따라 농지취득자격증명(이하 "자격증명"이라 한다)을 발급받아 소유권에 관한 등기를 신청할 때, 이를 첨부해야 한다.
② 제1항의 규정에도 불구하고 다음 각 호의 어느 하나에 해당하는 경우에는 법 제8조 제1항 단서 및 영 제6조에 따라 자격증명을 발급받지 아니하고 농지를 취득할 수 있다.
1. 국가 또는 지방자치단체가 농지를 취득하는 경우
2. 상속(상속인에게 한 유증을 포함한다. 이하 같다)에 의해 농지를 취득하는 경우
3. (생략)
4. 법 제34조 제2항에 따라 농지의 전용에 관한 협의를 완료한 다음 각 목의 어느 하나에 해당하는 농지를 취득하는 경우
   가. 「국토의 계획 및 이용에 관한 법률」에 따른 도시지역 안에 주거지역·상업지역·공업지역 또는 도시계획시설예정지로 지정 또는 결정된 농지
   나. 「국토의 계획 및 이용에 관한 법률」에 따른 계획관리지역의 지구단위계획구역으로 지정된 농지
   * 계획관리지역의 지구단위계획구역 농지 중 자격증명을 받지 아니하고 취득할 수 있는 농지는 '09.11.28부터 농림수산식품부장관과 농지전용에 관한 협의를 거쳐 지정된 농지에 한함

다. 「국토의 계획 및 이용에 관한 법률」에 따른 도시지역 안의 녹지지역 및 개발제한구역 안의 농지에 대해 같은 법 제56조에 따라 개발행위의 허가를 받거나 「개발제한구역의 지정 및 관리에 관한 특별조치법」 제12조 제1항 각호 외의 부분 단서에 따라 토지형질변경허가를 받은 농지

5. 다음 각 목의 법률에 따라 농지를 취득해 소유하는 경우
  가. (이하 생략)

제4조(자격증명 발급대상자)
자격증명은 다음 각 호의 어느 하나에 해당하는 자에 대해 발급한다.
1. 농지를 취득하고자 하는 다음 각 목의 어느 하나에 해당하는 자
  가. 농업인 또는 농업인이 되고자 하는 자
  나. 농업법인
2. (생략)
3. 주말·체험영농을 하고자 하는 농업인이 아닌 개인
4. 법 제34조 제1항에 따른 농지전용허가를 받거나 농지전용신고를 한 자(해당 농지를 취득하는 경우에 한정한다)
5. (생략)
6. 「농어촌정비법」 제98조 제3항에 따른 한계농지 등의 정비사업 시행자로부터 1,500m^2 미만의 농지를 분양받는 자
7. 법 제6조 제2항 제9호의2에 따른 영농여건불리농지를 취득하는 자

제5조(자격증명 발급권자)
자격증명은 취득하고자 하는 농지의 소재지를 관할하는 시장[구를 두지 아니한 시의 시장을 말하며, 도농 복합 형태의 시는 농지의 소재지가 동(洞)지역인 경우만을 말한다]·구청장[도농복합형태의 시의 구

에서는 농지의 소재지가 동(洞)지역인 경우만을 말한다]·읍장 또는 면장(이하 "시·구·읍·면의 장"이라 한다)이 발급한다.

제6조(자격증명 신청자)
① 자격증명은 농지를 취득하고자 하는 자가 신청해야 한다.

제7조(자격증명의 발급신청)
① 자격증명을 발급받고자 하는 자는 규칙 제7조에 따른 농지취득자격증명신청서를 작성한 후 제2항 각 호의 서류를 첨부해 해당 농지의 소재지를 관할하는 시·구·읍·면장에게 제출해야 한다.
② 제1항에 따른 농지취득자격증명신청서에는 다음 각 호의 서류를 첨부해야 한다.
　1. 농업경영계획서(제4조 제1호에 해당하는 경우에 한정한다)
　2. 농지취득인정서(제4조 제2호에 해당하는 자에 한정한다)
　3. 농지의 임대차계약서 또는 사용대차계약서(농지를 임차하거나 사용차해 농작물을 경작하거나 다년생식물 재배에 이용하거나 이용할 계획임을 입증하고자 하는 경우에 한정한다)
　4. 농지전용허가를 받거나 농지전용신고를 한 사실을 입증하는 서류
③ 시·구·읍·면장은 자격증명을 발급받고자 하는 자에 대해 다음 각 호에 해당하는 서류를 추가로 제출하게 할 수 있다.
　1. 취득하고자 하는 농지가 형질변경 등으로 인해 통상적으로 경작 또는 재배가 곤란한 경우에는 농지로의 복구계획서(농업경영계획서에 복구계획이 포함되지 아니한 경우에 한정한다)
　2. (생략)
　3. 제9조의2에 따라 농지전용사업이 시행 중인 경매 농지를 취득하고자 하는 경우에는 최고가매수신고인을 입증하는 서류
　4. 제9조의2 제2항에 따라 최고가매수신고인이 농지전용사업

이 시행 중인 경매 농지를 전용목적으로 취득하고자 하는 경우에는 해당 농지에 대한 전용사업계획서

제4장 농지취득자격증명 발급
제8조(자격증명 발급요건)
① 농지취득자격증명신청서를 접수한 시·구·읍·면장은 농지취득자격증명신청서 및 농업경영계획서의 기재사항과 주민등록 및 농지원부 등에 따라 신청인이 다음 각 호의 요건에 해당하는지를 확인·심사한 후 적합하다고 인정할 때는 지체 없이 자격증명을 발급해야 한다. 이때 신청인이 농업경영계획서를 제출한 경우로서 필요하다고 판단되면 현지 확인 등을 해야 한다.
1. 제4조에 따른 자격증명 발급대상자일 것
2. 농지를 취득하는 목적이 다음 각 목의 규정에 적합할 것
    가. 자기의 농업경영에 이용하고자 하는 경우(제4조 제1호 각 목에 해당하는 자에 한정한다)
    나. 시험·연구·실습지 또는 종묘생산용지로 이용하고자 하는 경우(제4조 제2호에 해당하는 자에 한정한다)
    다. 주말·체험영농에 이용하고자 하는 경우(제4조 제3호에 해당하는 자에 한정한다)
    라. 전용목적 사업에 이용하고자 하는 경우(제4조 제4호에 해당하는 자에 한정한다)
    마. 농지의 개발사업지구 또는 한계농지정비사업지구 안의 농지를 소유하고자 하는 경우(제4조 제5호 또는 제6호에 해당하는 자에 한정한다)
    바. 한국토지주택공사가 비축용 농지를 소유하고자 하는 경우

3. 농업인이 아닌 개인이 주말·체험영농에 이용하고자 농지를 취득하는 경우에는 신청 당시 소유하고 있는 농지의 면적에 취득하고자 하는 농지의 면적을 합한 면적이 1,000m^2 미만일 것

(이 경우 면적의 계산은 그 세대원 전부가 소유하는 총면적으로 한다)
4. 신청인이 작성한 농업경영계획서가 다음 각 목의 사항을 포함하고 있을 것
   가. 취득대상 농지의 면적
   나. 취득대상 농지의 농업경영에 적합한 노동력 및 농업기계·장비의 확보방안
   다. 소유농지의 이용 실태(농지를 소유하고 있는 자의 경우에 한정한다)
5. 농업경영능력 등 다음 각 목의 사항을 종합적으로 고려할 때 농업경영계획의 실현가능성이 있다고 인정될 것(제4조 제2호부터 제8호까지 해당하는 자를 제외한다). 이 경우「초·중등교육법」및「고등교육법」에 따른 학교에 재학 중인 학생은 농업경영계획의 실현가능성이 없는 것으로 본다.
   가. 취득대상 농지의 면적
   나. 취득대상 농지를 농업경영에 이용하기 위한 노동력 및 농업기계·장비 등의 확보여부 또는 확보방안
   다. 소유농지의 이용 실태(농지를 소유하고 있는 자의 경우에 한정한다)
   라. 경작 또는 재배하고자 하는 농작물 또는 다년생식물의 종류
   마. 농작물의 경작 또는 다년생식물의 재배지 등으로 이용되고 있지 아니하는 농지의 경우에는 농지의 복구가능성 등 취득대상 토지의 상태
   바. 신청자의 연령·직업 또는 거주지 등 영농여건
   사. 신청자의 영농의지
6. 신청인이 소유농지 전부를 타인에게 임대 또는 사용대하거나 농작업의 전부를 위탁해 경영하고 있지 않을 것(제4조 제3호·제5호 또는 제6호에 해당하는 자를 제외한다)
7. 신청 당시 농업경영을 하지 아니하는 자가 자기의 농업경영에 이용하고자 농지를 취득하는 경우에는 해당 농지의 취득 후 농

업경영에 이용하고자 하는 농지의 총면적이 다음 각 목의 어느 하나에 해당할 것

가. 농지에 고정식온실·버섯재배사·비닐하우스·축사가 설치되어 있거나 설치하고자 하는 경우 그 시설이 차지하는 농지 면적 : 330m^2 이상

나. 곤충사육사가 설치되어 있거나 곤충사육사를 설치하려는 농지의 경우 : 165m^2 이상

다. 가목 및 나목 외의 농지 : 1,000m^2 이상

8. 제7조 제3항 제1호에 따라 농지로의 복구계획서를 제출하거나 농업경영계획서에 복구계획을 포함해 작성한 경우에는 그 계획이 실현 가능할 것

② 시·구·읍·면장은 제1항에 따른 확인과 심사를 할 경우 신청인이 투기 등의 목적으로 농지를 소유하고자 농업경영계획서에 허위의 사실을 기재하거나 농업경영을 위장할 목적으로 취득 농지에 수목·묘목 등 다년생식물 등을 식재하고자 하는 것으로 판단되는 경우에는 자격증명을 발급해서는 아니 된다.

제9조(자격증명의 발급)

① 시·구·읍·면장은 신청인이 제8조의 자격증명 발급요건에 부합되는 경우에는 신청서 접수일로부터 4일(법 제8조 제2항 단서에 따른 농업경영계획서를 작성하지 아니하고 자격증명 발급을 신청하는 경우에는 2일) 이내에 자격증명을 발급해야 한다.

② 시·구·읍·면장은 신청인이 제8조의 자격증명 발급요건에 부합되지 아니하는 경우에는 신청서 접수일로부터 4일(법 제8조 제2항 단서의 규정에 따른 농업경영계획서를 작성하지 아니하고 자격증명 발급을 신청하는 경우에는 2일) 이내에 자격증명 미발급 사유를 명시해 신청인에게 문서로 통보해야 한다.

③ 시·구·읍·면장은 신청인이 법 제2조 제1호에 따른 농지가 아

닌 토지, 자격증명을 발급받지 아니하고 취득할 수 있는 농지 또는 「농지법」을 위반해 불법으로 형질변경한 농지 등에 대해 자격증명의 발급을 신청한 경우로 제2항에 해당하는 경우에는 그 자격증명 미발급 사유를 아래의 예시와 같이 구체적으로 기재해야 한다(아래 예시 이외의 사유로 미발급 통보하는 경우에도 그 사유를 구체적으로 기재해야 한다.).

1. 신청대상 토지가 법 제2조 제1호에 따른 농지에 해당하지 아니하는 경우 :『신청대상 토지가 「농지법」에 의한 농지에 해당되지 아니함』
2. 신청대상 농지가 자격증명을 발급받지 아니하고 취득할 수 있는 농지인 경우 :『신청대상 농지는 농지취득자격증명을 발급받지 아니하고 취득할 수 있는 농지임("도시계획구역 안 주거지역으로 결정된 농지" 등 해당 사유를 기재)』
3. 신청인의 농지취득 원인이 자격증명을 발급받지 아니하고 농지를 취득할 수 있는 것인 경우 :『취득원인이 농지취득자격증명을 발급받지 아니하고 농지를 취득할 수 있는 경우에 해당함』
4. 신청대상 농지가 「농지법」을 위반해 불법으로 형질이 변경되었거나 불법건축물이 있는 농지인 경우 :『신청대상 농지는 취득 시 농지취득자격증명을 발급받아야 하는 농지이나 불법으로 형질이 변경되었거나 불법건축물이 있는 부분에 대한 복구가 필요하며 현 상태에서는 농지취득자격증명을 발급할 수 없음』

제9조의2(농지전용사업이 시행 중인 경매 농지에 대한 자격증명의 발급)
① 시·구·읍·면장은 농지전용사업이 시행 중인 경매 농지에 대해 해당 농지의 최고가매수신고인이 농업경영 또는 주말체험영농 목적으로 해당 경매 농지에 대한 자격증명을 신청한 경우에는 해당 농지의 상태, 경작 또는 재배 가능성 등을 검토해

미리 자격증명을 발급할 수 있다.

② 시·구·읍·면장은 농지전용사업이 시행 중인 경매 농지에 대해 해당 농지의 최고가매수신고인이 전용목적으로 해당 경매 농지에 대한 자격증명을 신청한 경우에는 제7조 제3항 제4호에 따른 전용사업계획서의 실현 가능성 등을 검토해 미리 자격증명을 발급할 수 있다(상기 "농지전용사업계획서의 실현 가능성"은 향후 기존 농지전용허가 취소 및 명의변경을 전제로 최고가매수신고인의 전용사업계획서상 실현가능성을 검토해 판단).

③ 시·구·읍·면장은 제1항 및 제2항에 따라 미리 농지취득자격증명을 발급해준 후에는 해당 농지에 대해 다음과 같이 농지전용 허가취소 또는 농지전용 변경 등의 조치를 해야 한다.

1. 해당 농지를 농업경영 또는 주말·체험영농을 목적으로 취득한 경우 : 해당농지에 대한 농지전용 허가 취소
2. 해당 농지를 농지전용 목적으로 취득한 경우 : 해당 농지의 전용허가 사항을 신규 취득자 앞으로 변경하거나, 기존의 농지전용 허가를 취소하고 신규 취득자 명의로 농지전용 허가

제5장 농지취득인정(생략)
제10조(시험지·연구지·실습지 등으로 쓰일 농지의 취득인정)
제10조의2(농지취득인정 발급현황 보고)

* 다음은 농지취득자격증명을 발급받지 못해 제소한 결과에 관한 판결문이다.

불법형질변경(묘지소재)으로 농취증반려처분건 판결
농취증반려취소 청구의 소(판결문)

창 원 지 방 법 원

제 1 행 정 부

판결

사건 2013구합20 농지취득자격증명반려처분 취소청구의 소

원고 조○○
피고 고성군 회화면장

변론종결 2013. 11. 12
판결선고 2013. 12. 03

주문

1. 피고가 2013. 07. 22 원고에게 한 농지취득자격증명신청 반려처분을 취소한다.
2. 소송비용은 피고가 부담한다.

이유

1. 처분의 경위

가. 원고는 창원지방법원 통영지원 2012타경9○○부동산 강제경매 사건에서 경남 고성군 회화면 배둔리482(田) 674㎡(이

하 "이 사건 토지"라 한다)에 관해 최고가매수신고인이 되었다.
나. 원고는 2013.07.18 피고에게 '주말체험영농'을 취득목적으로 이 사건 토지에 관한 농지취득자격증 발급을 신청했다.
다. 피고는 2013.07.22 원고에게 '이 사건 토지는 취득 시 농지취득자격증명을 발급받아야 하는 농지이나, 불법으로 형질변경한 부분에 대한 복구가 필요하며 현 상태에서는 농지취득자격증명을 발급할 수 없음'이라는 이유로 농지취득자격증명발급 심사요령(농림수산식품부 예규 제42호) 제9조 제3항 제4호를 근거로 위 신청을 반려하는 처분(이하 "이 사건 처분"이라 한다)을 했다.

[인정근거] 다툼이 없는 사실(갑 제1·3호증)을 제1호증의 각 기재, 변론 전체의 취지

2. 이 사건 처분의 적법 여부
가. 원고 주장
 1) 이 사건 토지가 불법으로 현상이 변경되어 농지로 원상회복하는 것이 불가능하다면 더는 농지법이 정한 농지에 해당하지 않으므로 원고는 농지취득자격증명 없이 소유권을 취득할 수 있다고 봐야 한다.
 2) 농지가 불법형질변경 되었다는 사유는 농지법이나 농지법 시행령에 정해진 농지취득자격증명신청반려 사유가 아니어서 이 사건 처분의 적법한 사유가 될 수 없을 뿐만 아니라, 원고는 이 사건 토지에 대한 원상회복 조치를 할 아무런 권한이 없으므로 불법으로 형질변경된 부분에 대한 복구가 필요하다면서 원고의 신청을 반려한 것은 원고에게 불가능한 행위를 요구하는 것이다.
나. 관계 법령 : 별지와 같다.

다. 판단
1) 어떠한 토지가 농지법에서 말하는 농지인지는 공부상 지목 여하에 불구하고 해당 토지의 사실상의 현상에 따라 가려져야 할 것이고, 공부상 지목이 전인 토지가 그 농지로서의 현상이 변경되었다 하더라도 그 변경상태가 일시적인 것에 불과하고 농지로서의 원상회복이 용이하게 이루어질 수 있다면 그 토지는 여전히 농지법에서 말하는 농지에 해당하므로 그 취득에는 소재지 관서의 농지취득자격증명이 필요하다(대법원 1999.02.03자 98마2604 결정 등 참조).

제2 내지 5호증의 각 기재 및 영상에 변론 전체의 취지를 종합하면, 이 사건 토지의 지목이 田이고, 이 사건 토지 지상에 분묘 4기가 조성되어 있는 사실, 위 분묘 중 상석이 있는 2기는 사망일시가 각각 1984년과 1976년으로 기재되어 있어 농지전용을 허가대상으로 규정한 농지의 보전 및 이용에 관한 법률(법률 제2373호) 시행일인 1973.01.01 이후에 조성된 것으로 확인된 사실, 이 사건 토지 중 분묘로 사용되고 있지 않은 부분은 풀과 나무가 자라고 있거나 깨 등 농작물을 경작 중인 사실이 인정된다.

위 인정사실에 의하면 이 사건 토지 중 일부는 농작물을 경작 중이고, 나머지 부분에 있는 풀과 나무를 제거하거나 분묘 이장이 불가능하지 아니한 이상(피고는 분묘기지권 발생을 이유로 분묘 부분을 원상회복하는 것이 불가능하다고 주장하나, 이 사건에서 제출된 증거만으로는 분묘기지권 성립 여부가 명확히 확인되지 않을 뿐만 아니라, 분묘 이장은 원고가 분묘 연고자와 협의를 통해 해결할 수도 있는 문제다)

이 사건 토지 변경 상태는 일시적인 것으로 그 원상회복이 비교적 용이하게 이루어질 수 있다고 보이므로 이 사건 토지는 농지법에서 말하는 농지에 해당한다.

2) 피고는 이 사건 토지의 불법형질변경을 이유로 농지취득자격 증명 발급을 거부했으나, 다음과 같은 사정에 비추어볼 때 불법형질변경은 적법한 처분 사유가 될 수 없다.

농지취득자격증명 발급심사요령 제9조 제3항 제4호는 신청 대상 농지가 농지법을 위반해 불법으로 형질을 변경한 농지인 경우 '신청대상 농지는 취득 시 농지취득자격증명을 발급받아야 하는 토지이나 불법으로 형질변경한 부분에 대한 복구가 필요하며, 현 상태에서는 농지취득자격증명을 발급할 수 없음'이라고 기재해 신청을 반려하도록 정했다. 피고는 위 심사요령에 따라 이 사건 처분을 했다고 주장하나, 농지취득자격증명 발급심사 요령은 농지취득자격증명 발급기준 내지 절차에 의해 행정기관 내부의 사무처리준칙을 정한 것에 불과하고, 대외적으로 국민이나 법원을 구속하는 법규로서의 효력이 없다.

농지가 불법으로 형질변경 되었다 하더라도 해당 농지를 취득한 후 농업을 경영하려는 자는 소유권을 취득하기 전에는 원상회복 조치를 할 수 있는 아무런 권원이 없으므로 그에게 형질변경된 부분의 복구를 요구한다는 것은 법률상 불가능한 것을 요구하는 것이다.

불법적으로 형질변경 된 농지에 대해 농지취득자격증명의 발급을 거부하면, 농지 소유자가 금융기관에 담보로 제공한 후 농지를 불법으로 형질변경 하는 경우에는 농지 소유자가 스스로 원상회복하지 않는 한 제3자가 이를 경락받지 못하므로 담보권자가 농지를 환가할 수 없게 된다.

경매 절차를 통해 소유권이 이전되는 경우 농지의 취득을 원하는 원고에게 농지취득자격증명을 발급해 소유권을 취득하게 한 후 스스로 원상회복을 하게 하거나, 원상회복을 하지 않을 경우 행정조치를 취하는 것이 농지의 효율적인 이용 관리에 더 합당하다 할 것이다.

피고는 이 사건 토지의 현황에 비추어 농지로 사용 가능한 부분이 20% 미만으로서 주말체험영농에 이용할 수 없다고 주장하나, 앞서 본 바와 같이 원고가 이 사건 토지에 대한 소유권을 취득한 이후에는 불법 형질변경 된 부분에 대한 복구가 가능할 것으로 보이고, 만약 원고가 이 사건 토지를 취득한 후 정당한 사유 없이 위 토지를 취득 목적에 이용하지 않을 경우 농지법 제10조, 제11조에 따라 처분을 명할 수 있는 점 등을 고려할 때 위와 같은 사정을 이 사건 처분 사유로 삼을 수 없다

3) 따라서 이 사건 처분은 취소되어야 한다.

3. 그렇다면 이 사건 청구는 이유 있으므로 이를 인용하기로 하고 다음 주문과 같이 판결한다.

농지취득자격증명신청서

※ 뒤쪽의 신청안내를 참고하시기 바라며, 색상이 어두운 란은 신청인이 작성하지 않습니다. (앞쪽)

접수번호		접수일자		처리기간	4일 (농업경영계획서를 작성하지 않는 경우에는 2일)		

농지 취득자 (신청인)	①성 명 (명 칭)		②주민등록번호 (법인등록번호)		⑤취득자의 구분			
	③주 소				농업인	신규 영농	주말·체험영농	법인 등
	④전화번호							

취득 농지의 표시	⑥소 재 지					⑩농지구분		
	시·군	구·읍·면	리·동	⑦지번	⑧지목	⑨면적(㎡)	농업진흥지역		진흥지역 밖	영농여건불리농지
							진흥구역	보호구역		

⑪취득 원인	
⑫취득 목적	농업 경영 / 주말 체험 영농 / 농지 전용 / 시험·연구·실습지용 등

「농지법」 제8조제2항, 같은 법 시행령 제7조제1항 및 같은 법 시행규칙 제7조제1항제2호에 따라 위와 같이 농지취득자격증명의 발급을 신청합니다.

년 월 일

농지취득자(신청인) (서명 또는 인)

시장·구청장·읍장·면장 귀하

첨부 서류	1. 별지 제2호 서식의 농지취득인정서(법 제6조 제2항 제2호에 해당하는 경우) 2. 별지 제4호 서식의 농업경영계획서(농지를 농업경영 목적으로 취득하는 경우) 3. 농지임대차계약서 또는 농지사용대차계약서(농업경영을 하지 않는 자가 취득하려는 농지의 면적이 영 제7조 제2항 제5호 각 목의 어느 하나에 해당하지 않는 경우) 4. 농지전용허가(다른 법률에 따라 농지전용허가가 의제되는 인가 또는 승인 등을 포함)를 받거나 농지전용신고를 한 사실을 입증하는 서류(농지를 전용목적으로 취득하는 경우)	수수료: 「농지법 시행령」 제74조에 따름
담당 공무원 확인 사항	법인등기사항증명서(신청인이 법인인 경우만 해당합니다)	

기재 시 유의사항

①란은 법인은 그 명칭 및 대표자의 성명을 씁니다.
②란은 개인은 주민등록번호, 법인은 법인등록번호를 씁니다.
⑤란은 다음 구분에 따라 농지취득자가 해당되는 란에 ○표를 합니다.
　가. 신청 당시 농업경영에 종사하고 있는 개인은 "농업인"
　나. 신청 당시 농업경영에 종사하고 아니하지만 앞으로 농업경영을 하려는 개인은 "신규 영농"
　다. 신청 당시 농업경영에 종사하지 아니하지만 앞으로 주말·체험영농을 하려는 개인은 "주말·체험영농"
　라. 농업회사법인·영농조합법인, 그 밖의 법인은 "법인 등"

[취득농지의 표시]란은 취득대상 농지의 지번에 따라 필지별로 씁니다.
⑧란은 공부상의 지목에 따라 전·답·과수원 등으로 구분해 씁니다.
⑩란은 필지별로 진흥구역·보호구역·진흥지역 밖으로 구분해 해당란에 ○표를 합니다.
⑪란은 매매·교환·경락·수증 등 취득원인의 구분에 따라 씁니다.
⑫란은 농업경영/주말·체험영농/농지전용/시험·연구·실습용 등 취득 후 이용목적의 구분에 따라 해당란에 ○표를 합니다.
※ 농지취득 후 농지이용 목적대로 이용하지 아니할 경우 처분명령/이행강제금 부과·징역·벌금 등의 대상이 될 수 있으므로 정확하게 기록해야 합니다.

처리 절차

이 신청서는 무료로 배부되며 아래와 같이 처리됩니다.

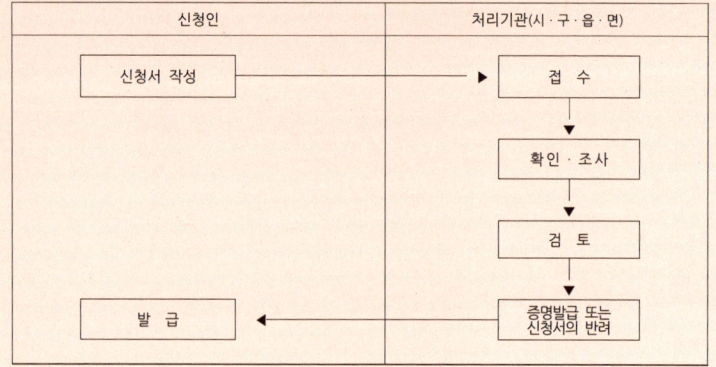

농업경영계획서

(앞쪽)

취득대상 농지에 관한 사항	①소재지			②지번	③지목	④면적(㎡)	⑤영농거리	⑥주재배 예정 작목(축종)	⑦영농 착수시기
	시·군	구·읍·면	리·동						
	계								

농업경영노동력의 확보방안	⑧취득자 및 세대원의 농업경영능력					
	취득자와 관계	성별	연령	직업	영농경력(년)	향후 영농여부
	⑨취득농지의 농업경영에 필요한 노동력확보방안					
	자기노동력		일부고용	일부위탁		전부위탁(임대)

농업기계·장비의 확보 방안	⑩농업기계·장비의 보유현황					
	기계·장비명	규격	보유현황	기계·장비명	규격	보유현황
	⑪농업기계장비의 보유 계획					
	기계·장비명	규격	보유계획	기계·장비명	규격	보유계획

⑫연고자에 관한 사항	연고자 성명		관계	

「농지법」 제8조 제2항, 같은 법 시행령 제7조 제1항 및 같은 법 시행규칙 제7조 제1항 제3호에 따라 위와 같이 본인이 취득하려는 농지에 대한 농업경영계획서를 작성하고 제출합니다.

년 월 일

제출인 (서명 또는 인)

⑬ 소유농지의 이용현황

소재지				지번	지목	면적 (㎡)	주재배 작목 (축종명)	자경 여부
시·도	시·군	읍·면	리·동					

⑭ 임차(예정)농지현황

소재지				지번	지목	면적 (㎡)	주재배 (예정) 작목 (축종명)	임차 (예정) 여부
시·도	시·군	읍·면	리·동					

⑮ 특기사항

기재상 유의사항

⑤란은 거주지로부터 농지소재지까지 일상적인 통행에 이용하는 도로에 따라 측정한 거리를 씁니다.
⑥란은 그 농지에 주로 재배·식재하려는 작목을 씁니다.
⑦란은 취득농지의 실제 경작 예정시기를 씁니다.
⑧란은 같은 세대의 세대원 중 영농한 경력이 있는 세대원과 앞으로 영농하려는 세대원에 대해 영농경력과 앞으로 영농 여부를 개인별로 씁니다.
⑨란은 취득하려는 농지의 농업경영에 필요한 노동력을 확보하는 방안을 다음 구분에 따라 해당되는 란에 표시합니다.
   가. 같은 세대의 세대원의 노동력만으로 영농하려는 경우에는 자기노동력 란에 ○표
   나. 자기노동력만으로 부족해 농작업의 일부를 고용인력에 의하려는 경우에는 일부 고용 란에 ○표
   다. 자기노동력만으로 부족해 농작업의 일부를 남에게 위탁하려는 경우에는 일부 위탁 란에 위탁하려는 작업의 종류와 그 비율을 씁니다(예 : 모내기(10%), 약제살포(20%) 등).
   라. 자기노동력에 의하지 아니하고 농작업의 전부를 남에게 맡기거나 임대하려는 경우에는 전부위탁(임대) 란에 ○표
⑩란과 ⑪란은 농업경영에 필요한 농업기계와 장비의 보유현황과 앞으로의 보유계획을 씁니다.
⑫란은 취득농지의 소재지에 거주하고 있는 연고자의 성명 및 관계를 씁니다.
⑬란과 ⑭란은 현재 소유농지 또는 임차(예정)농지에서의 영농상황(계획)을 씁니다.
⑮란은 취득농지가 농지로의 복구가 필요한 경우 복구계획 등 특기사항을 씁니다.

제 호

농지취득자격증명

농지 취득자 (신청인)	성 명 (명 칭)		주민등록번호 (법인등록번호)	
	주 소			
	전화번호			

	소 재 지	지번	지목	면적(㎡)
취 득 농지의 표 시				

취 득 목 적	

　귀하의 농지취득자격증명신청에 대해「농지법」제8조, 같은 법 시행령 제7조 제2항 및 같은 법 시행규칙 제7조 제4항에 따라 위와 같이 농지취득자격증명을 발급합니다.

　　　　　　　　　　　　　　　　　　　　　　　　　　　　　　년　　 월　　 일

　　　　　　　　　시장·구청장·읍장·면장　　[직인]

유 의 사 항

1. 귀하께서 해당 농지의 취득과 관련해 허위 그 밖에 부정한 방법에 따라 이 증명서를 발급받은 사실이 판명되면「농지법」제59조에 따라 3년 이하의 징역이나 1,000만 원 이하의 벌금에 처해질 수 있습니다.
2. 귀하께서 취득한 해당 농지를 취득목적대로 이용하지 아니할 경우에는 「농지법」제11조 제1항 및 제62조에 따라 해당 농지의 처분명령 및 이행강제금이 부과될 수 있습니다.

210mm×297mm[백상지 120g/㎡]

도시토지가 아닌 비도시지역의 임야나 농지를 경매로 투자한다고 할 때 대개 농지라면 농지법, 그리고 임야라면 산지관리법을 잘 알아야 한다고들 얘기한다. 필자의 생각을 그렇지 않다. 해당 법률을 알아야 하는 것은 맞지만, 투자에 필요한 실전적인 내용만 알아두면 그만이다.

많은 사람이 이토록 어려운 법률을 혼자서 공부해보고자 갖은 노력을 기울인다. 안타까운 현실이다. 투자에서 '멀리 가려면 같이 가고 빨리 가려면 혼자 가라'는 말이 있다. 하지만 법률을 공부하는 데 혼자서 가는 길은 참으로 느리고 어리석은 방법이다. 적어도 비도시지역의 토지라면 멘토로부터 직접 실전 법률지식을 배우는 편이 10배는 빠르다. 아니 100배는 빠르다.

혼자서 아무리 노력해도 얻을 수 없는 것이 있다. 투자를 위한 관점에서 풀어야 하는 농지법은 국토의 계획 및 이용에 관한 법률이나 기타 법률들과 복합적으로 얽혀 있는 탓에 농지법을 몽땅 외운다고 해도 아무런 소용이 없다. 산지관리법도 마찬가지다.

혼자서 깨우치려는 생각은 어리석지만, 부득이 기본이라도 익히고자 하는 분들을 위해서 법규의 핵심내용만 요약해보고자 한다. 그리고 나서 현장을 답사해야 한다. 아무것도 모른 채 발품이 중요하다는 말에 현혹되지 않아야 한다. 아는 내용이 없는데 현장답사에서 무엇을 살피겠는가.

국가는 대한민국의 임야를 두 종류로 분류해놓았다. 보전산지와 준보전산지다. 보전산지는 다시 임업용 보전산지와 공익용 보전산지로 나뉜다. 준보전산지는 나뉘지 않는다. 토지이용계획확인서의 내용에 보전산지로 기재되어 있으면, 고수가 아닌 한 그런 물건은 검토해서는 안 된다.

준보전산지라고 기재되어 있다면 임야만 검토하는 것이 안전하다. 물론 고수들은 가리지 않으나, 이 책은 기본적인 내용에서 크게 벗어나는 응용분야까지 설명하기에는 한계가 있으므로 다루지 않겠다.

법규의 내용은 아래와 같다. 편한 마음으로 읽어만 보시라.

제4조(산지의 구분)
① 산지를 합리적으로 보전하고 이용하기 위해 전국의 산지를 다음 각 호와 같이 구분한다.

1. 보전산지(保全山地)
   가. 임업용산지(林業用山地) : 산림자원의 조성과 임업경영기반의 구축 등 임업생산 기능의 증진을 위해 필요한 산지로서 다음의 산지를 대상으로 산림청장이 지정하는 산지
      1) 「산림자원의 조성 및 관리에 관한 법률」에 따른 채종림(採種林) 및 시험림의 산지
      2) 「국유림의 경영 및 관리에 관한 법률」에 따른 요존국유림(要存國有林)의 산지
      3) 「임업 및 산촌 진흥촉진에 관한 법률」에 따른 임업진흥권역의 산지

4) 그 밖에 임업생산 기능의 증진을 위해 필요한 산지로서 대통령령으로 정하는 산지
나. 공익용산지 : 임업생산과 함께 재해 방지, 수원 보호, 자연생태계 보전, 자연경관 보전, 국민보건휴양 증진 등의 공익 기능을 위해 필요한 산지로서 다음의 산지를 대상으로 산림청장이 지정하는 산지
1) 「산림문화·휴양에 관한 법률」에 따른 자연휴양림의 산지
2) 사찰림(寺刹林)의 산지
3) 제9조에 따른 산지전용·일시사용제한지역
4) 「야생생물 보호 및 관리에 관한 법률」 제27조에 따른 야생생물 특별보호구역 및 같은 법 제33조에 따른 야생생물 보호구역의 산지
5) 「자연공원법」에 따른 공원구역의 산지
6) 「문화재보호법」에 따른 문화재보호구역의 산지
7) 「수도법」에 따른 상수원보호구역의 산지
8) 「개발제한구역의 지정 및 관리에 관한 특별조치법」에 따른 개발제한구역의 산지
9) 「국토의 계획 및 이용에 관한 법률」에 따른 녹지지역 중 대통령령으로 정하는 녹지지역의 산지
10) 「자연환경보전법」에 따른 생태·경관보전지역의 산지
11) 「습지보전법」에 따른 습지보호지역의 산지
12) 「독도 등 도서지역의 생태계보전에 관한 특별법」에 따른 특정도서의 산지
13) 「백두대간 보호에 관한 법률」에 따른 백두대간보호지역의 산지
14) 「산림보호법」에 따른 산림보호구역의 산지
15) 그 밖에 공익 기능을 증진하기 위해 필요한 산지로서 대통령령으로 정하는 산지
2. 준보전산지 : 보전산지 외의 산지

다음으로 말씀드리고자 하는 것은 임야에서 건축행위가 필요할 경우 과연 어떻게 확인하는 것인가의 문제다. 앞에서도 말씀드렸지만, 보전산지에서 일반 투자자들이 할 수 있는 건축물의 종류는 거의 없다. 다소 제한적으로 농업인 주택 정도만 허가받을 수 있을 뿐이다. 아래의 내용을 살펴보면 알 수 있다. 의미 없는 내용은 생략했다.

제12조(보전산지에서의 행위제한)
[임업용 산지]
1. (생략)
2. 임도·산림경영관리사(山林經營管理舍) 등 산림경영과 관련된 시설 및 산촌산업개발시설 등 산촌개발사업과 관련된 시설로서 대통령령으로 정하는 시설의 설치
3. 수목원·산림생태원·자연휴양림·수목장림(樹木葬林), 그 밖에 대통령령으로 정하는 산림공익시설의 설치
4. 농림어업인의 주택 및 그 부대시설로서 대통령령으로 정하는 주택 및 시설의 설치
5. 농림어업용 생산·이용·가공시설 및 농어촌휴양시설로서 대통령령으로 정하는 시설의 설치
6. [이하 생략]

[공익용 산지]
1. 농림어업인 주택의 신축, 증축 또는 개축. 다만, 신축의 경우에는 대통령령으로 정하는 주택 및 시설에 한정한다. [이하 생략]

임야를 주택이나 다른 용도로 전용하기 위해서는 대체산림자원조성비를 납부해야 한다. 해마다 산림청에서 고시하지만, 대개 보전산지와 준보전산지에 따라 금액이 다르다. 평당 기준으로 약 10,000원 내지 20,000원 정도로 보면 된다. 다음의 내용은 대체산림자원조성비에 관한 내용이다.

제19조(대체산림자원조성비)
① 다음 각 호의 어느 하나에 해당하는 자는 산지전용과 산지일시 사용에 따른 대체산림자원 조성에 드는 비용(이하 "대체산림자원조성비"라 한다)을 미리 내야 한다.
1. 제14조에 따라 산지전용허가를 받으려는 자
2. 제15조의2 제1항에 따라 산지일시사용허가를 받으려는 자
3. 다른 법률에 따라 산지전용허가 또는 산지일시사용허가가 의제되거나 배제되는 행정처분을 받으려는 자

임야를 전용할 경우 다음과 같이 전용을 허가하기 위해서 국가에서 만들어둔 산지전용허가기준이라는 것이 있다. 이 허가기준에 적합하지 않은 임야는 허가를 받지 못하는 결과를 초래하므로 이 허가기준의 내용을 숙지해야 하는 것이 아주 중요하다.

[별표 4] 시행령 〈개정 2016.6.30.〉

산지전용허가기준의 적용범위와 사업별·규모별 세부기준
(제20조 제6항 관련)

1. 산지전용 시 공통으로 적용되는 허가기준

허가기준	세부기준
가. 인근 산림의 경영·관리에 큰 지장을 주지 아니할 것	산지전용으로 인해 임도가 단절되지 아니할 것. 다만, 단절되는 임도를 대체할 수 있는 임도를 설치하거나 산지전용 후에도 계속해 임도에 대체되는 기능을 수행할 수 있는 경우에는 그러하지 아니하다.
나. 희귀 야생동·식물의 보전 등 산림의 자연생태적 기능유지에 현저한 장애가 발생하지 아니할 것	개체수나 자생지가 감소하고 있어 계속적인 보호·관리가 필요한 야생동·식물이 집단으로 서식하는 산지 또는 「산림자원의 조성 및 관리에 관한 법률」 제19조 제1항에 따라 지정된 수형목(秀型木) 및 「산림보호법」 제13조에 따라 지정된 보호수가 생육하는 산지가 편입되지 아니할 것. 다만, 원형으로 보전하거나 생육에 지장이 없도록 이식하는 경우에는 그러하지 아니하다.
다. 토사의 유출·붕괴 등 재해 발생이 우려되지 않을 것	1) 산지의 경사도, 모암(母巖), 산림상태 등 농림축산식품부령으로 정하는 산사태위험지판정기준표상의 위험요인에 따라 산사태가 발생할 가능성이 큰 것으로 판정된 지역 또는 산사태가 발생한 지역이 아닐 것. 다만, 재해방지시설의 설치를 조건으로 허가하는 경우에는 그렇지 않다. 2) 하천·소하천·구거의 선형은 자연 그대로 유지되도록 계획을 수립할 것. 다만, 재해방지시설의 설치를 조건으로 허가하는 경우에는 그렇지 않다. 3) 배수시설은 배수를 하천 또는 다른 배수시설까지 안전하게 분산 유도할 수 있도록 계획을 수립할 것. 다만, 배수량이 토사유출 또는 붕괴를 발생시킬 우려가 없는 경우에는 그렇지 않다. 4) 성토비탈면은 토양의 붕괴·침식·유출 및 비탈면의 고정과 안정을 유도하기 위한 공법을 적용할 것 5) 돌쌓기, 옹벽 등 재해방지시설을 그 절토·성토 면에 설치하는 경우에는 해당 재해방지시설의 높이를 고려해 그 재해방지시설과 건축물을 수평으로 적절히 이격할 것

라. 산림의 수원함양 및 수질보전기능을 크게 해치지 아니할 것	전용하려는 산지는 상수원보호구역 또는 취수장(상수원보호구역 미고시 지역의 경우를 말한다)으로부터 상류방향 유하거리 10km 밖으로서 하천 양안 경계로부터 500m 밖에 위치해 상수원·취수장 등의 수량 및 수질에 영향을 미치지 아니할 것. 다만, 다음의 어느 하나에 해당하는 시설을 설치하는 경우에는 그러하지 아니하다. 1)「하수도법」제2조 제9호·제10호·제13호에 따른 공공하수처리시설·분뇨처리시설·개인하수처리시설 2)「가축분뇨의 관리 및 이용에 관한 법률」제2조 제8호에 따른 처리시설 3) 도수로·침사지 등 산림의 수원함양 및 수질보전을 위한 시설	
마. 사업계획 및 산지전용면적이 적정하고 산지전용방법이 자연경관 및 산림훼손을 최소화하고 산지전용 후의 복구에 지장을 줄 우려가 없을 것	1) 산지전용행위와 관련된 사업계획의 내용이 구체적이고 타당해야 하며, 허가신청자가 허가받은 후 지체 없이 산지전용의 목적사업 시행이 가능할 것 2) 목적사업의 성격, 주변 경관, 설치하려는 시설물의 배치 등을 고려할 때 전용하려는 산지의 면적이 과다하게 포함되지 아니하도록 하되, 공장 및 건축물의 경우는 다음의 기준을 고려할 것 가) 공장 :「산업집적활성화 및 공장설립에 관한 법률」제8조에 따른 공장입지의 기준 나) 건축물 :「국토의 계획 및 이용에 관한 법률」제77조에 따른 건축물의 건폐율 3) 가능한 한 기존의 지형이 유지되도록 시설물이 설치될 것 4) 산지전용으로 인한 비탈면은 토질에 따라 적정한 경사도와 높이를 유지해 붕괴의 위험이 없을 것 5) 산지전용으로 인해 주변 산림과 단절되는 등 산림생태계가 고립되지 아니할 것. 다만, 생태통로 등을 설치하는 경우에는 그러하지 아니하다. 6) 전용하려는 산지의 표고(標高)가 높거나 설치하려는 시설물이 자연경관을 해치지 아니할 것 7) 전용하려는 산지의 규모가 별표 4의2의 기준에 적합할 것 8)「장사 등에 관한 법률」에 따른 화장장·납골시설·공설묘지·법인묘지·장례식장 또는「폐기물관리법」에 따른 폐기물처리시설을 도로 또는 철도로부터 보이는 지역에 설치하는 경우에는 차폐림을 조성할 것 9) 사업계획부지 안에 원형으로 존치되거나 조성되는 산림 또는 녹지에 대해 적정한 관리계획이 수립될 것	

10) 기존 도로(도로공사의 준공검사가 완료되었거나 사용개시가 이루어진 도로를 말한다)를 이용해 산지전용을 하거나 다음의 어느 하나에 해당하는 산지전용일 것. 다만, 개인묘지의 설치나 광고탑 설치 사업 등 그 성격상 기존 도로를 이용할 필요가 없는 경우로서 산림청장이 별도의 조건과 기준을 정해 고시하는 경우는 제외한다.
  가) 공장설립허가를 위한 인허가(협의를 포함한다)를 받으려는 경우로서 계획상 도로의 산지전용허가를 받은 자가 그 계획상 도로의 이용에 관해 동의한 경우
  나) 준공검사가 완료되지 않았으나 실제로 통행이 가능한 도로로서 도로관리청 또는 도로관리자가 도로이용에 관해 동의한 경우
11) 「건축법 시행령」 별표 1 제1호에 따른 단독주택을 축조할 목적으로 산지를 전용하는 경우에는 자기 소유의 산지일 것(공동 소유인 경우에는 다른 공유자 전원의 동의가 있는 등 해당 산지의 처분에 필요한 요건과 동일한 요건을 갖출 것)
12) 「사방사업법」 제3조 제2호에 따른 해안사방사업에 따라 조성된 산림이 사업계획부지안에 편입되지 아니할 것. 다만, 원형으로 보전하거나 시설물로 인해 인근의 수목생육에 지장이 없다고 인정되는 경우에는 그러하지 아니한다.
13) 분묘의 중심점으로부터 5m 안의 산지가 산지전용예정지에 편입되지 아니할 것. 다만, 「장사 등에 관한 법률」 제2조 제16호에 따른 연고자의 동의를 받거나 연고자가 없는 분묘인 경우에는 그러하지 아니하다.
14) 산지전용으로 인해 해안의 경관 및 해안산림생태계의 보전에 지장을 초래하지 아니할 것
15) 농림어업인이 자기 소유의 산지에서 직접 농림어업을 경영하면서 실제로 거주하기 위해 건축하는 주택 및 부대시설을 설치하는 경우에는 자기 소유의 기존 임도를 활용해 시설할 수 있다.

2. 산지전용면적에 따라 적용되는 허가기준

허가기준	전용면적	세부기준
가. 집단적인 조림성공지 등 우량한 산림이 많이 포함되지 아니할 것	30만㎡ 이상의 산지전용에 적용	집단으로 조성되어 있는 조림성공지 또는 우량한 입목·죽이 집단으로 생육하는 천연림의 편입을 최소화할 것
나. 토사의 유출·붕괴 등 재해 발생이 우려되지 아니할 것	2만㎡ 이상의 산지전용에 적용	산지전용으로 인해 홍수 시 하류지역의 유량상승에 현저한 영향을 미치거나 토사유출이 우려되지 아니할 것. 다만, 홍수조절지, 침사지 또는 사방시설을 설치하는 경우에는 그러하지 아니하다.
다. 산지의 형태 및 임목의 구성 등의 특성으로 인해 보호할 가치가 있는 산림에 해당되지 아니할 것	660㎡ 이상의 산지전용에 적용. 다만, 비고 제1호에 해당하는 시설에는 적용하지 아니한다.	1) 전용하려는 산지의 평균경사도가 25도(「체육시설의 설치·이용에 관한 법률」 제10조 제1항 제1호에 따른 스키장업의 시설을 설치하는 경우에는 평균경사도 35도) 이하일 것. 다만, 법 제8조에 따른 산지에서의 구역 등의 지정 협의를 거친 경우로서 평균경사도기준이 검토된 경우에는 평균경사도의 산정 대상에서 제외할 수 있다. 2) 전용하려는 산지의 헥타르당 입목축적이 산림기본통계상의 관할 시·군·구의 헥타르당 입목축적(산림기본통계의 발표 다음 연도부터 다시 새로운 산림기본통계가 발표되기 전까지는 산림청장이 고시하는 시·도별 평균생장률을 적용해 해당 연도의 관할 시·군·구의 헥타르당 입목축적으로 구하며, 산불 발생·솎아베기·벌채를 실시한 후 5년이 지나지 않은 때에도 해당 시·도별 평균생장률을 적용해 그 산불 발생·솎아베기 또는 벌채 전의 입목축적을 환산한다)의 150% 이하일 것. 다만, 법 제8조에 따른 산지에서의 구역 등의 지정 협의를 거친 경우로 입목축적조사기준이 검토된 경우에는 입목축적에 대한 검토를 생략할 수 있다. 3) 전용하려는 산지 안에 생육하고 있는 50년생 이상인 활엽수림의 비율이 50% 이하일 것 4) 전용하려는 산지를 면적 100㎡의 지역으로 분할해 각 분할지역의 경사도를 측정했을 때 경사도가 25도 이상인 지역이 전체 지역의 40% 이하일 것. 다만, 스키장업의 시설을 설치하는 경우는 제외한다.

라. 사업계획 및 산지전용면적이 적정하고 산지전용방법이 자연경관 및 산림훼손을 최소화하고 산지전용 후의 복구에 지장을 줄 우려가 없을 것	30만㎡ 이상의 산지전용에 적용	1) 사업계획에 편입되는 보전산지의 면적이 해당 목적사업을 고려할 때 과다하지 아니할 것. 다만, 법 제8조에 따른 산지에서의 구역 등의 지정 협의를 거친 경우로서 사업계획면적에 대한 보전산지의 면적비율이 이미 검토된 경우에는 해당 산지의 보전산지 면적비율에 대한 검토를 생략할 수 있다. 2) 시설물이 설치되거나 산지의 형질이 변경되는 부분 사이에 적정면적의 산림을 존치하고 수림(樹林)을 조성할 것 3) 산지전용으로 인한 토사의 이동량은 해당 목적사업 달성에 필요한 최소한의 양일 것 4) 전용하려는 산지를 대표적으로 조망할 수 있는 지역에 조망점을 선정하고, 조망분석을 실시해 경관훼손 저감대책을 수립할 것(「자연환경보전법」 제28조 제2항에 따른 심의를 거친 경우는 제외한다) 5) 조망분석 및 산지경관 영향 시뮬레이션을 실시해 경관훼손 저감대책을 수립할 것(산지전용면적이 50만㎡ 이상인 경우에 한정하되, 「자연환경보전법」 제28조 제2항에 따른 심의를 거친 경우는 제외한다)

3. 산지전용 대상 사업에 따라 적용되는 허가기준

허가기준	적용대상 사업	세부기준
가. 사업계획 및 산지전용면적이 적정하고 산지전용방법이 자연경관 및 산림훼손을 최소화하고 산지전용 후의 복구에 지장을 줄 우려가 없을 것	공장	공장부지 면적(「환경영향평가법」에 따른 협의 시 원형대로 보전하도록 한 지역을 포함한다)이 1만㎡(둘 이상의 공장을 함께 건축하거나 기존 공장부지에 접해 건축하는 경우와 둘 이상의 부지가 너비 8m 미만의 도로에 서로 접하는 경우에는 그 면적의 합계를 말한다) 이상일 것. 다만, 다음의 어느 하나에 해당하는 경우에는 그러하지 아니하다. 1) 「국토의 계획 및 이용에 관한 법률」 제36조에 따른 관리지역 안에서 농공단지 내에 입주가 허용되는 업종의 공장을 설치하기 위해 전용하려는 경우 2) 「산업집적활성화 및 공장설립에 관한 법률」 제9조 제2항에 따라 고시한 공장설립이 가능한 지역 안에서 공장을 설치하기 위해 전용하려는 경우 3) 「국토의 계획 및 이용에 관한 법률」 제36조에 따른 주거지역·상업지역·공업지역·계획관리지역·생산녹지지역·자연녹지지역에서 공장을 설치하기 위해 전용하려는 경우
	도로	1) 산지전용·일시사용제한지역, 백두대간보호지역, 산림보호구역, 자연휴양림, 수목원, 채종림에는 터널 또는 교량으로 도로를 시설할 것. 다만, 지형여건상 우회 노선을 선정하기 어렵거나 터널·교량을 설치할 수 없는 등 불가피한 경우에는 그러하지 아니하다. 2) 도로를 시설하기 위해 산지전용을 하는 경우로 능선방향 단면의 절취고(切取高)가 해당 도로의 표준터널 단면 유효높이의 3배 이상이면 지형여건에 따라 터널 또는 개착터널을 설치해 주변 산림과 단절되지 아니하도록 할 것. 다만, 지형여건 또는 사업수행상 불가피하다고 인정되는 경우에는 그러하지 아니하다. 3) 해안에 인접한 산지에 도로를 시설하는 경우에는 해당 도로시설로 인해 해안의 유실 또는 해안형태의 변화를 초래하지 아니할 것

제 6 강

부동산
특수구역

1. 문화재 보호구역 토지의 형질변경

초보자로서는 문화재 보호구역이나 문화재 현상변경허가대상 등의 용어가 생소할 것이다. 이러한 지역의 범위에 속하는 토지가 경매로 나온다면 해당 지자체에 반드시 사전에 문의해야 한다. 자신이 잘 모르는 사항을 물어볼 수 있는 마인드만 갖추더라도 투자 실패의 확률을 대폭 낮출 수 있기 때문이다.

큰 규모의 개발사업이라면 문화재는 상당한 악영향을 끼치는 것은 분명하다. 그러나 일반적인 경매에서 작은 규모의 토지라면 사실상 그리 큰 영향을 끼치지 않는다. 개별적인 지형 등의 영향으로 간혹 주택신축 등의 허가를 받기 어려울 수도 있으니, 반드시 사전에 문의하는 것이 현명하다.

다행히 요즘은 인터넷의 발달로 문화재와 관련된 기본적인 내용은 누구라도 확인할 수 있다. '문화재보존관리지도'라고 검색하면 바로 국가에서 안내해주는 사이트로 접속할 수 있고, 이 사이트에서 30분만 놀다 보면 '아하! 이런 것이구나'라는 생각이 들 만큼 쉽게 파악할 수 있다.

문화재보존관리지도

문화재와 관련된 법률로는 문화재 보호법과 매장문화재 보호 및 조사에 관한 법률이 있다. 문화재청장은 문화재 보호를 위해 보호물 또는 보호구역을 지정할 수 있는데, 국가지정문

화재에 대해 현상을 변경[천연기념물을 표본(標本)하거나 박제(剝製)하는 행위 포함]하는 행위인 개발행위허가를 신청할 때, 문화재청장의 허가까지 별도로 받아야 한다.

그 세부적인 행위들로는 다음과 같은 것들이 있다.

> 가. 건축물 또는 도로·관로·전선·공작물·지하구조물 등 각종 시설물을 신축·증축·개축·이축(移築) 또는 용도 변경하는 행위
> 나. 수목을 심거나 제거하는 행위
> 다. 토지 및 수면의 매립·간척·굴착·천공(穿孔), 절토·성토(盛土) 등 지형이나 지질의 변경이 일어나는 행위
> 라. 수로, 수질 및 수량에 변경이 일어나는 행위
> 마. 소음·진동 등을 유발하거나 대기오염물질·화학물질·먼지 또는 열 등을 방출하는 행위
> 바. 오수(汚水)·분뇨·폐수 등을 살포, 배출, 투기하는 행위
> 사. 동물을 사육하거나 번식하는 등의 행위
> 아. 토석, 골재 및 광물과 그 부산물 또는 가공물을 채취, 반입, 반출, 제거하는 행위
> 자. 광고물 등을 설치, 부착하거나 각종 물건을 야적하는 행위

수목을 심거나 제거하는 행위까지도 허가를 받아야 한다는 내용을 보면 가히 짐작할 만하다는 생각이 들 것이다. 국가지정문화재의 보존에 영향을 미칠 우려가 있는 행위도 허가를 받아야 하며, 기본적인 내용으로는 다음과 같다.

> 가. 해당 국가지정문화재의 경관을 저해할 우려가 있는 건축물 또는 시설물을 설치·증설하는 행위
> 나. 해당 국가지정문화재의 보존에 영향을 줄 수 있는 소음·진동 등을 유발하거나 대기오염물질·화학물질·먼지 또는 열 등을 방출하는 행위
> 다. 해당 국가지성문화재의 보존에 영향을 줄 수 있는 지하 50m 이상의 굴착행위
> 라. 해당 국가지정문화재의 보존에 영향을 미칠 수 있는 토지·임야의 형질을 변경하는 행위

허가신청을 받은 문화재청장과 특별자치시장, 특별자치도지사, 시장·군수 또는 구청장은 다음의 내용 정도만 이해하고 있으면 충분하다.

1. 문화재의 보존과 관리에 영향을 미치지 아니할 것
2. 문화재의 역사문화환경을 훼손하지 아니할 것
3. 문화재 기본계획과 연도별 시행계획에 들어맞을 때만 허가

이 외에도 추가로 매장문화재보호 및 조사에 관한 내용도 있기는 하나, 경매 투자하는 정도의 수준에서 굳이 큰 규모의 사항을 규정하고 있는 내용은 불필요하므로 생략하기로 한다.

2. 군사시설보호 구역에서의 토지

 필자가 부동산 경매에서 가장 중요하게 생각하는 서류는 단연코 토지이용계획확인서다. 이 서류의 분석능력이 뛰어난 만큼 투자 실력이 뛰어날 수 있다는 말씀을 서슴없이 드리고 싶을 정도로 토지이용계획확인서의 분석은 중요하다.

 토지이용계획확인서를 열람해보면 간간이 군사기지 및 군사시설보호구역이라는 내용이 기재된 것을 확인할 수 있다. 이 용어를 어떤 관점에서 해석해야 하고, 이런 토지의 개발가치와 형질변경은 어떻게 되는지 궁금하지 않을 수 없다.

 군사기지 및 군사시설보호구역은 군사시설을 보호하고 군 작전의 수행을 위해 국방부장관이 지정하는데, 민통선 이북과 이남을 기준으로 대개 통제보호구역과 제한보호구역으로 나뉜다. 참고삼아 관련 규정을 옮겨놓기는 하겠으나, 세부적인 내용까지 알아둘 필요는 없다.

 군사시설보호구역에 해당할 경우 어떤 행위를 하기 위해서는 지자체에 허가를 신청하기 전에 사전에 해당 군부대와 협의를 거쳐야 한다. 해당 지역의 지자체를 방문해 해당 지번을 말하면 상세한 안내를 받을 수 있다. 협의를 거치지 않을 시 해당 지자체에서는 허가와 관련된 어떤 내용도 검토하지 않는다. 대한민국의 부동산에서 모법이라고 할 수 있는 국토의 계획 및 이용에 관한 법률보다 상위법이기 때문이다. 반드시 사전에 협의하고, 그에 따른 동의를 받은 후에 형질변경에 관한 검토를 진행할 수 있음을 명심해야 한다.

간혹 토지이용계획확인서에 위탁구역 또는 위임지역이라는 내용이 추가로 기재될 때가 있다. 군사시설보호구역 내의 일정 지역에서 어떤 행위를 하고자 할 때 해당 지자체에 형질변경의 범위를 위임해두었으니, 굳이 사전협의를 하기 위해 해당 군부대에 민원신청을 하지 않아도 된다는 의미다. 쉽게 말해 군협의위임지역(군협의업무 위탁구역)에 해당할 경우 군부대와의 사전협의 절차를 굳이 거치지 않아도 위임된 내용의 범위 내에서 해당 지자체에 허가를 신청하면 된다.

일반인이 지형지물을 보고 군사상의 작전내용까지 짐작하기는 어렵다. 대개 토지 인근에 참호나 진지 등의 장애물 여부와 대공방어시설 유무, 인접한 곳에 소재하는 군부대 등으로 개발허가를 받을 수 있을지 짐작만 할 수 있을 뿐이다. 군사시설보호구역은 광범위하게 지정되어 있지만, 수도권에서 대표적인 곳은 파주, 연천, 철원, 포천 등이다. 대북호재 등이 있을 때마다 지가가 상승하는 모습을 보인다.

국방부에서도 민원해소 차원에서 많은 지역을 해제 또는 완화해주는 추세다. 그러나 군사시설보호 구역에 해당할 경우 법에서 정하는 최소한의 건폐율이나 용적률만큼 적용받기가 쉽지 않다. 용적률을 많이 인정받을 수 있는 용도지역이라고 할지라도 관할부대에서 건축물의 규모와 높이를 사전에 통제하기 때문이다. 따라서 일반 투자자는 군협의위임지역이나 보호구역에 해당하지 않는 토지는 별문제 없겠지만 군협의 자체가 불가능한 토지를 현저하게 싸다는 등의 이유로 현혹되어서는 안 된다. 작전상 중요한 요지에 있는 토지는 세월이 지나도 군협의를 받기 어려우므로 주변의 토지가격이 아무리 상승해도 가슴이 새까맣게 타는 경험을 할 수도 있다.

실제로 보지도 않은 채 도면만 보고 민통선 안의 토지를 심심찮게 거래하는 일도 있다. 자손 대대로 물려줄 생각이 있고, 현장확인이 제대로만 된다면 매수해도 괜찮다. 하지만 그림의 떡이지 않겠는가. 통일을 내다보고 투자하시겠다면 필자는 굳이 말리지 않겠다. 다만, 경매에서 통일을 내다보고 투자하는 것은 적절하지 않다고 생각한다.

일반적으로 토지가 거래되는 유형을 살펴보면 군협의를 득하는 조건부로 체결할 때가 많다. 개발행위까지 득할 경우 시일과 비용이 상당히 소모되기 때문이다. 정식 절차를 통해 군협의를 밟을 경우 한번 동의를 받지 못하면 다음에도 받기 어려운 탓에 군사시설보호구역이 많은 지역에서는 소위 브로커들이 기승을 부리기도 한다. 그들의 얘기를 참고로 하되, 사전협의라는 절차를 밟아서 토지의 행위제한에 관한 힌트를 미리 받아보는 방법을 취하는 것도 좋을 듯하다. 사전협의 시에는 사전에 준비해야 하는 서류는 별로 없다. 하지만 정식협의 신청 시에는 일반적으로 필요한 서류, 도면작성 등은 일반인이 하기에 어려우므로 비용이 들더라도 지자체부근의 토목설계사무소에 의뢰하는 것이 편리하다. 관련법의 내용 또한 개략적으로 간추려보자.

'항공작전기지'란 군의 항공작전의 근거지로 다음의 것을 말한다. 주로 고도와 관련된 행위제한이 많이 있는 편이지만, 소규모의 경매를 생각하고 있는 투자자라면 굳이 신경 쓸 필요가 없는 용어다.

> 가. **전술항공작전기지** : 군의 전술항공기를 운용할 수 있는 기지
> 나. **지원항공작전기지** : 군의 지원항공기를 운용할 수 있는 기지
> 다. **헬기전용작전기지** : 군의 회전익항공기(回轉翼航空機)를 운용할 수 있는 기지
> 라. **예비항공작전기지** : 전시·사변 또는 이에 준하는 비상시에 항공작전기지로 활용할 수 있는 비상활주로, 헬기예비작전기지 및 민간비행장

'군사기지 및 군사시설보호구역'이란 군사기지 및 군사시설을 보호하고 군사작전을 원활히 수행하기 위해 국방부장관이 지정하는 구역으로, 다음 각 목의 것을 말한다.

> **가. 통제보호구역** : 군사기지 및 군사시설보호구역(이하 "보호구역"이라 한다) 중 고도의 군사활동 보장이 요구되는 군사분계선의 인접지역과 중요한 군사기지 및 군사시설의 기능보전이 요구되는 구역
> **나. 제한보호구역** : 보호구역 중 군사작전의 원활한 수행을 위해 필요한 지역과 군사기지 및 군사시설의 보호 또는 지역주민의 안전이 요구되는 구역

'민간인통제선'이란 고도의 군사활동 보장이 요구되는 군사분계선의 인접 지역에서 군사 작전상 민간인의 출입을 통제하기 위해 국방부장관이 지정하는 선을 말한다. 이러한 지역을 출입하기 위해서는 사전에 출입증을 발급받아야 한다.

'비행안전구역'이란 군용항공기의 이착륙에서의 안전비행을 위해 국방부장관이 지정하는 구역을 말한다. 이 또한 고도제한에 관련된 내용이므로 소규모 경매 투자 마인드의 투자자에게는 별 의미 없다고 봐도 무방하다.

보호구역 안에서

1) 주택의 신축·증축 또는 공작물의 설치
2) 도로·철도·교량·운하·터널·수로·매설물 등과 그 부속 공작물의 설치 또는 변경
3) 하천 또는 해면의 매립·준설(준설)과 항만의 축조 또는

변경

4) 광물·토석 또는 토사의 채취

5) 해안의 굴착

6) 조림 또는 임목의 벌채

7) 토지의 개간 또는 지형의 변경에 해당하는 사항에 관한 허가나 그 밖의 처분을 하려는 때는 대통령령으로 정하는 바에 따라 국방부장관 또는 관할부대장 등과 협의해야 한다.

오래전 필자가 경험했던 것으로, 지금 생각해도 미소가 지어지는 일이기에 재미 삼아 얘기해본다. 법률의 기본적인 내용조차도 모르는 상태에서 부동산을 한답시고 했으니, 이 얼마나 한심한 일이었는가 싶다. 시골에서 살다 보니 부동산 감각이 무뎌지는 것 같다.

먼저 토지를 전문으로 하시는 분들은 잘 아시겠지만, 군사시설보호구역에서는 끼리끼리 사용하는 은어가 있기에 생각나는 대로 적어본다.

* **벌　집** : 군사시설보호 구역 내 군사작전용 벙커
* **보초병** : 묘지의 석물
* **선배님** : 잘 정돈된 석물들이 있는 묘지
* **빨랫줄** : 고압선

필자가 관리했던 임야는 토지이용계획확인서상 군사시설보호구역이었다. 그 임야에는 보초병 두 분이 24시간 서 계셨고, 그 뒤로

는 벌집이 3개 정도 있었다. 보초병의 이사는 합의해서 넘어갈 수 있었는데, 문제는 벌집이었다.

지자체에 문의할 때는 주택이나 근생 정도로 전용하는 데 별문제가 없으리라 판단해 군협의 조건부로 매수계약을 체결한 후, 임야 뒤쪽에 있는 나무 몇 그루를 톱으로 잘라서 사무실 땔감으로 쓸 요량으로 넘어뜨려 놓았다. 요즘 같아서는 들키면 바로 고생 좀 하는 행위지만, 그때만 해도 타인의 눈들이 덜 하던 때라 아무 생각 없이 쪼가리를 냈다. 그러고 나서 관할사단본부 군협의 담당 참모와 사전면담 신청을 했다. 그런데 담당하시는 분이 어떻게 알았는지 이 사실을 서류에 기록해놓았다.

웬 날벼락! 담당자 왈 "협의검토를 하기 위해 그 땅을 방문했는데, 며칠 전 누가 나무를 베어놓았다는 사실을 알게 되었습니다." 벤 사람을 찾으려 한다는 말까지 듣고는 내심 당황하지 않을 수 없었다. 나중에 알고 보니 나무 한 그루도 함부로 베어서는 안 되는 지역이라 마음을 졸였던 기억이 난다.

군사시설보호구역!

'이 정도는 괜찮겠지'라는 생각으로 뭘 건드리는 것은 바람직하지 않다. 들키지 않아야 한다. 아니면 사전 군동의를 받아야 할 것이다.

★ 시크릿 금맥 경매 강의과정 안내 ★

 네이버 카페 금맥 경매(http://cafe.naver.com/landtech21)
블로그(http://blog.naver.com/9242kys)

정규 기본과정

1강 : 부동산 법규 기초 익히기
2강 : 부동산 공법 기초 익히기
3강 : 도로는 부동산 투자의 생명이자 샘물
4강 : 나도 이제 소규모 디벨로퍼다
5강 : 다양한 투자 사례

고급 심화과정

1주차/2주차
[최신 개정 부동산 법규 자료집 훑어보기]
[국토계획법 필수용어와 기본 뼈대 익히기]
[도시계획시설의 이해와 도시계획시설 경매 투자]

2주차/3주차
[이 땅에 지을 수 있는 건축물 찾기]
[수용지·수용예정지 경매 투자의 노하우]

4주차/5주차/6주차
[도로 투자 제대로만 알면 절반의 성공]
[대한민국 도로의 대해부와 도로개설 노하우]

6주차/7주차
[도시 및 주거환경정비법을 활용한 재개발·재건축 소액 경매 투자]

7주차/8주차/9주차
[다세대·다가구 근생 신축가설계기법]
[부설주차장 설치기법과 수익 극대화]
[사업수지분석 기법]

9주차/10주차
[공장창고 경매 기본 익히기] [상가공법 규제 익히기]
[상가의 낙찰과 상가공법]
[도시지역 경매 투자 사례 종합분석]

10주차/11주차
[농지 투자, 최소한의 기본만 갖춰도 훌륭한 투자가 된다]
[농지 옥구슬 만드는 노하우] [농지법] [농어촌정비법]

11주차/12주차
[특수구역 지역의 토지이용계획확인서 제대로 분석하기]
[임야에서 다이아몬드 투자 노하우]
[농어촌정비법]

13주차
[현장답사 비용별도(실비)/별도 진행 가능]

14주차/15주차
[종합정리와 종합사례 분석]

2만 원 수강 할인권

시크릿 금맥 경매 강의 참가 시
본 할인권을 제출하시면 정규과정 2만 원 할인 혜택을 드립니다.

신의 한 수 금맥 경매

초판 1쇄 2017년 4월 3일

지은이 김양수
펴낸이 전호림
기획·제작 ㈜두드림미디어
마케팅·홍보 강동균 박태규 김혜원

펴낸곳 매경출판㈜
등 록 2003년 4월 24일(No. 2-3759)
주 소 (04557) 서울시 중구 충무로 2(필동 1가) 매일경제 별관 2층 매경출판㈜
홈페이지 www.mkbook.co.kr   **페이스북** facebook.com/maekyung1
전 화 02)333-3577(내용 문의 및 상담)   02)2000-2636(마케팅)
팩 스 02)2000-2609   **이메일** dodreamedia@naver.com
인쇄·제본 ㈜M-print 031)8071-0961
ISBN 979-11-5542-644-9(03320)

책값은 뒤표지에 있습니다.
파본은 구입하신 서점에서 교환해 드립니다.